DIE KÜRBIS KÜCHE

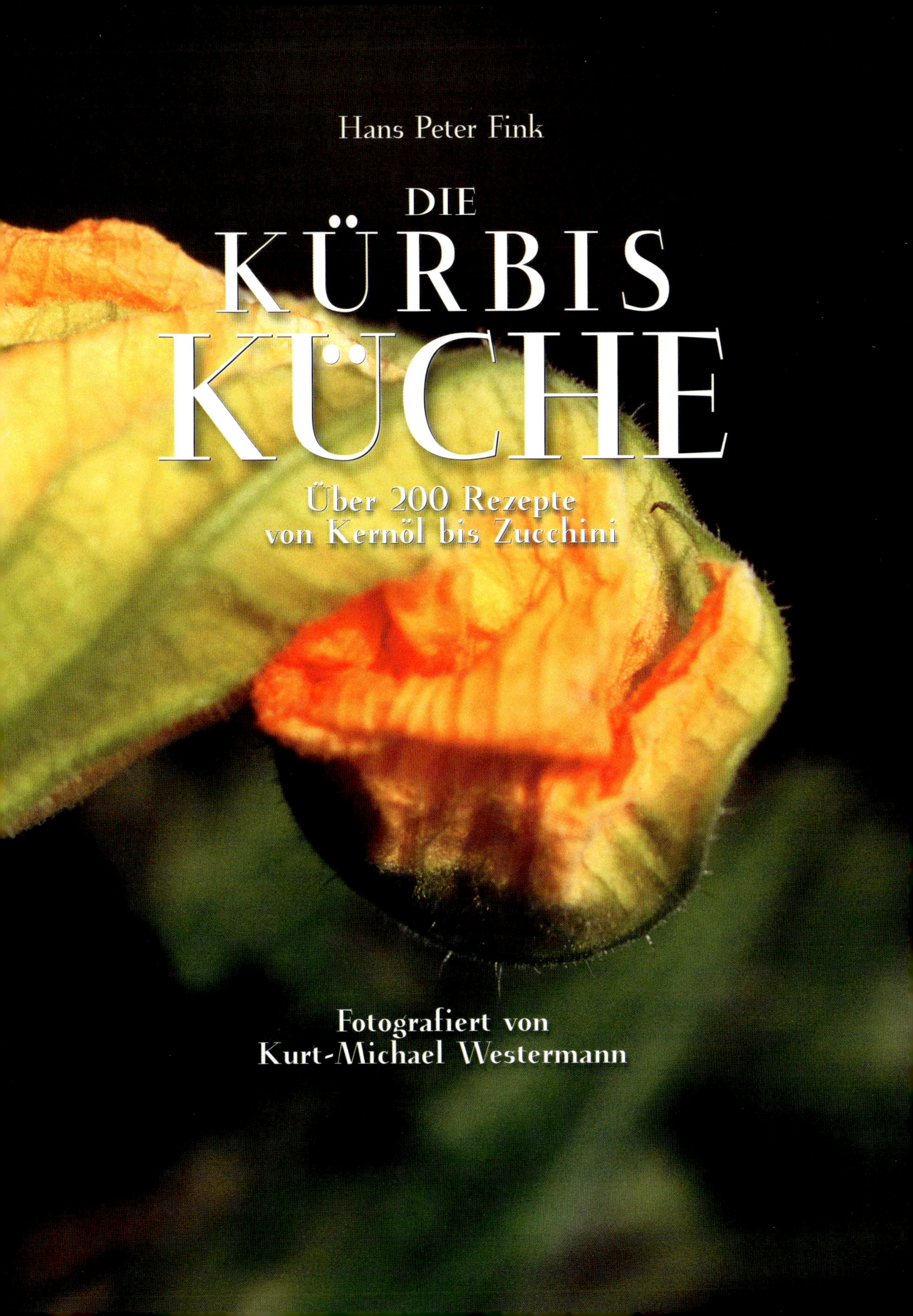

Hans Peter Fink

DIE KÜRBIS KÜCHE

Über 200 Rezepte von Kernöl bis Zucchini

Fotografiert von
Kurt-Michael Westermann

BESONDERER DANK GILT

unseren Mitarbeitern sowie stillen Helfern, die tägliche Höchstleistungen möglich machen

meiner Familie, die mich während der Entstehung dieses Buches wieder tatkräftig unterstützt hat

all meinen Lieferanten, die sich um absolute Frische und Spitzenqualität ihrer Produkte bemühen

Hans-Peter Fink

DER VERLAG DANKT

dem Kürbisspezialisten „Franzlbauer", mit über 370 Kürbissorten im Angebot, für die Informationen zu den einzelnen Sorten. *www.franzlbauer.at.tt*

der Firma KCB-Samen in Basel (Verkauf und Versand von Kürbissamen). *www.kcb-samen.ch*

BILDNACHWEIS

Norbert Tutschek:
kleine Kürbisabbildungen und Tableaus Seite 12–16

www.kcb-samen.ch:
Fotos der Patissons Seite 12

Kunsthistorisches Museum: Seite 11

Stift Vorau: Seite 10 links

Bildarchiv der Österreichischen Nationalbibliothek: Seite 10 rechts

Alle übrigen Fotos stammen von Kurt-Michael Westermann

ISBN: 978-3-85431-501-8

www.ichlese.at

FOTOS: Kurt-Michael Westermann
FOODSTYLING: Hans-Peter Fink

LEKTORAT: Christine Dobretsberger
BUCHGESTALTUNG: Bruno Wegscheider

REPRODUKTION: Pixelstorm, Wien
DRUCK UND BINDUNG:
Druckerei Theiss GmbH,
St. Stefan im Lavanttal

Inhalt

Glutenfreie Rezepte sind mit diesem Symbol gekennzeichnet.

FINKS
FINKS

Wie kam der Fink auf den Kürbis?

Schon als kleiner Bub bei der Brandltante bzw. bei der Oma im Hausgartl konnte ich den echten Geschmack von Gemüse, Kräutern und Früchten verinnerlichen. Aufgewachsen als Wirtssohn in Riegersburg war Kürbis zu dieser Zeit ein Lebensmittel wie andere auch. Für uns Kinder bot diese Frucht allerdings von jeher vielseitige Einsatzmöglichkeiten: Ob es das Schnitzen von gruseligen oder lustigen Fratzen im Herbst war oder das Fußballspielen mit getrockneten Kürbissen am Feld – Kürbis war einfach ein faszinierender „Allrounder".

Aus kulinarischer Sicht sah die Sache damals freilich weitaus weniger originell aus. Kürbis fand zum damaligen Zeitpunkt entweder in Form von Kürbiskernöl oder als Beilagengericht, also als Kürbisgemüse, den Weg in die Spitzenküchen. Den regelrechten Run auf Kürbisgewächse wie u.a. Muskat-, Spaghetti- oder Hokkaido-Kürbis gibt es erst seit zwei Jahrzehnten.

Mir war von Anbeginn wichtig, dass sich Kochen mit Kürbis und seinen Artverwandten nicht auf ein rein vegetarisches Vergnügen beschränkt. Einen Teil der nunmehr – über viele Jahre hinweg – im Kopf und aus dem Bauch heraus gereiften Rezeptkombinationen finden Sie nun alle in diesem Buch versammelt.

Und eines vorweg: Kürbisse wissen zu überraschen. Nicht zuletzt auch aus botanischer Sicht, wo Kürbisse genau genommen – wie Tomate und Gurke – zu den Beerenfrüchten zählen. Quasi Riesen-Beeren, die je nach Kultivierung stark in Größe und Form variieren.

Und ebenso abwechslungsreich wie ihr Aussehen ist auch die Bandbreite der kulinarischen Einsatzmöglichkeiten: Ob als würzig pikante Vorspeise, als cremige Suppe, Risotto- oder Pastagericht – die Palette der Rezeptideen ist nahezu unerschöpflich. Kürbis harmoniert ebenso perfekt mit Fleisch-, Wild- und Geflügelkreationen wie mit raffinierten Fischgerichten. Überaus verführerisch zeigt sich Kürbis allerdings auch von seiner süßen Seite! Kurzum: Für Abwechslung ist ab sofort gesorgt, wenn Kürbis am Speiseplan steht!

Ich wünsche Ihnen ungebremste Kochfreude und einen guten Appetit!

Ihr

Hans Peter Fink

Hans Peter Fink

KÜRBIS & ZUCCHINI

ARTEN & VERARBEITUNG

Geschichtliches rund um den Kürbis und seine Artverwandten

Kürbis und seine artverwandten Gewächse weisen eine sehr lange Geschichte auf. Schon vor mehr als 12.000 Jahren soll es Wildformen der Kürbisgewächse *(Cucurbitacaea)* in Süd- und Mittelamerika gegeben haben. Die ältesten Funde von Kürbiskernen und Schalenresten, um ca. 9000 v. Chr. datiert, stammen aus dem Süden Mexikos. Auch bei den Azteken und Mayas war der Kürbis eine wertvolle und geschätzte Nahrungspflanze, lieferte er doch zusammen mit Bohnen und Mais alle wichtigen Nährstoffe. Kürbisbrei gehörte zum kulinarischen Alltag der mittelamerikanischen Völker, die bereits eine große Sortenvielfalt kannten. Als die Spanier 1492 erstmals in die „Neue Welt" kamen, entdeckten sie hier diese Früchte, die den Kürbissen in der Heimat sehr ähnlich waren – man nannte sie deshalb ebenfalls „Cucurbita". Von diesem lateinischen Wort stammt übrigens auch über die Zwischenform *Kurbitz* der deutsche Begriff „Kürbis". Darüber hinaus ist der Kürbis allerdings auch schon in der Antike bei Griechen und Römern bezeugt. Wobei es sich hierbei aber wohl eher nicht um die uns geläufigen Arten, sondern um den des Öfteren auf altägyptischen Bildwerken dargestellten „Flaschenkürbis" handelt, der vermutlich der Gattung der Zucchini zuzurechnen ist. Nach Vorstellung der alten Griechen stammten die Kürbisgewächse ursprünglich aus Indien. Das älteste Kürbisrezept der Welt ist uns jedoch aus dem alten Rom aus der Zeit von Kaiser Tiberius (14–37 n. Chr.) überliefert: Der berühmte Feinschmecker Marcus Gavius Apicius präsentiert in dem ihm zugeschriebenen Kochbuch *De re coquinaria* („Über die Kochkunst") u. a. ein pikantes Gericht aus Huhn mit Kürbis, Pfirsich, Datteln, Honig und Trüffel.

In einigen Kulturkreisen gilt der Kürbis als Fruchtbarkeitssymbol: „Alles ist Bauch und alles ist Wanst", schrieb der mittelalterliche Autor Walahfrid Strabo in seinem Garten-

Mittelalterliche Kürbisdarstellung aus dem „Hortus sanitatis sive herbarius", 1485.

Kürbisanbau in einem mittelalterlichen Klostergarten. Miniatur aus dem „Tacuinum sanitatis in medicina", 14. Jahrhundert.

Jan Anton van der Baren (1616–1686). Stillleben mit Kürbissen.
Kunsthistorisches Museum Wien.

buch *Hortulus;* der Kürbis wurde als „Weltenei" und „Gebärmutter" betrachtet. Bedingt durch die relativ rasche Verderblichkeit des Kürbis, gibt es daneben in der christlichen Überlieferung auch die Vorstellung, dass der Kürbis als Sinnbild für die Vergänglichkeit des Lebens zu verstehen sei. Im Taoismus wiederum schätzt man ihn als Nahrung, die ein langes Leben garantiert. Bestimmte afrikanische Stämme schreiben dem Genuss von Kürbiskernen auch Intelligenz steigernde Wirkung zu.
Kurzum: Da es sich bei der Familie der Kürbisgewächse zweifelsohne um eine der ältesten Kulturpflanzengattungen überhaupt handelt, die sehr unterschiedliche Formen hervorgebracht hat, gibt es diverse Meinungen, was ihre genaue Herkunft und Datierung anlangt. Fest steht jedenfalls, dass sich die optisch oft sehr unterschiedlichen Mitglieder der Kürbisfamilie in fünf große Untergruppen einordnen lassen: Riesenkürbis *(Cucurbita maxima)*, Moschuskürbis *(Cucurbita moschata)*, Gartenkürbis *(Cucurbita pepo)*, Feigenblattkürbis *(Cucurbita ficifolia)* und *Cucurbita argyrosperma,* die vor allem in Peru und Argentinien kultiviert wird.
Grob unterschieden wird in der bunten Kürbiswelt außerdem zwischen Sommer- und Winterkürbissen. Immer von Vorteil ist dabei, dass Kürbis generell eher wenig Eigengeschmack aufweist und so die unterschiedlichsten geschmacklichen Kompositionen zulässt. Die Kürbishaut spannt sich – im wahrsten Sinne des Wortes – von prall gefüllt bis süß-sauer eingelegt, von feinen Suppen, Pasta & Risotto bis hin zu fantastischen Mehlspeisen und Desserts.

Vielfalt, die Staunen macht

Zählt man, wie bereits erwähnt, die botanischen Kürbisarten innerhalb der Familie der Cucurbitaceae, zu denen auch Gurken und Melonen gehören, so sind diese mit fünf Kategorien zunächst noch überschaubar. Unübersichtlicher wird es dann allerdings bei den einzelnen Kürbissorten, von denen bis dato mehr als tausend registriert sind und die sich rein optisch nur geringfügig unterscheiden.
Aus botanischer Sicht unterscheidet man zunächst den Speise- oder Riesenkürbis *(Cucurbita maxima)*. Diese – ursprünglich aus Südamerika stammende – Sorte ist sehr lange haltbar und wird unter anderem auch in China, Japan, Ägypten, Frankreich, Italien und Griechenland kultiviert. Wie der Name schon andeutet, bringen Cucurbita-maxima-Sorten die größten Früchte hervor. Exemplare von über 600 kg sind keine Seltenheit! Allerdings umfasst diese Gattung auch relativ kleine Sorten wie beispielsweise die knapp 1–2 kg schweren Hokkaido-Kürbisse.

Der Feigenblattkürbis *(Cucurbita ficifolia)* hat hingegen als Gemüse kaum Bedeutung. Er wird vorwiegend als Veredelungsunterlage von Gurken und Melonen verwendet.

Anders die besonders vielfältigen Formen des *Cucurbita argyrosperma* (vormals auch *Cucurbita mixta* genannt), einem in Zentral- und Südamerika weit verbreiteten Gemüsekürbis.

Die Moschuskürbisse *(Cucurbita moschata)* zählen zweifelsohne zu den delikatesten Speisekürbissen. Besonders gefragt sind die Sorten Muskatkürbis, Butternuss bzw. Langer von Neapel. Moschuskürbisse sind unempfindlich gegenüber hohen Temperaturen und werden weltweit in sehr warmen Regionen angebaut. Sie sind – bei richtiger Lagerung – in der Regel mehrere Monate haltbar. Ihr dunkelgelbes Fruchtfleisch enthält besonders viel Carotin.

Interessante Formen hat auch der so genannte Gartenkürbis *(Cucurbita pepo)* zu bieten. Auf Grund ihrer witterungsbedingten Unkompliziertheit gedeiht diese Gattung auch in unseren Breiten sehr gut. Bemerkenswert ist auch die Vielfalt ihrer unterschiedlichen Erscheinungsformen. So zählen sowohl die zierlichen Patissons zu dieser Gattung als auch Zucchini, Spaghettikürbis sowie der steirische Ölkürbis *(Cucurbita pepo var. styriaca)*. Aus den nährstoffreichen Kernen des steirischen Ölkürbisses wird das dunkelgrüne, angenehm nussartig schmeckende Kürbiskernöl gewonnen. Der steirische Ölkürbis ist übrigens die einzige Kürbisart, die um ihre Samen keine harte Schale ausbildet, sondern nur eine filigrane Haut. Nicht nur in unseren südlichen Nachbarländern sind ihre Kerne eine beliebte Knabberei.

Charakteristisch für Patissons, die wie die Zucchini zur Familie der Gartenkürbisse zählen und unreif geerntet werden, ist die linsenförmig abgeplattete Form. Auch sie sollen schon zu Zeiten der Inkas in Amerika kultiviert worden sein.

Ambercup · 1–1,5 kg

Atlantic Giant · 30–100 kg

Baby Bear · 0,5–1,5 kg

Baby Boo · 0,1–0,4 kg

Birne gestreift · reiner Zierkürbis

Bleu de Hongrie · 4–10 kg

Brodee · 5–21 kg

Butternuss · 0,7–2,5 kg

Casper · 3–3,5 kg

Celebration · 0,7–1 kg

Chestnut · 0,6–1 kg

Dornenkrone · reiner Zierkürbis

Eichelkürbis · 5–21 kg

Feigenblattkürbis · 2–5 kg

Festival · 0,6–0,9 kg

Gelber Krummhals · 0,4–0,7 kg

Gelber Zentner · 15–50 kg

Golden Hubbard · 2–5 kg

Howden · bis 10 kg

Langer von Nizza · 3–8 kg

Marble · 1,2–3 kg

Muskat- od. Moschuskürbis · 7–40 kg

Neck Pumpkin · 5–15 kg

Ölkürbis · 3–5 kg

First Price · 10–30 kg

Floridor · 0,4–0,7 kg

Gartenkürbis · 1,5–2,5 kg

Green Delicious · 2–5 kg

Grey Star · 2–4 kg

Hokkaido · 1–3 kg

Marina di Chioggia · 4–9 kg

Meter Moschata · 20–50 kg

Mini Red Turban · 0,3–0,6 kg

Papaya Pear · 0,5 kg

Patissons/Ufo's · 0,4–0,6 kg

Pink Banana · 5–15 kg

Racer · 5–6 kg

Rote Warze · 5–10 kg

Rouge vif d'Etampes · 8–15 kg

Spaghetti-Kürbis · 1,5–3 kg

Stripetti · 1,5–3 kg

Sweet Dumpling · 0,3–0,9 kg

Tabergmouzt · 1–4 kg

Tom Fox · 8–9 kg

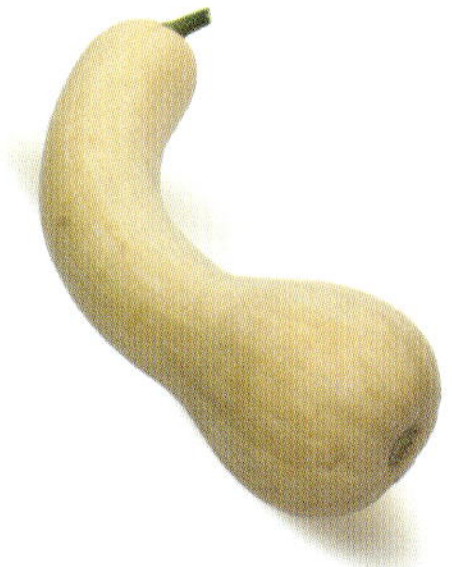

Ultra Butternut · 3–6 kg

Ungarischer Bratkürbis · 1–3 kg

Weißer Ufo · 0,5–1,5 kg

Zenith · 0,8–2,5 kg

Kürbis – auch ideal für Diäten!

Kürbis ist ein kalorienarmes, vitamin- und mineralstoffreiches Nahrungsmittel. 100 g Kürbisfruchtfleisch enthalten durchschnittlich 92 g Wasser, 1,1 g Eiweiß, 5,5 g Kohlenhydrate, 22 mg Calcium, 9 mg Vitamin C sowie einen relativ hohen Carotin-Anteil (1,96 mg). Zudem wirkt Kürbis harntreibend, stärkt Nieren und Immunsystem und ist auf Grund seines hohen Wasseranteils ideal für Diäten geeignet.

Oben: Meist nur einen Tag geöffnet: die Kürbisblüte. Im Bild darunter weibliche Zucchiniblüten, die am Ende von kleinen Früchten sitzen und sich gut zum Füllen eignen. *Unten:* Fast so schlank wie Gurken: die Zucchini. Der Name leitet sich von italienisch *zucca* „Kürbis" ab und bedeutet daher so viel wie „kleiner Kürbis".

Sommer- oder Winterkürbis – das ist hier die Frage!?

Sommerkürbisse *(Cucurbita pepo)* wachsen vergleichsweise schnell und werden meist unreif geerntet. Oft werden sie auch als Gemüsekürbisse bezeichnet. Die Früchte haben weiche Kerne und eine dünne Schale. Meist werden sie – wie Zucchini oder Patissons – mit „Haut und Haar", also mit Schale und Kernen verarbeitet und verspeist. Sommerkürbisse können (geschnitten oder gerieben) roh als Salat oder geröstet, geschmort oder gebacken genossen werden.
Einziger Nachteil: Die Haltbarkeit hält sich in Grenzen und beträgt oft nur zwei Wochen.
Winterkürbisse, auch Speisekürbisse genannt, sind hingegen sehr lange haltbar. Da man sie erst im voll ausgereiften Stadium erntet, erreichen die oft kugelförmigen Früchte bisweilen riesige Ausmaße und weisen eine harte, feste Schale auf. Der verholzte Stiel ist ein Zeichen von Qualität, weil sich daran ablesen lässt, dass der Kürbis nicht zu früh geerntet wurde. Wäre dies der Fall, würden sich Haltbarkeit und Aroma verringern. Winterkürbisse kommen vorzugsweise geschält zum Einsatz. Ihr gelb- bis orangefärbiges Fruchtfleisch ist weicher und faseriger als das der Sommerkürbisse.
Zucchini kennen wir zumeist dunkelgrün und gurkenähnlich in der Form. Doch gibt es auch hellgrüne, weiße und goldgelbe Sorten bzw. Zucchini mit stark marmorierter Schale oder runde Früchte, die sich besonders gut zum Füllen eignen. Zucchini bilden buschförmige, nicht kletternde Pflanzen aus. Runde Zucchini sind allerdings nicht zu verwechseln mit den Rondini *(Cucurbita pepo)*, deren rankende Pflanze Früchte ausbildet, die sich bei der Reife von dunkelgrün zu orangerot färben. Sie sind, anders als Zucchini, nicht zum Rohessen geeignet. Mit Letzteren botanisch eng verwandt ist auch der Flaschenkürbis *(Lagenaria siceraria)*, dessen schlanke, hellgrüne Früchte im unreifen Zustand mitsamt der Schale zubereitet werden können. Die Blüten des Ölkürbis sowie Zucchiniblüten lassen sich in verschiedenster Art und Weise verarbeiten.

Kürbis in der Küche

Die harte ungenießbare Schale der Winterkürbisse sowie das im rohen Zustand oft gar nicht allzu weiche Fruchtfleisch sind der Grund dafür, dass beim Vorbereiten von Kürbissen anfangs meist ein wenig Kraft – oder zumindest die richtige Schneidetechnik – vonnöten ist.
Deshalb gilt für viele Rezepte der Rat, den Kürbis zuerst in Spalten oder Stücke zu zerteilen. Auf diese Weise kann man das Fruchtfleisch besser herauslösen. Hat man das einmal bewerkstelligt, ist das Schlimmste geschafft. Das Fruchtfleisch wird dann entweder zur Weiterverwendung in Stücke geschnitten oder geraspelt. Oder man gart die ganzen Spalten ungeschält im Ofen. Anschließend kann man das Fleisch mühelos herauslösen und pürieren.
Genau bebilderte Arbeitsschritte siehe rechts.

Zucchini in der Küche

Wenn man Zucchini füllen möchte, ist es ratsam, Stiel- und Blütenansatz der Frucht nicht zu entfernen. Beide geben dem ausgehöhlten „Zucchini-Schiffchen" – und somit der Füllung – beim Garen den nötigen Halt. Möchte man Zucchini kurz rösten oder braten, so empfiehlt es sich, möglichst junge dünne Exemplare zu wählen. Am besten ist es, die Zucchini in Scheiben oder längliche Streifen zu schneiden und vor dem Braten ein wenig zu salzen. Dadurch kann das Wasser der Zucchini besser austreten und das Fruchtfleisch wird besser durchzogen. Danach mit Küchenkrepp trocken tupfen, damit die Zucchini in der Bratpfanne weniger spritzen und besser Farbe annehmen. Empfehlenswert ist eine Pfanne mit dickem Boden, da dieser die Hitze gut speichern kann. Optimal wäre es natürlich, Zucchini über offenem Feuer (mit Holzkohle) zu grillen. Zu diesem Zweck gibt es im Handel geeignete Alu-Grilltassen.

Steirisches Kürbiskernöl

Pflanzliche Öle nehmen in der Ernährung des Menschen eine überaus wichtige Rolle ein. Im Gegensatz zu tierischen Fetten belasten sie den Organismus praktisch nicht mit Cholesterin und versorgen ihn mit essentiellen, d. h. lebensnotwendigen, mehrfach ungesättigten Fettsäuren und vor allem mit Vitamin E. Steirisches Kürbiskernöl nimmt auf Grund seines hohen Gehalts an wertvollen Inhaltsstoffen und seines einzigartigen Geschmacks innerhalb der pflanzlichen Öle eine Sonderstellung ein. Es wird aufgrund seiner besonderen Farbe auch das „schwarze Gold" der Steiermark genannt.

Steirisches Kürbiskernöl ist im Gegensatz zu industriell raffinierten pflanzlichen Ölen ein rein naturbelassenes Öl. Es ist nicht nur äußerst wohl schmeckend, sondern auch gesund. Wissenschaftliche Studien haben ergeben, dass steirisches Kürbiskernöl im Vergleich zu anderen Speiseölen verstärkt vor freien Radikalen schützt. (Freie Radikale sind hochreaktive Stoffe, die an der Entstehung und am Verlauf von Krankheiten beteiligt sind.) Mit anderen Worten: Steirisches Kernöl ist besonders reich an wirksamen Schutzstoffen (Antioxidantien), die freie Radikale unschädlich machen. Zudem zeigt Kürbiskernöl speziell bei Problemen mit den Harnwegen, der Blase und der Prostata positive Wirkung. Für Letzteres zeichnen die besonders im steirischen Kürbiskernöl vorkommenden Phytosterine verantwortlich, die auf Grund der strukturellen

Verwandtschaft zu bestimmten körpereigenen, am Stoffwechsel von Androgenen beteiligten Substanzen, die hormonelle Stimulation der Prostatazellen herabzusetzen vermögen. So kann die Entwicklung eines Prostata-Adenoms (Vergrößerung der Vorsteherdrüse) gehemmt werden.

Kürbiskernöl eignet sich auch auf Grund seines überaus günstigen Fettsäuremusters (über 50 % Linolsäure), des hohen Gehalts an Vitamin E, Carotinoiden, Phytosterinen und Selen sowie des Fehlens von Cholesterin zur Vorbeugung von Herz-Kreislauf-Erkrankungen.

Tipps rund um das Kürbiskernöl

Um die wertvollen Inhaltsstoffe des steirischen Kürbiskernöls nicht zu zerstören, ergeben sich für die Anwendung in Ihrer Küche einige wichtige Gebrauchsregeln. Steirisches Kürbiskernöl ist aufgrund des hohen Gehalts an wertvollen ungesättigten Fettsäuren sehr oxidationsempfindlich und sollte daher möglichst lichtgeschützt (UV-Schutz), dicht verschlossen (kein Sauerstoffzutritt) und kühl gelagert werden. Die Aufbewahrung des Kürbiskernöls im Kühlschrank ist empfehlenswert.

Steirisches Kürbiskernöl eignet sich in vorzüglicher Weise für alle Salate und verleiht vielen Speisen eine charakteristische Note. Es ist allerdings nicht zum schnellen Braten oder Frittieren geeignet! Kurzum: Steirisches Kürbiskernöl ist für alle Zubereitungsarten empfehlenswert, bei denen Speisen nur mäßig erhitzt werden, wie z. B. für die Zubereitung der beliebten Kürbiskernöl-Eierspeise.
Hinweis: Öle mit der Bezeichnung „Kernöl" und „Kürbiskernöl" können aus Samen diverser Kürbisarten gewonnen werden. „Steirisches Kürbiskernöl g.g.A." darf nur aus der Varietät *Cucurbita pepo var. styriaca* (steirischer Ölkürbis) gepresst werden. Durch diese nunmehr EU-weit geschützte Ursprungsbezeichnung stellt steirisches Kürbiskernöl eine typische regionale Spezialität dar und vereint gesundheitliche Aspekte und Genuss zu einem harmonischen Miteinander.

Einzigartiges Farbenspiel

Eine sensorische Besonderheit von „Steirischem Kürbiskernöl g.g.A." stellt dessen einzigartige Farbgebung dar. Bei direktem Lichteinfall kommt seine Zweifarbigkeit (rotbraun mit charakteristischem dunkelgrünem Schimmer) richtig zur Geltung. Ausschließlich Öle, die aus den Samen des steirischen Ölkürbisses hergestellt werden, weisen diese optische Besonderheit auf.

Kernölflecken

Die übertriebene Angst vor Kernölflecken auf der weißen Spitzenbluse oder dem Seidenhemd ist längst überholt, hat sich doch herumgesprochen, dass die Natur das Problem auf ihre Art und Weise löst. Denn: Bei Sonnenbestrahlung verbleicht die grüne Farbe zur Gänze. Sollte ein Fettrest bleiben, reiben Sie diesen einfach – vor dem Waschen – mit Gallseife (in Drogeriemärkten erhältlich) ein.

KÜRBIS & ZUCCHINI

VORSPEISEN & ZWISCHENDURCH

Kürbiskernöl-Frühstücksei

4 PORTIONEN | ZUBEREITUNGSZEIT: 15–20 MINUTEN

ZUTATEN

8 Eier (vorzugsweise mit Bio-Qualität) • 1 l Wasser • 50 ml Essig Fleur de Sel • Pfeffer (aus der Mühle)

ZUBEREITUNG

8 Suppentassen mit einem größeren Stück Klarsichtfolie auslegen und mit je einem Spritzer Essig beträufeln. Vorsichtig in jede Tasse 1 aufgeschlagenes Ei hineingleiten lassen, wobei der Dotter nicht beschädigt werden darf. Folie zu einem Säckchen drehen und am besten mit einem Bindfaden gut verschließen. In einem großen Topf Wasser sowie den restlichen Essig zum Kochen bringen. Säckchen hineinhängen und Eier knapp unter dem Siedepunkt (bei 90 °C) 5 Minuten ziehen lassen. Je 2 Stk. pochierte Eier behutsam aus der Folie in tiefe Teller setzen, mit Kürbiskernöl beträufeln und mit Fleur de Sel und frisch gemahlenem Pfeffer servieren.

TIPP: Lassen Sie die Eier nicht zu lange im Wasser, sie sollten innen noch cremig und wachsweich sein. Frisch geschnittene Kräuter sowie getoastete Schwarzbrotstreifen machen einfache Gerichte zum echten Erlebnis!

Steirische Kernöl-Eierspeise

1 PORTION | ZUBEREITUNGSZEIT: 5 MINUTEN

ZUTATEN

3 Eier • 2 EL Pflanzenöl • 1 EL steirisches Kürbiskernöl 1 EL Frühlingskräuter, gehackt (Gundelrebe, Brennnessel, Kerbel, Gänseblümchenblätter, Pimpernelle, Schnittlauch etc.) • Salz • Pfeffer

ZUBEREITUNG

Frische Kräuter möglichst genau verlesen, gut waschen und hacken. Eier aufschlagen und mit einer Gabel leicht verquirlen. Salz und Kräuter hinzufügen.
Pflanzenöl am besten in einer Gusseisenpfanne leicht erhitzen, Eiermasse einrühren und mit der Gabel immer von außen nach innen rühren, bis die Eiermasse fast flockig gestockt ist. Mit steirischem Kürbiskernöl gut beträufeln und genießen.

TIPP: Deftiges Schwarzbrot harmoniert außergewöhnlich gut mit dem herzhaften Geschmack dieser Eierspeise. Soll es ganz schnell gehen, können Sie die Kräuter auch weglassen.

Foto rechts

Schinkenrollen mit Topfen-Kürbisfülle

4 PORTIONEN | ZUBEREITUNGSZEIT: 20 MINUTEN

ZUTATEN

6 Schinkenscheiben à 30 g (am besten Sauna-Blockschinken)
180 g Topfen (Quark), passiert (20 %) • 50 g QimiQ
100 g Frischkäse (z. B. Philadelphia) • 1 EL Kren, gerieben
30 g Kürbiskerne, geröstet und gehackt • 2 EL Kürbiskernöl
Salz • etwas Wasabipaste • Kerbel oder Spargel zum Garnieren

ZUBEREITUNG

QimiQ mit Kürbiskernöl glatt rühren, Topfen und Frischkäse beigeben, gut mit Kürbiskernen abmischen und würzen. Schinkenscheiben auf Klarsichtfolie ausbreiten, Creme mittels Spritzsack (glatte Tülle) auf der Breitseite aufspritzen. Schinken mit Hilfe der Folie straff einrollen und für 10 Minuten kaltstellen. Aus der Folie wickeln, obenauf mit der Creme eine Rosette spritzen, mit frischem Kerbel oder Spargel garnieren.

TIPP: Diese Röllchen schneide ich in 3 cm Länge und serviere sie – mit Kresse garniert – auf getoastetem Schwarzbrot. Noch schneller sind Sie, wenn Sie in die Topfenmasse einfach Kürbiskernpesto einmengen.

Sommersalat mit jungen Zucchini

4 PORTIONEN | ZUBEREITUNGSZEIT: 40 MINUTEN

ZUTATEN

6 Stk. Mini-Zucchini, halbiert • 1 Stk. Spitzpaprika, rot 1 Stk. Paprika, orange • 1 Stk. Paprika, gelb • 2 Stk. vollreife Paradeiser (Tomaten) • 2 Stk. Stangenselleriestifte (ca. 100 g) • 1 kleiner Kopf Treviso oder Radicchiosalat • 1 Stk. Artischocke, roh und klein Parmesan (ca. 50 g), gebrochen • 20 Stk. Kalamata-Oliven • Olivenöl

FÜR DIE MARINADE

40 ml Olivenöl • 30 ml weißer Balsamessig oder Rotweinessig • 2 EL Kapern, fein gehackt • 20 ml Kapern-Einlegewasser • Salz • etwas weißer Pfeffer, gemahlen • 1 EL Basilikum, fein geschnitten • Fleur de Sel (zum Bestreuen)

ZUBEREITUNG

Die Artischocken von holzigen Blättern befreien, das so genannte „innen liegende Heu" mit einem Kaffeelöffel oder Parisienneausstecher auskratzen. Die Artischocke mit der Aufschnittmaschine sehr fein aufschneiden und sofort in heißem Pflanzenöl goldbraun frittieren. Auf Küchenpapier abtropfen lassen. Die Paprika (im Ganzen) im Ofen bei 200 °C auf einem Blech, mit etwas Olivenöl bespritzt, ca. 20 Minuten grillen. Danach erkalten lassen, in grobe Streifen zerteilen und die Haut abziehen. Die Zucchini sowie die in kleine Stifte geschnittene geschälte Selleriestange kurz in Salzwasser überkochen und mit Eiswasser abschrecken. Für die Marinade alle Zutaten gut miteinander vermischen. Die Paradeiser in Spalten schneiden und gemeinsam mit den anderen Gemüsesorten durch die Marinade ziehen. Dekorativ auf Tellern anrichten, den geputzten Salat und die Oliven anlegen und mit Artischockenchips, Fleur de Sel sowie Parmesan bestreuen. Bei Zimmertemperatur servieren.

TIPP: Dieser Salat zeigt, wie schön der Sommer nicht nur im Garten, sondern auch am Teller sein kann. Wichtig ist generell bei allen Salaten, sie nicht zu kalt zu servieren, da sie dann bekömmlicher und aromatischer sind.

Foto links

Kürbiskernöl-Dressing

500 ML DRESSING | ZUBEREITUNGSZEIT: 10 MINUTEN

ZUTATEN

300 ml Kürbiskernöl • 100 ml Apfelessig • 1 Knoblauchzehe • Meersalz 100 ml Joghurt (od. Sauerrahm) • Saft von 1 Stk. Zitrone • 2 EL Kren, gerieben

ZUBEREITUNG

Alle Zutaten gut mit einem Stabmixer mixen und abseihen. In Flaschen oder Schraubgläser füllen und kalt stellen.

TIPP: Gut gekühlt hält dieses Dressing mindestens 10 Tage. Ich verwende es gerne für Blattsalate, Bohnen, aber auch für gemischte Salatkreationen. Sollte dieses Dressing zu dickflüssig sein, kann es mit etwas Gemüsefond verdünnt werden.

Muskat-Kürbisschnitte mit Zucchini-Tatar

6 PORTIONEN | ZUBEREITUNGSZEIT: 2 STUNDEN

ZUTATEN

2 Scheiben Toastbrot, entrindet und quer halbiert

FÜR DIE KÜRBIS-MOUSSE

400 g Muskatkürbis, geschält • 2 Stk. Schalotten, geschält
250 ml Hühnerfond • 1 Schuss Weißwein • 8 Blätter Gelatine
300 ml Obers (Sahne), geschlagen • 1 Spritzer Zitronensaft
1/2 Knoblauchzehe, zerdrückt • Salz • Pfeffer (aus der Mühle)
Tabasco • Olivenöl

FÜR DAS APFELGELEE

200 ml Apfelsaft • 100 ml Weißwein, trocken • 4 Blatt Gelatine

FÜR DIE DEKO

4 EL Chili-Kürbis (siehe Rezept Seite 227) • 100 g Zucchini, in 3 mm Würferl geschnitten • Salz • Pfeffer (aus der Mühle)
Olivenöl • 1 Zweigerl Thymian • Kerbelblätter

ZUBEREITUNG

Das Kürbisfleisch fein würfeln und mit etwas Wasser weich dünsten. Schalotten fein hacken und in Olivenöl anschwitzen. Mit Weißwein ablöschen, Geflügelfond und Kürbis zugeben, mit Salz, Pfeffer und Tabasco würzen und ca. 3 Minuten köcheln lassen. Mit dem Stabmixer fein pürieren und passieren. Masse nochmals kurz erhitzen. Gelatine in kaltem Wasser einweichen, ausdrücken und zugeben. Mit Zitronensaft sowie Knoblauch aromatisieren und geschlagenes Obers unterziehen. Eine Springform (ca. 12 cm breit und 20 cm lang) oder eine Terrinenform mit Klarsichtfolie auslegen. Das Toastbrot einlegen, mit der Mousse befüllen und für ca. 1 Stunde in den Froster stellen.

Für die Zucchiniwürferl Olivenöl erhitzen, Würferl glasieren und mit Thymian, Salz und Pfeffer würzen; kalt stellen.

Für das Gelee den Apfelsaft mit dem Weißwein aufkochen und die eingeweichte, ausgedrückte Gelatine zugeben, temperieren und die Mousse damit abglänzen. Im Kühlschrank für 10 Minuten kühl stellen. Die Mousse aus der Form nehmen, in 6 Tranchen schneiden (am besten mit einem in heißes Wasser getauchten dünnen Messer), auf Teller setzen, mit Zucchiniwürferl und Chili-Kürbis anrichten und mit Kerbelzweigerl belegen.

TIPPS: Terrinenformen (für kalte Creme oder Mousse) bestreiche ich mit Öl, dann lege ich die Klarsichtfolie ein und verstreiche sie mit einem „Knäuel" Küchenpapier. So hat die Folie fast keine Falten und man kann problemlos weiterarbeiten. Die Mousse könnte man auch mit geschmortem Paprika-, Zucchini- oder Broccolipüree herstellen. Der Kreativität sind keine Grenzen gesetzt, man könnte auch Kürbispesto oder Kürbiskernöl darüberträufeln.

Grünspargel-Kernölcreme mit Rohschinken

4 PORTIONEN | ZUBEREITUNGSZEIT: 1 STUNDE

ZUTATEN

600 g grüner Spargel • Salz • etwas Tabasco • 80 g Kürbiskernöl 12 Scheiben Rohschinken • Schaffrischkäse • 1 Hand voll Frisée-Salat, klein gezupft • 100 g Berglinsen, ca. 2 Stunden eingeweicht (am besten Beluga-Linsen)

FÜR DIE MARINADE

4 EL Traubenkernöl • 1 Prise Zucker • Salz • etwas Muskatnuss, gerieben 2 EL weißer Balsamico-Essig

ZUBEREITUNG

Spargel waschen und schälen. 6 Stk. Spargel der Länge nach sehr dünn aufschneiden und eng nebeneinander auf eine Klarsichtfolie auflegen. Mit einem Ausstecher (9 cm Durchmesser) vorsichtig Kreise ausstechen und diese mit einem feuchten Tuch abdecken.
Den restlichen Spargel in wenig Salzwasser (zugedeckt) rasch weich kochen, abschrecken und fein pürieren. Kürbiskernöl, Tabasco und Salz einmixen, danach fein passieren und kalt stellen.
Linsen waschen, kurz in Salzwasser blanchieren, abschrecken und marinieren. Mithilfe desselben Ausstechers die Spargelcreme ca. 6 mm hoch auf kalten Tellern mittig aufstreichen. Nun mit der Klarsichtfolie die Spargelkreise aufsetzen und mit Marinade bestreichen. Den Schinken mit Schaffrischkäse füllen, zu Röllchen drehen und auflegen. Mit Frisée-Salat und Linsen garnieren und mit getoastetem Weißbrot servieren.

Lachsforelle mit Melonenkürbis und Kürbis-Chutney

4 PORTIONEN | ZUBEREITUNGSZEIT: CA. 20 MINUTEN

ZUTATEN

500 g Lachsforellenfilet od. Lachsfilet, entgrätet, zugeputzt • 150 g Kürbis-Chutney (siehe Seite 49) • 300 g asiatischer Melonenkürbis oder Speisekürbis, geschält und entkernt • Meersalz • Saft einer Limette etwas Olivenöl • 1 Prise brauner Zucker • 1 Hand voll Zwiebelsprossen 1 KL Wasabipaste • Balsamapfelessig • 3 EL Erdnussöl, kalt gepresst

ZUBEREITUNG

Die Forellenfilets mit einem scharfen dünnen Messer fein aufschneiden. Melonenkürbis mittels Gemüsehobel fein nudelig reiben, leicht einsalzen und nach ca. 10 Minuten gut ausdrücken. Mit Limettensaft, Olivenöl, braunem Zucker und etwas Tabasco pikant marinieren. Auf Teller kleine Häufchen setzen, die Lachsforellenfilets leicht mit Wasabipaste einstreichen und mit der bestrichenen Seite nach unten auf den marinierten Kürbis setzen. Die Zwiebelsprossen darüberstreuen, Kürbis-Chutney in kleinen Häufchen dazugeben und mit Erdnussöl und Balsamessig beträufeln. Foto links

Chayote „Schuschu“ mit Schwertfisch und Melone

4 PORTIONEN | ZUBEREITUNGSZEIT: CA. 10 MINUTEN

ZUTATEN

1 Stk. Chayote (ersatzweise kleine knackige Minigurken) • 400 g geräucherter Schwertfisch, hauchdünn geschnitten • 1/2 Netzmelone, vollreif • Olivenöl Fleur de Sel • Saft von je 1 Stk. Limette und Orange • 8 Stk. Kapern, in Spalten geschnitten • 1 Zweigerl Kerbel • etwas rosa Pfeffer

ZUBEREITUNG

Chayote halbieren und hauchdünn mit einer Gemüseaufschnittmaschine aufschneiden. Aus Olivenöl, Salz, Orangen- und Limettensaft eine Marinade herstellen, Chayoten leicht durch die Marinade ziehen und auf Tellern drapieren. Aus dem Melonenfruchtfleisch mit einem Parisienneausstecher Kugerl ausstechen und auf Teller setzen. Den Schwertfisch anlegen, mit Olivenöl sowie der Marinade beträufeln und mit Fleur de Sel, Kapern, rosa Pfeffer sowie Kerbel vollenden.

Steirer-Salat mit Kürbiskernöl

4 PORTIONEN

ZUBEREITUNGSZEIT: 20 MINUTEN (90 Minuten für die Käferbohnen)

ZUTATEN

400 g Käferbohnen, roh (ca. 150 g) • 1 Stk. geräucherte Bauchspeckschwarte 110 g rote Zwiebeln, geschält • 70 g grüne Paprikaschoten • 250 g Pökelzunge oder Braunschweiger („Dürre“) • 160 g gekochtes Geselchtes (Schopf oder Schulter) • 120 g pikant eingelegter Kürbis (Rezept s. S. 226)

FÜR DIE MARINADE

Petersilie • 1 Knoblauchzehe, fein gehackt • 1 TL Kapern
50 ml Kürbiskernöl • 40 ml Mostessig • 40 ml Wasser oder Suppe
Salz • Pfeffer • Salatblätter • Ei, hart gekocht und in Scheiben geschnitten

ZUBEREITUNG

Die Käferbohnen werden über Nacht eingeweicht und dann mit der Schwarte gekocht, dann abseihen und kurz mit kaltem Wasser abschrecken. Anschließend kalt stellen. Zwiebeln und Paprikaschoten in große Würfel schneiden, in kochendem Salzwasser 20 Sekunden blanchieren, in Eiswasser abschrecken und auf einem Tuch trocknen lassen. Die übrigen Zutaten ebenfalls groß würfelig schneiden (die Bohnen bleiben ganz).

Knoblauch, Petersilie und Kapern hacken und mit den restlichen Zutaten der Marinade vermengen. Nun alles gut vermischen und kurz ziehen lassen.

TIPP: Dieser Salat ist ideal für heiße Tage, aber auch im Winter gut zu genießen. Ich serviere ihn mit Kürbiskern- oder Schwarzbrot, des Öfteren auch mit hart gekochtem Ei.

Netzmelone mit Almo-Ochsengelee

4 PORTIONEN | ZUBEREITUNGSZEIT: 1 STUNDE (Kochzeit der Suppe: 1 Tag)

ZUTATEN

1/2 Netzmelone, vollreif • Salz • etwas Zitronensaft
frisch gemahlener Kubebenpfeffer (oder schwarzer Pfeffer)
1 l kräftige Rindsuppe vom Almo-Ochsen • 5 Blätter Gelatine
4 cl weißer Portwein • 4 cl Madeira • 12 Scheiben Almo-Ochsenfilet
100 g Sauerrahm • 1 KL Schnittlauch, frisch geschnitten

ZUBEREITUNG

Gelatineblätter in eiskaltem Wasser einweichen, die Rindsuppe auf 800 ml einkochen, Gelatine ausdrücken und zugeben. Die Suppe kalt stellen. Inzwischen aus der entkernten Melone mit einem Parisienneausstecher Kugerl ausstechen. Kugerl mit Zitronensaft, Madeira und Portwein marinieren. Das restliche Fruchtfleisch auskratzen, pürieren und mit Salz und etwas Zitronensaft würzen. Das Püree in vorgekühlten Suppen- oder Pastatellern verteilen. Das Almo-Ochsenfilet hauchdünn (wie bei Carpaccio) auflegen, die marinierten Melonenkugerl mittig zu einem Häufchen setzen und das leicht angestockte Ochsengelee darüber verteilen. Mit leicht gerührtem Sauerrahm sowie Schnittlauch und Pfeffer vollenden.

TIPP: Dieses Gericht ist ideal für heiße Sommertage und lässt sich gut vorbereiten.

Mariniertes Hirschfilet mit Kürbiskernöl

4 PORTIONEN | ZUBEREITUNGSZEIT: 20 MINUTEN

ZUTATEN

300–400 g Hirschfilet, zugeputzt (ohne Sehnen) • 1 Glas Fink's Eierschwammerl in Apfelessig (ersatzweise andere eingelegte Schwammerl)

FÜR DEN WACHOLDER-TOPFEN

200 g passierter Topfen (Quark) 20 % • 1 EL grobkörniger Pommery-Senf
1 Prise Salz • 2 Wacholderbeeren, zerdrückt • Kürbiskernöl
Birnen-Balsamessig • Parmesan, frisch gehobelt • Fleur de Sel
Pfeffer (aus der Mühle) • Brunnenkresse, Koriandergrün, Rucola (zum Garnieren) • ca. 400 g Brioche

ZUBEREITUNG

Das Fleisch in Scheiben schneiden und zwischen einer Klarsichtfolie dünn plattieren. Auf Teller legen, mit Kürbiskernöl und Birnen-Balsamessig beträufeln.

Für den Wacholder-Topfen alle Zutaten vermischen. Wacholder-Topfen mithilfe eines Spritzsackes (oder einfach in Nockerlform) auf das marinierte Filet setzen. Mit Fleur de Sel und Pfeffer würzen, Essigschwammerl und Parmesan darüberstreuen. Brioche in Scheiben schneiden, in etwas Butterschmalz goldbraun braten und – mit Kräutern bestreut – servieren.

Tatar vom Almo-Ochsen mit eingelegtem Senfkürbis

4 PORTIONEN | ZUBEREITUNGSZEIT: 20 MINUTEN

ZUTATEN

600 g Rindslungenbraten oder Rinderrücken, sauber zugeputzt
2 Stk. Essig- oder Senfgurkerl • 4 kleine Schalotten • 6 Kapern
4 Sardellenfilets • Dijonsenf (nach Belieben)

FÜR DIE MARINADE

100 ml Bierschaum • 4 EL Olivenöl • 1 Spritzer Tabasco und Worcestershiresauce • etwas Zitronensaft • 2 EL roter Paprika, geschmort und püriert • Salz • Pfeffer (aus der Mühle)
eingelegter Senfkürbis (siehe Rezept Seite 225)

ZUBEREITUNG

Gurkerl, Sardellenfilets und Kapern fein hacken. Schalotten kurz in kochendem Wasser blanchieren, abkühlen lassen und ebenfalls fein hacken. Das sauber zugeputzte, gut gekühlte Fleisch zuerst in Streifen, dann in feine Würferl schneiden und mit einem Wiegemesser fein hacken. Für die Marinade alle Zutaten gut miteinander verrühren und unter das Tatar mischen. Würzig abschmecken. Nach Belieben Gurkerl, Schalotten, Kapern, Sardellenfilets und Senf unter das Tatar mischen und anrichten. Mit Senfkürbis, frischen Kräutern sowie etwas Kürbiskernöl servieren.
BEILAGENEMPFEHLUNG: knuspriges Baguette, Toastbrot oder Erdäpfelpuffer.

TIPP: Zum luxuriösen Frühstücksgericht wird das Beef Tatar, wenn Sie dazu heiße Ofenerdäpfel mit Rahm sowie Kaviar reichen. Perfekt passt auch ein Glas Bier oder Champagner dazu!

Foto links

Gebackener Kalbskopf mit Erdäpfelsalat und Kürbiskernöl

4–6 PORTIONEN | ZUBEREITUNGSZEIT: 1 STUNDE (Kochzeit 3 Stunden)

ZUTATEN

1/2 Kalbskopf (ca. 3 kg), abgezogen und gut zugeputzt (ohne Hirn)
6 l Wasser • 200 g Wurzelwerk (Karotte, Sellerie, Petersilienwurzel)
1 Lauch • 150 g Zwiebeln, halbiert • 1/16 l Essig • Salz • 1 Lorbeerblatt
8 Pfefferkörner • 1 Thymianstrauß • Dijonsenf • Zitronensaft
Salz und Pfeffer (zum Marinieren) • Mehl, Ei und Brösel (zum Panieren)
Erdäpfelsalat mit Kürbiskernöl (siehe Rezept Seite 58)

ZUBEREITUNG

Kalbskopf reinigen und einige Stunden in kaltem Wasser auswässern lassen. Mit Wasser bedecken, Essig, Gewürze, Zwiebeln, geschältes Wurzelwerk und Lauch beigeben. Aufkochen lassen, Schaum stets abschöpfen, bei Bedarf Wasser ergänzen.

Wenn sich das Kalbskopffleisch bis an den Knochen leicht durchdrücken lässt, ist es gar (dauert ca. 2–3 Stunden). Kalbskopf aus dem Sud heben, in kaltes Wasser legen, Fleisch vom Kopfknochen lösen. Die Haut der Zunge mit den Fingern abziehen. Zuparieren (zuputzen) und in beliebig große Stücke schneiden. Den Sud stark reduzierend kochen, abseihen, 1 Liter abnehmen und die geschnittenen Kopfstücke darin aufkochen. Gut kalt gestellt (die Flüssigkeit geliert), kann man den Kalbskopf einige Tage problemlos lagern. Er lässt sich ebenso gut einfrieren.
HINWEIS: 3 kg Kalbskopf ergeben ca. 1 kg gekochten Kalbskopf (ohne Knochen). Den gelierten Kalbskopf in ca. 8 mm dicke Scheiben schneiden, mit Dijonsenf, Salz, Pfeffer und Zitronensaft marinieren, panieren und in heißem Pflanzenöl frittieren. Gut abtropfen lassen und mit Erdäpfelsalat und Kürbiskernöl servieren.

TIPP: Dieses Rezept gebe ich trotz des erheblichen Aufwandes gerne weiter, da ich der Überzeugung bin, dass Tradition und aktuelle Trends niemals widersprüchlich sind. Sie verschmelzen vielmehr zur „Trendition!".

Stallhaserl (Kaninchen) mit Zucchinicreme

4 PORTIONEN | ZUBEREITUNGSZEIT: 60 MINUTEN

ZUTATEN

4 Stk. Kaninchenrücken, zugeputzt • 300 ml Olivenöl (zum Braten) Salz • weißer Pfeffer (aus der Mühle) • 1 Hand voll frische Kräuter (Salbei, Rosmarin, Thymian und 1 Stk. Lorbeerblatt) • 1 kleine Chilischote, entkernt • 1 kleines Stück Zimt • 2 Pimentkörner, zerdrückt

FÜR DIE ZUCCHINICREME

2 Stk. junge Zucchini • 2 Knoblauchzehen, geschält und fein gehackt Salz • 40 ml Olivenöl (vom eingelegten Kaninchen) • 2 EL Crème fraîche 2 cl weißer Balsamessig • 4 Stk. Wachteleier (ca. 4 Minuten gekocht, geschält und halbiert) • Schnittlauchspitzen • 4 Salatherzblätter 4 EL Kräuterpesto (siehe Rezept Seite 231) • Fleur de Sel

ZUBEREITUNG

Sehnen der Kaninchenfilets entfernen, würzen und in etwas Olivenöl scharf anbraten. Mit Olivenöl aufgießen, Kräuter und Gewürze hinzufügen. Auf ca. 70 °C erhitzen, Pfanne vom Herd nehmen und die Filets ca. 10 Minuten darin ziehen lassen.
Inzwischen Zucchini waschen, in feine Würferl schneiden, mit Knoblauch in Olivenöl kurz anschwitzen, würzen, Balsamessig zugeben und 2 Minuten weich dünsten. Danach sofort im Mixer mit Crème fraîche sehr fein pürieren und in einem Gefäß – flach aufgestrichen – in den Froster geben. Auf diese Weise bleibt die Creme frühlingshaft grün.
Die Creme mittels eines Ringes (12 cm Durchmesser) flach auf kalte Teller verteilen. Die Kaninchenfilets aus dem Öl nehmen, gut abtropfen lassen, in Stücke schneiden und ebenfalls auflegen. Wachteleier sowie Salatblätter anlegen. Mit Schnittlauchspitzen und etwas Fleur de Sel bestreuen und mit Kräuteröl umgießen.

TIPP: In Olivenöl gebratene Zucchini (siehe Rezept Seite 46) eignen sich sehr gut als Beilage.

Foto rechts

Zucchini und Mozzarella

4 PORTIONEN | ZUBEREITUNGSZEIT: 15 MINUTEN

ZUTATEN

400 g junge Zucchini, gelb und grün

FÜR DAS SALAT-DRESSING

Saft von 1 Stk. Zitrone • 40 ml Olivenöl • 2 EL glatte Petersilie, gehackt
Salz • Tabasco • weißer Pfeffer (aus der Mühle) • Balsam-Apfelessig
4 EL Kürbiskerne, geröstet • 4 Stk. Büffelmozzarella à 100 g
2 EL Basilikum, in Streifen geschnitten

ZUBEREITUNG

Zucchini waschen und längs mit einem Sparschäler in sehr dünne Scheiben schneiden.

Aus Zitronensaft, Olivenöl, Petersilie, Tabasco, Salz und Pfeffer eine Salatsauce rühren oder mit dem Pürierstab pürieren. Zucchini mit der Marinade marinieren. Mozzarella in kleine Stücke teilen, mit dem Zucchinisalat anrichten und mit Basilikum bestreuen. Die gehackten Kürbiskerne darüberstreuen und mit Balsam-Apfelessig beträufeln.

Knuspriger Schaffrischkäse mit Zucchini-Olivensalat

4 PORTIONEN | ZUBEREITUNGSZEIT: 20–30 MINUTEN

ZUTATEN

4 Stk. milder Schaffrischkäse à 120 g (kein Feta – dieser ist hierfür zu salzig) • 4 Scheiben Toastbrot • Olivenöl (zum Braten) Zucchini, gebraten (siehe Rezept Seite 46) • 4 EL Taggiasca-Oliven 8 Stk. getrocknete Mini-Paradeiser (Tomaten)

ZUBEREITUNG

Zucchini in Scheiben schneiden und laut Rezept zubereiten. Das Toastbrot quer mit einer Aufschnittmaschine halbieren. 8 ca. 10 cm große Kreise ausstechen. Nun den Schafkäse auf 4 Kreise setzen, mit den restlichen Scheiben belegen und gut andrücken. Die so entstandenen Sandwiches in Olivenöl beidseitig knusprig braten. Gut auf Küchenpapier abtropfen lassen und mit Zucchini, Oliven und den Paradeisern anrichten. Evtl. mit frischen Kräutern servieren.

TIPP: Für die Mini-Paradeiser ritze ich die Haut leicht an, überkoche sie kurz und schrecke sie rasch ab. Nun wird die Haut in Richtung Stängelansatz hochgezogen, die Paradeiser werden mit Olivenöl beträufelt und im Backrohr bei 80 °C (und leicht geöffneter Ofentür) 1 Stunde getrocknet.

Geräucherter Kürbis mit Büffelmozzarella

4 PORTIONEN | ZUBEREITUNGSZEIT: 2 STUNDEN (und 1 Nacht zum Marinieren)

ZUTATEN

1 Stk. Hokkaido-Kürbis • 4 Stk. Büffelmozzarella à 100 g • Haselnussöl Balsam-Apfelessig • frisches Basilikum, Brunnenkresse (oder andere Kressearten) • Fleur de Sel • Parmesan (zum Hobeln) • 4 EL Räuchermehl-Mischung

FÜR DIE GEWÜRZMISCHUNG

50 g Meersalz • 1 EL brauner Zucker • Pfeffer (aus der Mühle)
1 KL Koriander, geröstet und geschrotet • 1 KL Ingwer, gerieben
1 Stk. Chilischote, halbiert und entkernt

ZUBEREITUNG

Hokkaido-Kürbis schälen, halbieren, entkernen und in ca. 12 längliche Spalten teilen. Für die Gewürzmischung alle Zutaten gut miteinander vermengen, den Kürbis damit einreiben und über Nacht zugedeckt marinieren. Am nächsten Tag die Marinade mit Wasser abwaschen und die Kürbisspalten ca. 2 Stunden trocknen lassen. In einen Topf (der nicht zum Kochen verwendet wird) das Räuchermehl einstreuen. Die Spalten auf ein – in den Topf passendes – Gitter setzen und den Topf (zugedeckt) so stark erhitzen, dass das Räuchermehl leicht zu glühen beginnt. Zugedeckt ca. 10 Minuten räuchern lassen. Den Deckel abheben, die Kürbisspalten auf Tellern anrichten, Mozzarella halbieren und anlegen und mit Haselnussöl beträufeln. Kräuter darüberstreuen, Parmesan darüberhobeln und mit Balsam-Apfelessig und Fleur de Sel vollenden.

Zucchini-Schafkäsewickler

FÜR 4 PORTIONEN | ZUBEREITUNGSZEIT: CA. 20 MINUTEN

ZUTATEN

1 Stk. mittelgroße Zucchini • 600 g Schafkäse, Feta oder Block-Schafkäse • Olivenöl (zum Braten) • Salz • Pfeffer (aus der Mühle) je 1 Zweig Rosmarin und Thymian

ZUBEREITUNG

Die Zucchini waschen, Strunk entfernen und mit einer Aufschnittmaschine in ca. 1–1,5 mm dicke längliche Streifen schneiden. Den Schafkäse in daumendicke Stifte schneiden und mit den Zucchinistreifen einwickeln. Die Zucchini-Schafkäsewickler kurz in Olivenöl anbraten, Kräuter zugeben und würzen. Aus der Pfanne heben und auf Tellern anrichten. Am besten mit frischen Kräutern, Paradeisern und knusprigem Weißbrot servieren.

Foto nächste Seite

Gebratene Wassermelone mit Büffelmozzarella

4 PORTIONEN | ZUBEREITUNGSZEIT: 20 MINUTEN

ZUTATEN

500 g Wassermelone (kernlos, vollreif und bissfest) • Saft von 1/2 Limette 4 EL Rohrzucker • frische Minze-, Basilikum- und Rucola-Blätter 2 Stk. Büffelmozzarella à 100 g • Fleur de Sel (oder Meersalz) Pfeffer (aus der Mühle) • Olivenöl • alter Birnen-Balsamessig oder Balsamico-Essig • 3 EL Kapernblüten

ZUBEREITUNG

Die Wassermelone in 12 gleichmäßige längliche Stangerl (ca. 11 cm x 2 cm x 2 cm) schneiden. Melonenstangerl vor dem Anbraten mit Küchenkrepp abtupfen und in Rohrzucker drehen. In einer beschichteten Pfanne etwas Olivenöl erhitzen, Melonen darin scharf anbraten und je 3 Stangen auf vorgewärmte Teller geben. Mozzarella halbieren, mit einem Bunsenbrenner (Lötlampe) außen leicht abflämmen und zu den Melonen setzen. Mit Kräuterblättern bestreuen, mit etwas Olivenöl und Limettensaft sowie Balsamessig beträufeln und mit Fleur de Sel und Pfeffer würzen. Mit Kapern und knusprigen Baguettescheiben servieren.

Kürbisrösti mit geräuchertem Lachs

4 PORTIONEN | ZUBEREITUNGSZEIT: CA. 30 MINUTEN

ZUTATEN

300 g Speisekürbis, geschält • 200 g vorwiegend festkochende Erdäpfel (Kartoffeln), geschält • 2 Eier • Salz • Pfeffer • 30 g Mehl 1 EL Maisstärke • Muskatnuss • Öl (zum Braten) • 200 g schottischer Räucherlachs, geschnitten • 1 Becher (125 g) Sauerrahm • Crème fraîche (zum Garnieren) • 2 EL Schnittlauch, sehr fein geschnitten • Zwiebelringe

ZUBEREITUNG

Kürbis und Erdäpfel grob raspeln (mit einer Röstireibe). In eine Schüssel geben, mit Eiern, Mehl, Maisstärke, Salz, Pfeffer und Muskatnuss vermischen bzw. abschmecken. In einer gusseisernen Pfanne Öl erhitzen, kleine Röstikuchen goldbraun backen und auf Küchenpapier gut abtropfen lassen. Lachs zu Röschen drehen und mit Rösti auf Tellern anrichten. Mit Crème fraîche und Schnittlauch bzw. Zwiebelringen servieren.

Tafelspitzsulz mit Fink's Kürbispesto

CA. 8 PORTIONEN | ZUBEREITUNGSZEIT: 1 STUNDE (3 Stunden Kühlzeit)

ZUTATEN

1 Terrinenform (Kastenform mit 1300 ml Inhalt) • 1 EL Pflanzenöl 600 g Tafelspitz, gekocht (mit Aufschnittmaschine in 2 mm dicke Scheiben geschnitten) • 6 cl Sherry (trocken) • 2 Stk. Karotten • 2 Stk. gelbe Rüben 1/4 Knolle Sellerie • 4 EL Schnittlauch, fein geschnitten • 600 ml Rindsuppe (oder Suppe vom gekochten Tafelspitz) • 10 Blätter Gelatine • Pfeffer (aus der Mühle) • Fleur de Sel • 1 Stk. rote Zwiebel, geschält und in Ringerl geschnitten • Fink's Kürbispesto (siehe Rezept Seite 49)

ZUBEREITUNG

Die Suppe mit 200 ml Wasser aufkochen, die geschälten Karotten, gelben Rüben und Sellerie zugeben. Schön weich köcheln lassen. Danach das Gemüse aus der Suppe heben, auskühlen lassen und der Länge nach in 3 mm dünne Streifen schneiden. Die Gelatine einweichen, ausdrücken und zur Suppe beimengen. Mit Sherry, Salz und Pfeffer gut abschmecken. Die Terrinenform mit Öl auspinseln, Plastikfolie der Länge nach einlegen und mit Küchenkrepp glatt streichen. Nun in die noch warme, mit Gelatine versetzte Suppe Scheibe für Scheibe den Tafelspitz eintauchen und die Form damit auskleiden. Beim oberen Rand 6 cm überlappen lassen, etwas Suppe eingießen, Gemüse längs einlegen und wieder den in Suppe getauchten Tafelspitz einlegen. Diesen Vorgang dreimal wiederholen, mit Suppe abgießen und mit überlappendem Tafelspitz verschließen. Folie andrücken und für 3 Stunden kalt stellen. Nun die Terrine umdrehen und auf ein Blech stürzen. Folie abziehen und in 16 Scheiben (ca. 15 mm dick) schneiden. Je 2 Scheiben auf tiefen Tellern mittig anrichten, mit roten Zwiebelringerln garnieren, mit Balsamessig beträufeln und mit Fleur de Sel, Schnittlauch und Pfeffer würzen. Fink's Kürbispesto in kleinen Portionen rundum aufsetzen.

TIPP: Die Sulz lässt sich – je nach Saison – mit Radieschen, Spargel oder Essigschwammerln ergänzen.

Mangalitzasulz mit Käferbohnen-Kürbiskernölcreme

10 PORTIONEN | ZUBEREITUNGSZEIT: 3 STUNDEN (1 Tag Kühlzeit)

ZUTATEN

700 g Mangalitzaschulter • 4 Stk. Mangalitzahaxerl • 300 g Mangalitzabrüsterl • 300 g Karotten, Sellerie, gelbe Rübe (geschält und ganz) Salz • 5 Pimentkörner • 1 Nelke • 10 Stk. Pfefferkörner • 1 Stk. Lorbeerblatt • 6 cl Apfelessig • 1 Zweig Liebstöckel • Balsam-Apfelessig rote Zwiebelringerl oder Schalotten

FÜR DIE KÄFERBOHNENCREME

200 g Käferbohnen, gekocht • 70 ml Kürbiskernöl • 1 EL Kren, gerieben Salz • Pfeffer

ZUBEREITUNG

Für die Creme gekochte Käferbohnen mit Kürbiskernöl, Kren, Salz und Pfeffer gut püreeartig mixen und würzig abschmecken.

Schulter, Haxerl und Brüsterl – mit Wasser bedeckt – in einer passenden Kasserolle zustellen und leicht wallend kochen lassen. Immer wieder den aufsteigenden Schaum abschöpfen. Nach ca. 1 Stunde Wurzelwerk, Gewürze und Apfelessig beigeben. Nach ca. 2 Stunden das weich gekochte Fleisch und die Schwarten aus dem Sud heben. Die Schwarten an der Innenseite vom Fett befreien. Haxerl von den Knochen lösen. Schwarten und Wurzelwerk in 5 mm große Würferl schneiden. Die Suppe entfetten (abschöpfen) und auf ca. 500 ml reduzierend einkochen und abseihen. 1 EL dieser Flüssigkeit gut durchkühlen lassen und die Festigkeit überprüfen: Ist keine Schnittfestigkeit gegeben, muss man durch Beigabe von Geliermittel (Gelatineblätter oder Trockenaspik) die Gelierkraft erhöhen. Sud und Einlage (Fleisch, Wurzeln) vermischen und in eine passende Form (oder Wurst-Kunstdarm) gießen. Einen Tag im Kühlschrank gut durchkühlen lassen. Die Form ganz kurz in sehr heißes Wasser stellen und die Sulz sofort stürzen, in Scheiben schneiden und mit der Käferbohnen-Kürbiskernölcreme sowie mit den Zwiebelringerln und dem Balsam-Apfelessig servieren.

TIPP: Diese Sulz kann genauso auch aus „herkömmlichem" Schweinefleisch hergestellt werden.

Fink's delikate Kombination mit Chilikürbis

FÜR 4 PERSONEN | ZUBEREITUNGSZEIT: 1 STUNDE

ZUTATEN

200 g Vulcano-Schinken, 12 Monate gereift (oder Rohschinken)
1 Glas eingelegter Chilikürbis (siehe Rezept Seite 227)

ZUBEREITUNG

Den hauchdünn geschnittenen Schinken gefällig auf Tellern anrichten. Mit frischen Kräutern garnieren und evtl. mit Kürbiskernbaguette (siehe Rezepte Seite 216) oder Schwarzbrot servieren.

TIPP: Diese Kombination verändere ich je nach Saison. Auf diese Weise kann ich meinen Gästen immer aktuell eingelegte Variationen aus dem Sortiment von Fink's Echten Delikatessen servieren.

Foto links

Kürbis-Speckkuchen

1 SPRING- ODER TARTEFORM (mit 30–32 cm Durchmesser)
ZUBEREITUNGSZEIT: CA. 2 STUNDEN (4 Stunden Kühlzeit für Teig)

ZUTATEN

300 g Mehl • 150 g Butter • 80 g Topfen (Quark), passiert (20 %)
2 Eidotter • Prise Salz • Mehl (für die Arbeitsfläche)
300 g weiße Zwiebeln • ca. 150 g magerer Speck, klein geschnitten
300 g Muskatkürbis, gerieben, leicht gesalzen und ausgedrückt
4 EL Schnittlauch, fein geschnitten • 8 EL Olivenöl

FÜR DEN ÜBERGUSS

5 Eier • 300 ml Schlagobers (Sahne) oder 200 g QimiQ, mit 100 ml Milch gemischt • 100 g Emmentaler oder milder Bergkäse, gerieben • Salz • Pfeffer (aus der Mühle) • Muskatnuss • Tabasco
Butter (für die Form)

ZUBEREITUNG

Für den Teig Mehl mit Butter, Topfen, Dottern und einer Prise Salz vermengen und rasch zu einem glatten Teig verkneten. In Klarsichtfolie hüllen und 4 Stunden kalt rasten lassen.

Zwiebeln halbieren und in Scheiben schneiden. Olivenöl in einer Pfanne erhitzen. Zwiebeln darin unter ständigem Rühren mit dem geraspelten Kürbis hell anschwitzen, vom Feuer nehmen und auskühlen lassen.

Backrohr auf 200 °C vorheizen, Kuchenform mit Butter ausstreichen. Teig auf einer bemehlten Arbeitsfläche messerrückendick ausrollen und die Form so damit auslegen, dass der Teig ca. 2 cm über den Rand steht. Zwiebeln darauf gleichmäßig verteilen. Für den Überguss die Eier mit Obers verquirlen, gehackten Speck sowie den geriebenen

Käse einrühren. Masse mit Salz, Pfeffer, Schnittlauch, etwas Tabasco und Muskatnuss würzen und über die Zwiebel-Kürbismischung gießen. Teigrand zwischen Daumen und Zeigefinger zu einem gefälligen Wulst formen. Im Rohr ca. 40 Minuten backen, herausnehmen und vor dem Anschneiden 10 Minuten rasten lassen.

Diesen Kuchen esse ich gerne mit grünem Salat oder einfach pur.

TIPP: Wenn Sie den Teig zuerst „blind backen", wird der Kuchen noch knuspriger. Hierfür den Teig mit einer Gabel mehrmals stupfen, mit Backpapier belegen und dieses mit getrockneten Bohnen oder Linsen bedecken. Ca. 8 Minuten backen, Bohnen und Papier entfernen und wie oben beschrieben füllen.

Kürbiskernöl pur mit Bauernbrot

1 PORTION | ZUBEREITUNGSZEIT: 1 MINUTE

ZUTATEN

echtes steirisches Kürbiskernöl • 1 Laib Bauernbrot oder Weißbrot

ZUBEREITUNG

Bauernbrot in Scheiben schneiden, Kürbiskernöl auf einen kalten weißen Teller gießen und nach Herzenslust tunken.

TIPP: Diese absolute Köstlichkeit genieße ich persönlich sehr oft, da man auf diese Weise den herrlichen Geschmack des steirischen Kürbiskernöls gänzlich unverfälscht erleben kann.

In Olivenöl gebratene Zucchini

4 PORTIONEN | ZUBEREITUNGSZEIT: 20 MINUTEN

ZUTATEN

4 Stk. kleine Zucchini • Salz • Pfeffer (aus der Mühle)
2–4 Knoblauchzehen, geschält und leicht angedrückt
1 Zweigerl Thymian und Rosmarin • Olivenöl

ZUBEREITUNG

Zucchini waschen und in längliche Scheiben (ca. 4 mm) schneiden. Am besten in einer Gusseisenpfanne (oder am Grill) in Olivenöl mit Salz und Pfeffer anbraten. Sobald sie goldbraun sind, in ein Gefäß schichten. Danach den Knoblauch mit viel Olivenöl und Kräutern anschwitzen und über die Zucchini geben. Entweder kalt stellen oder noch warm mit etwas Balsamessig beträufeln und mit Parmesan bestreut genießen.

TIPP: Diese Zubereitung geht sehr schnell. Zu den Zucchini esse ich gerne Baguette und Schafkäse. Dazu passt auch sehr gut steirischer Wein.

Kürbiskern-Topfenaufstrich

2 GLÄSER À 350–400 G | ZUBEREITUNGSZEIT: 10 MINUTEN

ZUTATEN

400 g feiner Topfen 20 % (Quark) • 100 g Gervais • 100 g QimiQ 100 ml steirisches Kürbiskernöl • 80 g Kürbiskerne, geröstet und gehackt Salz • Pfeffer • Tabasco • 2 EL Dijonsenf • 1 KL Wasabipaste oder Steirer-Kren

ZUBEREITUNG

QimiQ schmelzen und glatt rühren. Danach alle Zutaten in eine Rührschüssel geben, cremig mixen und nach Belieben würzen.

TIPP: Sie können bei der Verwendung der Gewürze nach Ihrem Geschmack variieren. Verschiedenste Kräuter verleihen dem Aufstrich eine ganz spezielle Note.

Foto nächste Doppelseite · 1. Reihe

Thunfisch-Kürbisaufstrich

CA. 1 GLAS À 500 ML | ZUBEREITUNGSZEIT: 10 MINUTEN

ZUTATEN

200 g Kürbis (am besten Gelber Zentner oder Butternusskürbis), geschält und gerieben • 100 g sweet Chilisauce • 1 Dose (ca. 125 g) Thunfisch in Olivenöl, abgetropft • 80 g Kürbiskerne, geröstet und gehackt 100 g Paprika bunt, fein gewürfelt • Salz • Saft von 1 Limette • Tabasco 1 KL Ingwer (frisch oder eingelegt), sehr fein gehackt • 1 EL frisch gehackte Kräuter (Koriander, Petersilie, Kerbel, Schnittlauch oder Gartenkresse)

ZUBEREITUNG

Den geriebenen Kürbis ca. 1/2 Stunde einsalzen, danach gut ausdrücken. Dies klappt am besten mit einem sauberen Küchentuch. Danach mit allen Zutaten vermischen und pikant abschmecken.

TIPP: Ideal passt dieser Aufstrich auf frisch getoastetes Baguette oder zu rohem Thunfisch.

Foto nächste Doppelseite · 3. Reihe

Kürbispesto

1 SCHRAUBGLAS À 400 ML | ZUBEREITUNGSZEIT: 20 MINUTEN

ZUTATEN

150 g Kürbiskerne, geröstet und fein gerieben • 150 g Kürbiskernöl
100 g Muskatkürbisfleisch, fein gerieben • 2 EL Parmesan, frisch gerieben
Pfeffer (aus der Mühle) • Prise Salz

ZUBEREITUNG

Kürbiskernöl mit den restlichen Zutaten gut verrühren und in sorgfältig ausgespülte Einmachgläser füllen. Gut gekühlt kann das Pesto ca. 2 Wochen gelagert werden.

TIPP: Der feine nussige Geschmack der Kürbiskerne harmoniert ideal mit vielen Nudelgerichten, eignet sich aber auch bestens zum Verfeinern von kalten Gerichten (Schafkäse, Salate, Räucherfische etc.).
Dieses Pesto wie auch Steirisches Kürbiskernöl sollte nie zu hoch in Gläser gefüllt werden, da es sich bei zu starker Wärme ausdehnt und ausrinnen kann.

Foto nächste Doppelseite · 4. Reihe

Fink's echt delikates Kürbis-Chutney mit Ingwer und Balsamessig

FÜR 4 GLÄSER À 500 ML | ZUBEREITUNGSZEIT: 1 STUNDE (1 Nacht zum Marinieren)

ZUTATEN

1,5 kg Muskatkürbis, zerteilt und geschält • 200 g Zwiebeln, gehackt
4 Stk. Knoblauchzehen, blättrig geschnitten • 200 g Apfelwürferl
1 KL Vitamin C • 150 g Rohrzucker • 60 g helle Rosinen, gehackt
300 ml Apfelsaft • 50 g Ingwer, gerieben • 120 ml weißer Balsamessig
Kümmel • Senfkörner • Chili ohne Kerne, fein geschnitten • Meersalz
schwarzer Pfeffer, geschrotet

ZUBEREITUNG

Kürbis schälen und klein würfelig (5 mm) schneiden. In ein passendes Gefäß geben, Gewürze und Ingwer untermengen und abgedeckt über Nacht ziehen lassen. Am nächsten Tag Zwiebeln und Äpfel würfelig schneiden. Rohrzucker mit Zwiebeln und Äpfeln hell karamellisieren. Kürbis sowie Rosinen beigeben und mit Apfelsaft ablöschen. Etwa 30 Minuten auf kleiner Flamme kochen lassen und mit Balsamessig geschmacklich abrunden. In heiß ausgespülte Gläser füllen, verschließen und im heißen Wasserbad etwa 15 Minuten ziehen lassen. Kühl und dunkel lagern.

TIPP: Dieses Rezept kommt unserem Originalrezept schon sehr nahe. Kürbis-Chutney ist wegen seines nicht zu dominanten Geschmacks äußerst vielseitig verwendbar und kann zu gebratenem oder gegrilltem Fisch oder Fleisch, zu Hühnergerichten, aber auch zu Käse serviert werden. Foto nächste Doppelseite · 2. Reihe

Kürbiskernschmalz (aufgeschlagen)

CA. 8 BROTE | ZUBEREITUNGSZEIT: 20 MINUTEN

ZUTATEN

100 g gutes Schweineschmalz • 30 g Kürbiskernöl
1 EL steirische Kürbiskerne, sehr fein gemahlen • 1 Knoblauchzehe
grüner Pfeffer, frisch zerstoßen • einige Knoblauchzehen (zum Belegen)

ZUBEREITUNG

Schweineschmalz in eine kleine Rührschüssel geben und mit dem Kürbiskernöl so lange aufschlagen, bis es cremig weiß wird (am besten in einer Küchenmaschine). Nun die Aromen, 1 gepresste Knoblauchzehe, fein gemahlene Kürbiskerne, Pfeffer und Salz hinzufügen. Anschließend einige Zeit kühl stellen.
Herzhaftes Schwarzbrot in Scheiben schneiden, mit dem Kürbiskernschmalz bestreichen und mit blättrig geschnittenen Zwiebeln belegen. Man kann die Brote zusätzlich auch mit gehackten Kürbiskernen bestreuen.

TIPP: Dieses Kürbiskernschmalz lässt sich über Wochen gut im Kühlschrank (in Einmachgläsern) lagern.

Kürbis-Rollgerstlsalat

4 PORTIONEN | ZUBEREITUNGSZEIT: 40 MINUTEN (3 Stunden Einweichzeit)

ZUTATEN

200 g feine Rollgerste • 1 Scheibe Räucher- oder Bauchspeck
220 g Kürbisfleisch (Muskat oder Speisekürbis) • 50 ml Maiskeimöl
300 g Braunschweiger (Dürre), fein gewürfelt • 200 g bunte Paprikawürferl
1 kleine rote Zwiebel, in Ringerl geschnitten • 6 cl Apfelessig
1 Prise Zucker • 2 EL Kren, gerieben • Pfeffer (aus der Mühle) • Salz

ZUBEREITUNG

Für das Kürbis-Gerstl zunächst die Rollgerste 3 Stunden in Wasser einweichen, abseihen, mit Speck in etwa 1 l Wasser bissfest kochen, abseihen und das Kochwasser aufbewahren. Kürbisfleisch klein würfelig schneiden und im aufbewahrten Kochwasser kurz blanchieren (überbrühen). Kalt abschrecken, abseihen und mit den restlichen Zutaten vermischen. Würzig-pikant und säuerlich abschmecken. Evtl. mit Kürbiskernöl beträufeln.

Blattsalate mit Frischkäse und Erdäpfel-Kernöldressing

4 PORTIONEN | ZUBEREITUNGSZEIT: 30 MINUTEN

ZUTATEN

200–300 g Blattsalate (Grazer Krauthäuptl, Frisée, Lollo Rosso)
30 ml Apfelessig • 40 ml Kürbiskernöl • Salz • 200 g Frischkäse
1 KL grüner Pfeffer, fein gehackt

ZUTATEN FÜR DAS ERDÄPFELDRESSING

150 g mehlige Erdäpfel, gekocht • 150–200 g Joghurt (3,6 %)
1 Hand voll Kerbel, gezupft und geschnitten • 1 Knoblauchzehe, geschält
Salz • 1 Msp. Cayennepfeffer

ZUBEREITUNG

Erdäpfel schälen, mit Joghurt, Kerbel und Knoblauch pürieren. Mit Salz und Cayennepfeffer kräftig würzen. Salate waschen, grob zupfen und trocken schleudern. Mit Apfelessig, Salz und Kürbiskernöl gut vermischen.
Salate auf flachen Tellern anrichten, mit Frischkäse und Pfeffer bestreuen. Erdäpfeldressing separat dazureichen.

Kürbis und Kohlrabi mit Roquefort-Dressing

4 PORTIONEN | ZUBEREITUNGSZEIT: CA. 20 MINUTEN

ZUTATEN

400 g Speisekürbis • 300 g Kohlrabi • 2 Stk. Äpfel (Boskoop) • Fleur de Sel

FÜR DAS DRESSING

40 ml Apfelessig • 40 ml Walnussöl • 100 g Roquefort (oder andere Blauschimmelkäse-Sorten, z. B. Österkron) • 100 ml Buttermilch
etwas zerdrückte Knoblauchzehe • Salz • Pfeffer (aus der Mühle)
1 Hand voll Walnüsse, gehackt • div. Kräuter (Petersilienblätter, Fenchelgrün, Schnittlauch, Kerbel, Basilikum)

ZUBEREITUNG

Kürbis, Äpfel und Kohlrabi schälen und auf einer Rohkostreibe raffeln. Leicht salzen und mischen. Portionsweise anrichten.

Für das Dressing alle Zutaten in einem Turmmixer gut emulgieren und pikant abschmecken.
Auf dem Salat verteilen und mit frischen Kräutern und gehackten Walnüssen bestreuen.

Vogerlsalat mit Kürbiskernöl und Erdäpfelstangerln

4 PORTIONEN | ZUBEREITUNGSZEIT: CA. 1 STUNDE

ZUTATEN

400 g Vogerlsalat, geputzt und gewaschen

FÜR DIE MARINADE

Kürbiskernöl • Apfelessig • 1/2 Knoblauchzehe, zerdrückt • Salz

FÜR DIE ERDÄPFELSTANGERL

**4 Blätter Frühlingsrollenteig (21 cm x 21 cm)
etwas Eiweiß (zum Bestreichen) • ca. 150 g speckige Erdäpfel (Kartoffeln), gekocht und geschält • 2 EL Sauerrahm • Salz • etwas Chilipaste
1 EL Petersilie, gehackt • Pfeffer (aus der Mühle) • Pflanzenöl (zum Frittieren) • evtl. geröstete Schwammerl (nach Saison)**

ZUBEREITUNG

Für die Stangerl die Erdäpfel mit einer groben Krenreibe reiben. Mit den anderen Zutaten gut vermischen und pikant abschmecken. Die Masse sollte schön breiig, aber nicht zu flüssig sein. Masse in einen Dressiersack füllen. Die Frühlingsrollenteigblätter auf ein Küchentuch legen und zur Gänze mit Eiweiß bestreichen. Die Erdäpfelmasse daumendick auf das erste Drittel des Teiges dressieren. Seitenränder links und rechts ca. 1 cm einschlagen und den Teig zu straffen Rollen (ca. 2 cm breit) aufrollen. Die Stangerl in ca. 180 °C heißem Öl knusprig frittieren und gut abtropfen lassen. Den Vogerlsalat mit Kürbiskernöl, Apfelessig, Salz und Knoblauch gut abmischen, auf tiefen Tellern anrichten und mit den Stangerln servieren.

TIPP: Die Stangerl lassen sich problemlos einfrieren und bei Bedarf auch in gefrorenem Zustand gut herausbacken. Dieser Salat ist ein echter Renner, wenn er zusätzlich mit gerösteten Pilzen, Sprossen und gerösteten Kürbiskernen serviert wird. Foto rechts

Marinierter Gurkensalat

4 PORTIONEN | ZUBEREITUNGSZEIT: 15 MINUTEN

ZUTATEN

**2 Stk. Gurken, geschält und entkernt • 3 EL Apfel- oder Weinessig
6 EL Pflanzenöl • 1/2 Knoblauchzehe, zerdrückt • Salz • 1 Prise Kümmel
Tabasco • 1 Prise Zucker**

ZUBEREITUNG

Gurken sehr fein hobeln, mit Salz bestreuen, gut mischen und 5 Minuten rasten lassen. Gurken händisch fest ausdrücken, Knoblauch einmengen. Mit Öl, Essig, Tabasco, Kümmel und – je nach Bedarf – mit Salz abschmecken und gut gekühlt (und stets nur frisch) servieren.
Noch besser schmeckt der Gurkensalat mit echt steirischem Kürbiskernöl.

Rahm-Gurken-Salat

4 PORTIONEN | ZUBEREITUNGSZEIT: 15 MINUTEN

ZUTATEN

2 Stk. Gurken, geschält und entkernt • 250 g Sauerrahm
3 EL Apfelessig • 20 g Dillspitzen, gehackt • Salz • Tabasco

ZUBEREITUNG

Gurken in sehr feine Scheiben hobeln. Einsalzen, 5 Minuten ziehen lassen und das entstandene Wasser händisch ausdrücken. Gurkenscheiben mit einem Spritzer Tabasco, Essig und Dille vermengen, mit Sauerrahm binden. Kalt und sofort servieren, da die Gurke schnell Flüssigkeit abgibt und somit den Rahm verwässern würde.

TIPP: Wenn der Salat vor dem Servieren längere Zeit steht, ist es ratsam, anstelle von Sauerrahm Crème fraîche zu verwenden. Man kann auch die Gurken schälen und der Länge nach mit einem Sparschäler – unter permanentem Drehen – in feine lange Gurkenstreifen (so genannte Gurken-Spaghetti) schneiden. Diese können dann wie echte Spaghetti mit einer Fleischgabel aufgedreht werden.

Käferbohnensalat mit Kürbiskernöl

4 PORTIONEN | ZUBEREITUNGSZEIT: 2 STUNDEN (1 Nacht zum Einweichen)

ZUTATEN

200 g Käferbohnen, getrocknet • Salz • Pfeffer
Apfelessig (dreijährig im Eichenfass gelagert) • steirisches Kürbiskernöl
Zwiebeln, Kren, Rettich oder Kohlrabi (zum Verfeinern)

ZUBEREITUNG

Die Käferbohnen über Nacht in kaltem Wasser einweichen. Am nächsten Tag in reichlich Wasser weich kochen (ca. 1 Stunde) und danach kalt abschrecken. Während der Garzeit sollte man darauf achten, dass das Wasser nur leicht köchelt. Die noch lauwarmen weichen Bohnen in eine Schüssel geben, mit Salz, Pfeffer, Apfelessig und Kürbiskernöl abschmecken. Sie können die Bohnen wahlweise mit frisch gerissenem Kren oder fein geschnittenen Zwiebeln verfeinern.

TIPP: In das Kochwasser gebe ich gerne ein Stück Speckschwarte. Dies rundet den Geschmack der Bohnen besonders gut ab. Bitte niemals das Kochwasser salzen, da das Eiweiß der Bohnen ansonsten gerinnt und diese nicht richtig weich werden.

TIPP: Feuer- oder Prunkbohne *(lat. Phaseolus coccineus L.)*
Die echte steirische Käferbohne ist für die Hausfrau bzw. den Hausmann im Handel nur an der Marke „Steirisch aus gutem Grund" oder „Steirerland" erkennbar. Es sind auch chinesische Käferbohnen am Markt. Diese sind aber zumeist mit der steirischen Qualität nicht vergleichbar.
Da die Bohnen in getrocknetem Zustand gut lagerfähig sind, werden sie das ganze Jahr über angeboten. Der Name Käferbohne stammt übrigens aus dem Volksmund und bezieht sich darauf, dass manche Käfer diese Bohnen „zum Fressen" gerne haben.

Grazer Krauthäuptlsalat mit Sauerrahm-Kernöldressing

4 PORTIONEN | ZUBEREITUNGSZEIT: 10 MINUTEN

ZUTATEN
1–2 mittlere Krauthäuptl-Salatköpfe

FÜR DAS DRESSING
50 ml Kürbiskernöl • 1 KL Dijonsenf • 100 g Sauerrahm • Saft von 1 Zitrone
Salz • etwas Tabasco • 2 EL Schnittlauch, frisch geschnitten

ZUBEREITUNG
Für das Dressing alle Zutaten sorgfältig verrühren und würzig abschmecken. Sorgfältig geputzten, gewaschenen und trocken geschleuderten Salat etwas zerkleinern und mit Dressing marinieren. Gut durchmischen. In tiefen Tellern anrichten und mit Brotwürferln, Sprossen oder Radieschenscheiben vollenden.

TIPP: Achten Sie darauf, nicht zu viel Marinade zu verwenden. Blattsalat, der „schwimmt", ist nicht so knackig und schmeckt lasch.

Geschmorter Roter Paprika

ZUTATEN
2 Stk. Paprika rot • 50 ml Olivenöl • Meersalz • 1 Zweig Zitronenthymian

ZUBEREITUNG
In einem gusseisernen Bräter das Olivenöl verteilen. Die Paprika im Ganzen waschen, trockentupfen und in den Bräter setzen. Mit Hilfe eines Pinsels mit Olivenöl bestreichen und mit Meersalz leicht würzen. Zitronenthymian zugeben und bei 190 °C im Backofen mit Umluft 20 Minuten weich schmoren. Während der Garzeit öfters wenden. Wenn die Paprika schön weich sind, aus dem Ofen nehmen und abkühlen lassen. Danach die Paprika der Länge nach halbieren, Kerne und Strunk mit einem Küchenmesser entfernen, die halbierten Paprika in ca. fingerbreite Streifen schneiden und Haut abziehen.

TIPP: Die geschmorten Paprika lassen sich im Olivenöl in ein Schraubglas gefüllt mindestens 1 Woche im Kühlschrank aufbewahren.

Erdäpfelsalat mit Kürbiskernöl

4 PORTIONEN | ZUBEREITUNGSZEIT: 1 STUNDE

ZUTATEN

600 g Erdäpfel (Sieglinde oder Kipfler), gekocht und geschält
60 g Zwiebeln, fein geschnitten • ca. 1/4 l Suppe, fett • 3 EL Apfelessig
6 EL Kürbiskernöl • Salz • Pfeffer, schwarz • evtl. etwas Estragonsenf

ZUBEREITUNG

Gekochte Erdäpfel (Kartoffeln) noch heiß schälen und in feine Scheiben schneiden. Sofort mit warmer Suppe angießen, Kürbiskernöl, Zwiebeln, Essig, Salz und Pfeffer beigeben. Den Salat so lange kräftig rühren, bis er eine sämige Bindung aufweist. Je nach Geschmack Senf oder Zucker beigeben.

Salat vom Gelben Zentner mit Lauch-Kürbiskernpesto

4 PORTIONEN | ZUBEREITUNGSZEIT: 30 MINUTEN

ZUTATEN

300 g Kürbisfleisch (vom Gelben Zentner oder Butternusskürbis)
50 g Kürbiskerne • 1/2 Stange Lauch • 1 EL Olivenöl • 1 Knoblauchzehe
4 EL Rapsöl • 2 cl weißer Balsamessig • 1–2 EL Ahornsirup • 1 Prise Salz
Pfeffer (aus der Mühle) • 1/2 Zitrone (Saft) • 2 Hand voll Vogerlsalat
1 EL Kren, frisch gerieben • 1 Hand voll Parmesan

ZUBEREITUNG

Kürbis schälen und in 1 cm große Würfel schneiden. In einen Topf 1 cm hoch Wasser einfüllen, salzen und die Kürbiswürfel darin zugedeckt 1 Minute aufkochen. Danach abseihen, mit etwas weißem Balsamessig, Salz und Rapsöl marinieren und abkühlen lassen. Kürbiskerne in einer Pfanne ohne Fett anrösten und auskühlen lassen. Das hellgrüne Stück vom Lauch putzen, waschen und in 5 mm dicke Scheiben schneiden. Olivenöl in der Pfanne erhitzen und den Lauch mit blättrig geschnittenem Knoblauch kurz glasieren. In einem Cutter (Moulinette) oder mit dem Pürierstab mit Rapsöl, Ahornsirup und Kürbiskernen zu einem Pesto verarbeiten. Mit Salz, Pfeffer und Zitronensaft abschmecken. Vogerlsalat waschen und auf zwei Teller oder Schüsseln verteilen. Kürbiswürfel darauf anrichten und mit Pesto beträufeln. Kren schälen und fein reiben. Parmesan hobeln und mit dem Kren vermischt über das Kürbisgemüse streuen.

TIPP: Sehr gerne gebe ich bei Salaten immer etwas zum Knuspern dazu, wie z. B. Brotwürferl, getrocknete Brotscheiben oder einfach Sonnenblumen- oder Kürbiskerne. Somit erreiche ich ein besseres Geschmackserlebnis. Denn einfach nur Salat ist doch langweilig, oder?!

Pikanter Mini-Patisson-Salat mit Henderlbrust

4 PERSONEN | ZUBEREITUNGSZEIT: 1 STUNDE

ZUTATEN

4 Stk. Hendlbrustfilets mit Haut (vom Steirerhuhn) • Olivenöl Salz und Pfeffer (aus der Mühle) • 12 Stk. Mini-Patissons (gelb und grün gemischt) • 1 kleine rote Zwiebel • 1/2 Kopf Radicchiosalat 2 Stk. Orangen

FÜR DIE MARINADE

70 ml Olivenöl • 40 ml weißer Balsamessig • Salz • Tabasco frisch geschnittene Kräuter • 1 EL Kapern, gehackt Saft von 1 Stk. Zitrone • 1 Prise Zucker • geröstete Mandelblättchen (zum Bestreuen) • 2 EL Kapern (zum Bestreuen)

ZUBEREITUNG

Die Hühnerbrüste (mit Haut) würzen und scharf anbraten. Zugedeckt ca. 10 Minuten behutsam gar ziehen lassen.

Inzwischen für das Dressing alle Zutaten gut vermischen und würzig abschmecken. Radicchio fein putzen und mundgerecht zurechtzupfen. Für 5 Minuten in 50 °C warmes Wasser legen. (Auf diese Weise verlieren die meisten Zichorien-Salate ihre Bitterstoffe.) Danach mit kaltem Wasser abspülen und den Salat trocken schleudern. Patisson-Kürbisse waschen, reinigen, in Spalten scheiden und in Salzwasser kurz überkochen. Kalt abschrecken und mit der Marinade gut vermischen. 5 Minuten ziehen lassen.
Rote Zwiebel schälen und in dünne Ringe schneiden. Die marinierten Radicchioblätter mit den Patissons in Glasschüsserln hoch anrichten. Orangen mit einem Messer schälen und die Filets herausschneiden. Hühnerfilets der Länge nach aufschneiden und mit den Orangenfilets und Zwiebelringerln auf dem Salat anrichten. Mit Mandelblättchen und Kapern bestreuen.

TIPP: Diesen Salat bestreue ich gerne mit Parmesan, frisch geschnittener Minze oder ergänze ihn mit Schafkäse, Büffelmozzarella oder aber auch mit Bündnerfleisch (Rinder-Rohschinken). Saisonale Kräuterblüten machen diesen Salat zum echten Highlight.

Steirischer Lumpensalat mit Kürbiskernöl

4 PORTIONEN | ZUBEREITUNGSZEIT: 20 MINUTEN

ZUTATEN
200 g Selchzüngerl vom Schwein • 300 g gekochtes Rindfleisch, kalt
200 g Presswurst oder Sulz vom Schwein • 200 g Käferbohnen, gekocht (siehe Rezept Seite 56) • Salz • Pfeffer (aus der Mühle)
1 Stk. rote Zwiebel, geschält und fein geschnitten • Kürbiskernöl
100 ml Apfelessig, mit 100 ml Wasser vermischt

ZUM GARNIEREN
4 Eier, hart gekocht und geschält • 1 Stk. grüner Paprika
2 EL Steirerkren, gerieben

ZUBEREITUNG
Selchzüngerl, Rindfleisch und Presswurst dünn mit einer Aufschnittmaschine aufschneiden und in ca. 2 cm breite Streifen schneiden. In einer großen Schüssel mit den restlichen Zutaten gut vermengen und in kleinen Keramikschüsserln anrichten. Die Eier halbieren, auf den Salat setzen und mit Paprika (in Ringerl geschnitten) garnieren. Evtl. noch mit Kürbiskernöl beträufeln und mit Steirerkren bestreuen.

TIPP: Dieser Salat lässt sich saisonal gut variieren. Ich persönlich liebe diesen Salat mit Braunschweiger „Dürre" und Radieschen.

Zucchini-Paradeiserpizzetten mit Büffelmozzarella

4–6 PORTIONEN | ZUBEREITUNGSZEIT: 2,5 STUNDEN

ZUTATEN GERMTEIG

500 g Mehl • etwas Mehl (für die Arbeitsfläche) • ca. 10 g frische Germ (Hefe) • 200 ml Wasser, lauwarm • 1 TL Salz • 2 EL Olivenöl • Olivenöl (zum Einfetten)

FÜR DEN BELAG

8 Stk. Tomaten (gehäutet, entkernt und geviertelt) • Olivenöl Salz • Pfeffer (aus der Mühle) • 5 Thymianzweige • 1 Rosmarinzweig 3 Knoblauchzehen, in der Schale zerdrückt • 80 g weiße Zwiebeln, in feine Streifen geschnitten • 2 Knoblauchzehen, gehackt 2 kleine junge Zucchini (ca. 15 cm Länge) • 1 TL Thymianblättchen 300 g Büffelmozzarella, in Würferl geschnitten

ZUBEREITUNG

Mehl in eine Schüssel sieben, die restlichen Zutaten beimengen, gut in einer Rührmaschine verkneten und 30 Minuten gehen lassen. Danach den Teig zusammenkneten und Kugerl formen (ca. 30 g). 10 Minuten rasten lassen und danach mit genügend Mehl zu kleinen Fladen formen. Mit Olivenöl bestreichen.

BELAG: Ein Blech mit 2 EL Öl bepinseln. Tomaten nebeneinander flach darauflegen, salzen, pfeffern, 3 Thymianzweige, Rosmarinzweig und 2 Knoblauchzehen (in der Schale) hinzufügen. Mit 1 EL Olivenöl beträufeln. Im Ofen bei 70 °C 1,5–2 Stunden trocknen lassen. Danach abkühlen lassen (evtl. schon am Vortag zubereiten). 3 EL Olivenöl erhitzen, Zwiebeln und gehackten Knoblauch zufügen, Zucchini (in 3 mm Würferl geschnitten) beimengen, salzen, pfeffern, kurz anschwitzen und abkühlen lassen. Den Ofen auf 250 °C (Ober- und Unterhitze) vorheizen. Teigfladen gut mit Olivenöl beträufeln, mit Tomaten und angeschwitzten Zucchini belegen, zuletzt mit Mozzarella bestreuen und 5–8 Minuten backen.

KÜRBIS & ZUCCHINI

SUPPEN, RISOTTOS, PASTA & BEILAGEN

Geeiste Kürbissuppe mit gebratener Melone

6 PORTIONEN | ZUBEREITUNGSZEIT: CA. 40 MINUTEN (2 Stunden Kühlzeit)

ZUTATEN

300 g Kürbis (Muskat) • 100 g Karotten, geschält • 80 g weiße Zwiebeln, geschält • 40 g Olivenöl • 2 EL Rohrzucker • 1 kleine Ingwerwurzel 1 Stk. kleine Chili • 250 ml Obers (Sahne) • Saft von 1 Stk. Zitrone, frisch gepresst • Saft von 1 Orange, frisch gepresst • Meersalz 3/4 l Gemüsefond • ca. 300 g Wassermelone, kernlos • brauner Zucker Bunsenbrenner (zum Flämmen) • frische Kräuter (zum Bestreuen) Olivenöl (zum Beträufeln)

ZUBEREITUNG

Kürbisfleisch und Karotten klein würfeln. Zwiebeln und Ingwerwurzel schälen, klein schneiden. Chili-Fruchtfleisch hacken. Zwiebeln in Olivenöl glasig anschwitzen. Rohrzucker darüberstreuen und hell karamellisieren lassen. Mit 3/4 l Gemüsefond ablöschen, Kürbis- und Karottenwürfel, Orangen- und Zitronensaft sowie Ingwer und Chili einrühren. 30 Minuten köcheln lassen. Obers zugießen, pfeffern, pürieren und durch ein Sieb passieren. Kalt stellen. Inzwischen die Wassermelone in Würfel mit 3 cm Kantenlänge schneiden, in braunem Zucker wälzen und mit einem Bunsenbrenner scharf flämmen. Suppe in gekühlte tiefe Teller gießen, Melone hinzufügen, mit Kräutern garnieren und mit Olivenöl beträufeln. Foto links

Kürbis-Orangenschaumsuppe

6 PORTIONEN | ZUBEREITUNGSZEIT: 20–30 MINUTEN

ZUTATEN

1/2 Hokkaido-Kürbis, entkernt • 2 Schalotten, fein gehackt 2 Knoblauchzehen, fein gehackt • 50 ml Olivenöl • 125 ml Weißwein Saft von 2 Stk. Orangen • 1 Stk. Orangenschale, gerieben ca. 1 l Hühnersuppe (ersatzweise Gemüsebouillon) • 2 EL gekochter Reis Salz • weißer Pfeffer (aus der Mühle) • je 1 Prise Muskatnuss, geriebener Ingwer und Zimt • Tabasco

ZUBEREITUNG

Das Kürbisfleisch in kleine Würfel schneiden, Schalotten fein hacken. In einem Topf Olivenöl erhitzen, Schalotten, Knoblauch sowie Kürbis zugeben und alles kurz andünsten. Mit Weißwein und Orangensaft ablöschen und die Flüssigkeit zur Gänze einkochen lassen. Suppe zugießen, mit sämtlichen Aromen würzen und mit dem Reis ca. 20 Minuten köcheln lassen. Mit einem Turmmixer fein pürieren und nochmals abschmecken. In Suppentassen anrichten und einige Tropfen Kürbiskernöl zugießen.

TIPP: Sehr gut harmonieren mit der Suppe geräucherte Forellenfilets oder cremiges, leicht eingetropftes Joghurt. Wenn man frisch geschnittene Korianderblätter in die Suppe streut, ergibt dies eine exotische Note.

Kürbiskern-Schöberl

CA. 10 PORTIONEN | ZUBEREITUNGSZEIT: CA. 20 MINUTEN

ZUTATEN

100 g Butter • 2 Schalotten, fein gehackt • 100 g Saunaschinken, fein gewürfelt • 100 g Kürbiskerne, geröstet und gehackt • 2 Eier 1 Eidotter • 2 Scheiben Toastbrot, entrindet • etwas Milch (zum Einweichen) 40 g Weißbrotbrösel • 50 g Mehl (mit 1 KL Backpulver vermischt) Salz • Muskatnuss • gemahlener weißer Pfeffer • 2 EL frisch gehackte Kräuter (Kerbel, Petersilie, Estragon, Schnittlauch und Liebstöckel)

ZUBEREITUNG

Schinken in kleine Würferl schneiden, Schalotten fein hacken und beides in 1 EL Butter anschwitzen. Kalt stellen. Butter in einer Schüssel schaumig rühren. Eier trennen und alle Dotter einrühren. Entrindetes Toastbrot in etwas lauwarmer Milch einweichen, ausdrücken und mit Kürbiskernen, Weißbrotbröseln, Salz, Pfeffer, Muskatnuss, Kräutern und Schinken unterrühren. Eiklar nicht ganz fest ausschlagen und abwechselnd mit dem Mehl-Backpulver-Gemisch behutsam einrühren. Backblech mit Backpapier auslegen und die Masse ca. 2 cm dick auftragen. Im vorgeheizten Backrohr bei 180 °C (Umluft) 8–10 Minuten backen, erkalten lassen und in Rauten oder Würferl schneiden. Mit heißer Suppe übergießen und möglichst rasch servieren, damit sich die Schöberl nicht vorzeitig mit Suppe vollsaugen.

TIPP: Die Schöberl lassen sich mit einer Vielzahl anderer Zutaten beliebig variieren, etwa mit klein gewürfeltem Gemüse oder mit geraspeltem Kürbis bzw. mit geriebenem Käse.

Muskat-Kürbisschaumsuppe mit Kürbispesto-Tascherln

4–6 PORTIONEN | ZUBEREITUNGSZEIT: CA. 1 STUNDE

ZUTATEN

300 g Muskatkürbisfleisch • 2 Schalotten • 3 EL Olivenöl 125 ml Weißwein • ca. 1 l Hühnersuppe (ersatzweise Gemüsebouillon) 125 ml Obers (Sahne) • Salz • weißer Pfeffer • je 1 Prise Muskatnuss, geriebener Ingwer, etwas Tabasco (oder frischer Chili) und Zimt Prise Currypulver • Kürbiskernöl (zum Garnieren)

FÜR DIE KÜRBISPESTO-TASCHERL

12 Blatt Wan-Tan-Teig (ca. 9 x 9 mm) • Eiweiß (zum Bestreichen) 60 g Kürbiskernpesto • 2 EL Kürbis-Chutney • 2 EL Semmelbrösel 1 EL Parmesan, gerieben

Alle Zutaten gut miteinander vermischen und evtl. nachwürzen.
Die Teigquadrate mit Eiweiß dünn bestreichen und mithilfe eines Dressiersacks kleine Häufchen auf den Teig setzen. Wie Wan-Tan-Tascherl zusammenschlagen. In ca. 170 °C heißem Pflanzenöl knusprig ausbacken. Foto rechts

ZUBEREITUNG

Das Kürbisfleisch in kleine Würfel schneiden, Schalotten fein hacken. In einem Topf Olivenöl erhitzen, Schalotten sowie Kürbis zugeben und alles kurz andünsten. Mit Weißwein ablöschen und die Flüssigkeit zur Gänze einkochen lassen. Suppe und Schlagobers zugießen, mit sämtlichen Aromen würzen und ca. 30 Minuten köcheln lassen. Mit einem Stabmixer (am besten Turmmixer) fein pürieren und nochmals abschmecken. In Suppentassen anrichten, einige Tropfen Kürbiskernöl zugießen und die vorbereiteten knusprigen Kürbispesto-Tascherl an der Seite anrichten.

TIPP: Diese Suppe lässt sich – ebenso wie die Tascherl – gut einfrieren. Bei Bedarf werden die Tascherl tiefgekühlt frittiert.

Grüne Zucchinisuppe mit Knusperblüte

4 PORTIONEN | ZUBEREITUNGSZEIT: 40 MINUTEN

ZUTATEN

2 kleine Zucchini (ca. 300 g) • 40 ml Olivenöl • 2 EL gekochter Reis (od. 1 roh geriebene Kartoffel) • 50 g Zwiebeln • 100 ml Weißwein, trocken 1 l Hühner- oder Gemüsefond • 1/4 l Obers (Sahne) • Salz • 1 kleines Zweigerl Rosmarin • Tabasco • etwas Knoblauch, fein gehackt

ZUBEREITUNG

200 g Zucchini waschen, in kleine Stücke schneiden. Olivenöl erhitzen, fein gehackten Knoblauch und klein würfelig geschnittene Zwiebeln glasig anziehen lassen. 100 g Zucchini schälen, Schale beiseite legen und Fruchtfleisch in Würferl schneiden. Würferl kurz andünsten lassen, Reis unterrühren. Mit Weißwein ablöschen und einkochen lassen. Danach mit Fond und Obers aufgießen, würzen und ca. 8 Minuten verkochen lassen. Rosmarinzweigerl entfernen, sehr fein geschnittene Zucchinischalen einmal in der Suppe aufkochen lassen, danach mixen (am besten in einem Turmmixer mit hoher Drehzahl) und nochmals gut abschmecken.
In hohen Gläsern (oder Suppentassen) mit kurz angeschwitzten Zucchiniwürferln heiß anrichten. Mit knusprigen Zucchiniblüten (siehe Rezept Seite 210) servieren.

TIPP: Um wirklich eine grüne Suppe zu erhalten, empfiehlt es sich, die Zucchinischalen erst zum Schluss hinzuzufügen und zu mixen.
Als Einlage kann man Zucchinistreifen (die gesondert in Salzwasser gekocht wurden) oder auch geröstete Speckwürfel reichen. Foto links

Stoßsuppe mit Kürbiskern-Crostini

4 PORTIONEN | ZUBEREITUNGSZEIT: 40 MINUTEN

ZUTATEN

250 g Erdäpfel (Kartoffeln), mehlig • 1 l Wasser • 1 EL Kümmel 3 Lorbeerblätter • 150 g Sauerrahm • 150 ml Milch • 1 EL Mehl Salz • Pfeffer • etwas Essig • 6 Scheiben Roggenbrot

FÜR DIE KÜRBISKERN-CROSTINI

8 Scheiben Schwarzbrot (od. Kürbiskernbaguette siehe Rezept Seite 216) 100 g Kürbiskernpesto (siehe Rezept Seite 49) • 2 EL Bergkäse oder Emmentaler, gerieben

ZUBEREITUNG

Die geschälten, in kleine Würfel geschnittenen Kartoffeln in Wasser mit Kümmel und Lorbeerblättern kochen. Sauerrahm, Milch und Mehl glatt rühren. Anschließend etwas von dem kochenden Wasser einrühren, zu den Kartoffeln geben und leicht verkochen lassen. Zum Schluss mit Salz, Pfeffer und Essig abschmecken.
Die Brotscheiben knusprig toasten und mit Kürbiskern-Pesto recht gut bestreichen (bitte nicht am Rand, zumal dieser sonst zu leicht verbrennen würde). Mit geriebenem Käse bestreuen und im Ofen bei 220 °C (Oberhitze) kurz überbacken. Die Crostini zur Suppe reichen.

Zucchinisuppe mit Blüten und Croûtons

4–6 PORTIONEN | ZUBEREITUNGSZEIT: 20 MINUTEN

ZUTATEN

300 g Zucchini • 100 g Zucchiniblüten (ca. 15 Stk.) • 30 g Frühlingszwiebeln
2 Knoblauchzehen • 1 Jalapeno-Chili (etwa 15 g) • 30 g Butter
1 EL gehackte Kräuter (Petersilie, Thymian, Estragon)
800 ml Hühnerfond • Salz • Pfeffer (aus der Mühle) • 1 EL Crème fraîche

FÜR DIE EINLAGE

Croûtons (geröstete Weißbrotwürferl) und Kürbiskernöl

ZUBEREITUNG

Die Zucchini waschen, trocknen, jeweils von Blüten- und Stielansatz befreien und in gleichmäßige, nicht zu große Stücke schneiden. Aus den Blüten den Blütenstempel bzw. die Staubgefäße entfernen. Geschlossene Blüten brauchen nicht geöffnet zu werden. Man hält die Blüte mit einer Hand fest und dreht mit der anderen den Kelch mitsamt Blütenstempel oder Staubgefäßen einfach heraus. Die so vorbereiteten Blüten quer in dünne Streifen schneiden. Frühlingszwiebeln putzen und in dünne Ringe, den geschälten Knoblauch in Scheiben schneiden. Chilischote halbieren, Stielansatz sowie Kerne entfernen und das Fruchtfleisch in feine Streifen schneiden.
Die Butter zerlassen, Frühlingszwiebeln und Knoblauch darin farblos anschwitzen, die Chilistreifen unterrühren. Zucchinistücke und -blüten kurz mitschwitzen, die Kräuter einstreuen und den Fond angießen. Salzen und pfeffern. Aufkochen lassen, die Hitze reduzieren und die Suppe ca. 15 Minuten köcheln lassen.
Wenn die Zucchinistücke weich sind, die Suppe im Mixer pürieren. Crème fraîche einrühren, abschmecken und warm stellen.
Die Suppe in vorgewärmte Teller schöpfen, evtl. mit Croûtons und einem Schuss Kürbiskernöl vollenden.

Ganslsuppe mit Kürbis-Pofesen

6 PORTIONEN | ZUBEREITUNGSZEIT: 3 STUNDEN

ZUTATEN

1,2 kg Gansl (incl. Innereien: Herz, „Magerl", „Kragerl")
1,5 l Wasser • 1 Zwiebel • 60 g Butter oder Gänsefett
80 g Karotten • 80 g gelbe Rüben • 40 g Sellerie • 60 g Mehl
Majoran • Salz • Pfeffer • 4 Stk. Champignons • Petersilie
50 ml Obers (Sahne) • 1 Eidotter • etwas geriebene Zitronenschale und Zitronensaft machen diese Suppe viel bekömmlicher

FÜR DIE KÜRBIS-POFESEN

4 Scheiben Toastbrot • 100 g Hühnerbrust, fein gewürfelt und gut gekühlt
1 Hand voll Kürbiskerne, gerieben • 100 ml flüssiges Obers (Sahne), kalt
1 Eidotter • 2 Eier, versprudelt • etwas Muskatnuss, gerieben • Salz
Pfeffer (aus der Mühle) • Erdnussöl (zum Ausbacken)

ZUBEREITUNG

Das Toastbrot mit einer Brotschneidemaschine quer nochmals in 2 dünne Scheiben halbieren. Das gut gekühlte Hühnerfleisch mit Eidotter sowie dem kalten Obers in der Küchenmaschine mixen und mit Salz, Pfeffer sowie etwas Muskatnuss würzen. Fein gehackte Kürbiskerne einrühren.

Eine Scheibe Toastbrot mit der Masse etwa 2 mm dick bestreichen, die nächste Scheibe Toastbrot auflegen, andrücken und wiederum mit Farce bestreichen. So fortfahren, bis jede der beiden fertigen Pofesen aus 4 dünnen Scheiben Toastbrot besteht. (Letzte Schicht nicht mehr bestreichen.) In einer tiefen Pfanne ausreichend viel Öl erhitzen. Pofesen durch verquirlte Eier ziehen und goldbraun herausbacken. Auf Küchenkrepp setzen und eventuell noch 8 Minuten im heißen Backrohr bei 180 °C nachgaren. Kurz überkühlen lassen und in gefällige Würferl schneiden. In heißer Suppe servieren.

Das Gansl und die Innereien in reichlich Wasser mindestens 1,5 Stunden weich kochen. Die Suppe abseihen und aufbewahren.

Die fein geschnittenen Zwiebeln in Butter (oder im Gänsefett) anschwitzen. Die in kleine Würfel geschnittenen Karotten, gelben Rüben und Sellerie dazugeben und mit dem Mehl stauben. Anschließend mit der Suppe aufgießen, mit Majoran, Salz und Pfeffer würzen und weich kochen. Vom Gansl das Fleisch ablösen, Fett entfernen und so wie die Innereien in 5-mm-Würfel schneiden. Das ebenfalls in Würfel geschnittene Gänseklein, die blättrig geschnittenen Champignons und die gehackte Petersilie in die Suppe geben und aufkochen lassen. Das Obers und die Eidotter verrühren, in die Suppe rühren und heiß mit den Kürbis-Pofesen servieren.

TIPP: Der Phantasie sind bei dieser Fülle keine Grenzen gesetzt. Variieren Sie mit Faschiertem oder Geflügelleber sowie mit Kräutern. Diese Suppeneinlage passt ebenso gut zu Kürbiscremesuppe oder zu klaren Suppen.

Kürbispüree

4 PORTIONEN (als Beilage) | ZUBEREITUNGSZEIT: 20 MINUTEN

ZUTATEN

500 g Kürbis, geschält (vom Muskat- oder Speisekürbis)
300 g Erdäpfel (Kartoffeln) • 1 Stk. weiße Zwiebel • 3 EL Butter
100 ml Apfelsaft • 200 ml Gemüsefond (oder Wasser mit gekörnter Gemüsesuppe) • Salz • Muskatnuss, gerieben

ZUBEREITUNG

Kürbis und Erdäpfel grob würfeln. Zwiebel klein hacken und in Butter andünsten. Kürbis und Erdäpfel zugeben, kurz mitdünsten. Apfelsaft und Gemüsefond hinzufügen und 15 Minuten zugedeckt garen lassen. Danach würzen und in einem Mixer zu einer sämigen Masse pürieren (oder einfach mit einem Erdäpfelstampfer zu Püree verarbeiten).

TIPP: Dieses Püree ist eine wunderbare Beilage, schmeckt aber auch pur sehr gut! Hierfür einfach mit Kürbiskernöl beträufeln und mit Parmesan oder Röstzwiebeln bestreuen.

Kürbis- oder Selleriepüree

4 PORTIONEN | ZUBEREITUNGSZEIT: 40 MINUTEN

ZUTATEN

600 g Muskatkürbis oder Knollensellerie • 100 g Crème fraîche
Salz • Pfeffer • etwas Tabasco (2 Tropfen) • 250 ml Milch

ZUBEREITUNG

Salzwasser 2 Finger hoch in einem schmalen hohen Topf zum Kochen bringen. Kürbis, geschält und gewürfelt, darin zugedeckt gut weich kochen. Kürbis in einem feinen Sieb sehr gut abtropfen lassen oder in einem Zellstofftuch behutsam ausdrücken. Nun den Kürbis mit Crème fraîche vermischen, pürieren und mit Salz und Tabasco würzen.

TIPP: Mit etwas gebräunter Butter schmeckt es noch besser!

TIPP FÜR BRAUNE BUTTER: Butter in einem dreimal so großen Topf bis zum Schäumen erhitzen. Immer wieder umrühren, bis diese rehbraun wird und nussig riecht (ca. 160 °C). Dann sofort durch ein Kaffeefilter-Papier seihen und beliebig weiterverwenden. Braune Butter eignet sich für Sauce hollandaise, Pürees, aber auch für Fleisch (Kurzbratstücke) bzw. zum Braten oder Bepinseln von Fischen oder Krustentieren.

Zucchini-Nudeln mit Paradeisern

4 PORTIONEN | ZUBEREITUNGSZEIT: 30 MINUTEN

ZUTATEN

Salz • Olivenöl • 500 g Orecchiette • 300 g kleine Zucchini, geputzt
2 Knoblauchzehen, gehackt • 30 g Taggiasca-Oliven, fein gehackt
250 g Tomaten (abgezogen, entkernt und fein gewürfelt)
80 g Tomaten, passiert • schwarzer Pfeffer (aus der Mühle)
1 EL Salbei und Basilikum • frischer Parmesankäse (zum Hobeln)

ZUBEREITUNG

3 Liter Salzwasser zum Kochen bringen. Orecchiette darin bissfest kochen. In ein Sieb schütten, dabei etwas Nudelwasser auffangen. 200 g Zucchini in dünne Scheiben schneiden und in einer großen Pfanne in Olivenöl kurz andünsten. Knoblauch zufügen, glasig werden lassen. Abgetropfte Nudeln zugeben und durchschwenken. Die restlichen Zucchini (100 g) fein würfeln, mit Oliven und Tomatenwürfeln zu den Nudeln geben und 2 Minuten mitbraten. Passierte Tomaten und etwas Nudelwasser zufügen. Mit Salz und Pfeffer abschmecken.
Kräuter einstreuen und weitere 3–4 Minuten köcheln lassen. Die Nudeln in vorgewärmten Tellern anrichten. Mit frischen Kräutern bestreuen, dann Parmesan darüberhobeln.

Foto rechts

Kürbis-Cannelloni mit Räucherforelle

4 PORTIONEN | ZUBEREITUNGSZEIT: 2 STUNDEN (4 Stunden zum Rasten des Teiges)

ZUTATEN

4 Stk. Räucherforellenfilets mit Haut • 160 g Mehl • 80 g Hartweizengrieß
1 Eigelb • 2 Eier • 700 g reifer Muskatkürbis • Kümmel, ganz
3 Stk. Schalotten, geschält • 1 Zweig Salbei • 100 g Crème fraîche
1 Prise Piment • etwas frische Chilischote, ohne Kerne geschnitten • Salz

FÜR DIE SAUCE

200 ml Hühnerfond • 6 cl Süßwein • 50 g Kernöl
etwas geriebene Muskatnuss

ZUBEREITUNG

Hühnerfond mit der Räucherforellenhaut 2 Minuten köcheln lassen, abseihen und um die Hälfte reduzieren. Süßwein zugeben, nochmals mit dem Kürbiskernöl einkochen und mithilfe eines Stabmixers aufschäumen.

NUDEL-CANNELLONITEIG

Mehl, Weizengrieß, 1 Eigelb, 2 Eier und eine Prise Salz mit Wasser zu einem ziemlich festen Teig verkneten (am besten in einer Küchenmaschine). Teig in eine Folie hüllen und mindestens 4 Stunden kühl ruhen lassen.

TIPP: FÜLLUNG

500 g Kürbis schälen, Kerne und Fäden entfernen, in Stücke schneiden, etwas salzen und Kümmel zugeben. 1,5 Stunden, in Alufolie gepackt, bei 180 °C im Ofen garen. Die Schalotten hacken, mit je 1 EL Olivenöl und Chili sowie mit fein geschnittenem Salbei

anschwitzen. Den gegarten Kürbis zugeben und fertig kochen. Mit einem Erdäpfelstampfer zerkleinern und mit Piment und Salz würzen. Den restlichen Kürbis schälen und entkernen, klein würfeln und in wenig Olivenöl in der Pfanne sautieren; salzen und zugedeckt weiterdünsten. Ab und zu mit etwas Wasser befeuchten. Dann die Kürbiswürfel und das Püree vermischen, zurück auf den Herd stellen und die Crème fraîche unterheben. Wenn nötig, nachsalzen. Sollte die Masse zum Füllen zu weich sein, einfach noch ein wenig einkochen lassen. Sollte dies nichts helfen, geben Sie am besten ein paar Erdäpfelflocken oder Weißbrotbrösel dazu, um die Masse kompakter zu halten.

TIPP: TEIG
Den Teig dünn ausrollen, in 8 gleichmäßige Rechtecke (10 x 7 cm) teilen und in reichlich Salzwasser kochen. Abschrecken und abgetropft auf einem Küchentuch ausbreiten. Mit der noch warmen Kürbisfülle füllen und zu Cannelloni aufrollen. Sie können auch, wie im Rezept auf Seite 81 (Kürbis-Cannelloni pur aus dem Ofen) beschrieben, einfach Lasagneblätter verwenden.

TIPP: Die Cannelloni in tiefen Tellern mittig anrichten und mit der Sauce und den leicht lauwarmen, in 5 mm Tranchen geschnittenen Räucherforellenfilets fertigstellen.

TIPP: Um die Cannelloni noch zusätzlich geschmacklich zu verbessern, bestreue ich sie nach dem Füllen mit geriebenem Parmesan und gratiniere sie im Ofen bei 250 °C Oberhitze. Oder ich flämme sie einfach mit einem Bunsenbrenner.

Penne mit Zucchiniblüten

4 PORTIONEN | ZUBEREITUNGSZEIT: CA. 30 MINUTEN

ZUTATEN
500 g Penne Rigate • Salz • 20 Stk. Zucchiniblüten oder Kürbisblüten (incl. Zucchiniansätze) • 30 ml Olivenöl

FÜR DIE WÜRZSAUCE
1 Hand voll Thymian, Dille, Oregano und Basilikum, gehackt
50 ml Olivenöl • 30 ml weißer Balsamessig • 50 g Kürbiskerne, geröstet
Salz • Pfeffer (aus der Mühle) • etwas Tabasco

ZUBEREITUNG
Penne in Salzwasser bissfest kochen, kalt abschrecken. Zucchiniansätze von den Blüten trennen und in ganz feine Scheiben schneiden. Zucchiniblüten längs halbieren und mit den Zucchinischeiben ganz kurz in der Pfanne in heißem Olivenöl wenden. Penne mit Pfanneninhalt schwenken.
Für die Würzsauce alle Zutaten verrühren und mit der Penne-Zucchini-Mischung marinieren. Mit Zucchiniblüten lauwarm anrichten und mit Kürbiskernen bestreuen.

TIPP: Dieses Gericht ist sowohl als Salat an heißen Tagen als auch als heiße Pasta gedacht!

Hokkaido-Kürbis-Gemüseeintopf

6–8 PORTIONEN | ZUBEREITUNGSZEIT: 80 MINUTEN

ZUTATEN

100 g durchwachsener Speck • 1 Fenchelknolle (300 g) • 3 Chicoréestauden
500 g Hokkaido-Kürbis, geschält und in Spalten • geschnitten
3 Stangen Staudensellerie • 1 Stange Lauch • 1/2 kleines Weißkraut
50 g Pecorino (oder Parmesan), frisch gerieben • 2 l heißer Hühnerfond
2 Knoblauchzehen • 6 EL Olivenöl • Salz • Pfeffer (aus der Mühle)

ZUBEREITUNG

Gemüse putzen und waschen: Fenchelknolle quer in dünne Scheiben schneiden, Fenchelgrün aufbewahren. Chicorée, Staudensellerie und Lauch in Scheiben, die Blätter vom 1/2 Weißkraut in schmale Streifen schneiden.

In einem großen Topf reichlich Salzwasser erhitzen. Alle Gemüsesorten darin portionsweise 2 Minuten blanchieren. Jeweils mit einem Schaumlöffel herausholen, kalt abschrecken und gut abtropfen lassen. Topf ausspülen und abtrocknen.

Speck in feine Streifen schneiden. Den großen Topf mit 2 EL Olivenöl ausstreichen und erhitzen. Speckstreifen darin knusprig braten, 2 fein blättrig geschnittene Knoblauchzehen untermischen. Speckstreifen wieder herausnehmen und beiseite legen.

2 l Hühnerfond (oder Rindsuppe) in einem anderen Topf erhitzen. Inzwischen das Gemüse lagenweise in den großen Topf schichten. Jede Schicht mit Knoblauchspeck und etwas geriebenem Käse bestreuen, mit Olivenöl beträufeln und kräftig pfeffern. Den Fond über das eingeschichtete Gemüse gießen und mit dem restlichen Käse bestreuen. Topf zudecken und ca. 10 Minuten köcheln lassen.

TIPP: Man kann die geschichtete Gemüsesuppe auch im Backofen garen oder sie nur zum Schluss – mit Käse bestreut – knusprig überbacken.

Feine Bandnudeln mit Kürbispesto

4 PORTIONEN | ZUBEREITUNGSZEIT: 20 MINUTEN

ZUTATEN

600 g frische Bandnudeln oder Trockenteigware
300 g Kürbispesto (siehe Rezept Seite 49) • Parmesan, frisch gerieben

ZUBEREITUNG

Nudelteig mithilfe einer manuellen Nudelmaschine unter mehrmaligem Stauben von Mehl dünn ausrollen und feine Nudeln schneiden. Hinweis: Ungekochte Nudeln kann man auch auf Vorrat tiefkühlen.

Die Nudeln in Salzwasser kochen (ca. 3 Minuten), danach abseihen und noch heiß mit Kürbispesto beträufeln und mit frisch geriebenem Parmesan anrichten. Evtl. noch mit frischen Kräutern oder Rucola vollenden.

TIPP: Bei frischer Pasta verwende ich für eine Hauptspeisenportion ca. 150–200 g und bei getrockneter Pasta ca. 100–120 g.

Foto rechts

Kürbis-Cannelloni pur aus dem Ofen

4 PORTIONEN | ZUBEREITUNGSZEIT: 1 STUNDE

ZUTATEN

500 g Kürbis (am besten Moschuskürbis der Sorte „Langer von Neapel")
1 Stück saurer Apfel • 8–12 Stück Lasagneblätter • 250 ml Crème fraîche
150 g Joghurt mit Salz, etwas Curry und frischer Minze vermischt
150 g Bergkäse, sehr reif und gehaltvoll (frisch gerieben) • Salz
Muskatnuss, gerieben • Pfeffer • Apfel-Balsamessig • Butter
3 EL Kürbiskerne, geröstet und gehackt

ZUBEREITUNG

Den geschälten Kürbis in kleine Würferl schneiden und mit ca. 1/8 l Wasser, Salz, Pfeffer und Muskat unter mehrfachem Rühren (halb zugedeckt) trocken dünsten. Sollte der Kürbis noch zu hart sein, einfach etwas Wasser ergänzen. Ganz zum Schluss den geriebenen, geschälten Apfel unterheben und kurz mitgaren. Die Masse mit einem Erdäpfelstampfer gut zerdrücken und mit Kürbiskernen und Apfel-Balsamessig abschmecken.

Inzwischen die Lasagneblätter al dente in Salzwasser vorkochen, in Eiswasser abschrecken und auf ein befeuchtetes Tuch legen. Die Kürbismasse darauf verteilen und ca. daumendick zu Cannelloni einrollen. Die Röllchen in eine gebutterte, tiefe feuerfeste Form legen und mit der Mischung aus Crème fraîche und Joghurt übergießen. Mit Käse bestreuen und im Backrohr bei 230 °C ca. 15 Minuten überbacken.

Steinpilz-Kürbis-Spaghetti

4 PORTIONEN | ZUBEREITUNGSZEIT: 20 MINUTEN

ZUTATEN

400 g Spaghetti • Olivenöl • Salz • Pfeffer (aus der Mühle)
200 g feste Steinpilze • 200 g Speisekürbis, geschält und fein nudelig geschnitten • 100 g Schnittknoblauch (im Asialaden erhältlich) oder 2 Knoblauchzehen, blättrig geschnitten • evtl. etwas Parmesan und Rucola (zum Bestreuen)

ZUBEREITUNG

Die Spaghetti in Salzwasser al dente kochen, inzwischen die Steinpilze säubern und blättrig schneiden. Olivenöl in einer Pfanne erhitzen, Pilze, Kürbisstreifen und Schnittknoblauch zugeben, würzen und schwenken. Die heißen (nicht abgeschreckten) Spaghetti zugeben und gut durchschwenken. Pikant abschmecken, eventuell mit Parmesan und Rucola bestreuen und in Pastatellern servieren.

TIPP: Dieses Gericht ist nicht nur äußerst schnell zuzubereiten, sondern wirklich sehr fein abgestimmt. Die Nudelvarianten sind frei wählbar, ebenso könnte man anstelle von Kürbis auch Zucchini verwenden. Foto links

Gefüllte Zucchiniblüten in Tempurateig

4 PORTIONEN | ZUBEREITUNGSZEIT: 40 MINUTEN

ZUTATEN

12–16 schöne Zucchini- oder Kürbisblüten • 200 g Zucchiniwürferl (3 mm)
2 mehlige Erdäpfel (Kartoffeln), in 3 mm Würferl geschnitten (ca. 150 g)
1 Schuss Olivenöl • 1 Bund Basilikum • 2 EL Parmesan, frisch gerieben
2 Knoblauchzehen • 2 EL Mie de Pain • Salz • Pfeffer (aus der Mühle)

FÜR DEN TEMPURATEIG

100 g Mehl (Universal) • 50 g Mais- oder Erdäpfelstärke
2 Hand voll Eiswürfel • 100 ml Wasser • Salz • Pflanzenöl (zum Frittieren)

ZUBEREITUNG

Zucchiniblüten von eventuell vorhandenem Fruchtstiel im Inneren trennen. Fein gehackten Knoblauch in Olivenöl anschwitzen, Erdäpfelwürfel zugeben und mit etwas Wasser 10 Minuten al dente köcheln lassen. Zucchiniwürferl zugeben und 1 Minute anschwitzen. Die Masse salzen, pfeffern und auf einem Blech flach aufstreichen; kalt stellen. Basilikum in feine Streifen schneiden, 2 EL frisch geriebenen Parmesan und Mie de Pain unterrühren, alles gründlich vermengen. Mit Salz und Pfeffer fein abschmecken.
Die Blüten vorsichtig öffnen und die Masse – am besten mit einem Spritzsack – in die Blüten füllen. Nun die Blütenenden verschließen und zusammendrehen.
Für den Tempurateig alle Zutaten gut vermischen, er sollte die Konsistenz eines Palatschinkenteiges aufweisen. Die gefüllten Blüten in den eiskalten Teig tauchen (dies klappt am besten mit einer Gabel oder einem Holzspieß) und unverzüglich in 170 °C heißem Fett knusprig frittieren. Trocken tupfen und heiß servieren.

TIPP: Tempurateig muss immer eiskalt angerührt werden, damit er beim Frittieren hauchdünn und „krachknusprig" wird. Den Teig würze ich gerne mit Curry oder Kurkuma. Auf diese Weise bekommt er das gewisse Etwas. Die Blüten sollten immer in der Früh geerntet werden, da sie um diese Tageszeit völlig geöffnet sind. Blüten am besten auf einem Blech – mit einem Tuch abgedeckt – kühl lagern.

Überbackene gefüllte Zucchiniblüten

4 PORTIONEN | ZUBEREITUNGSZEIT: CA. 1 STUNDE

ZUTATEN

**8 Zucchiniblüten • 200 g Zucchini • 2 kl. Schalotten
100 ml Weißwein • 100 ml Geflügelfond • 2 Eidotter
2 Scheiben Weißbrot • 100 g Schafkäse (Feta) • Butter
Salz • Pfeffer (aus der Mühle) • 2 EL frisch geschnittene Kräuter
100 g Bergkäse, gerieben • 2 EL Semmelbrösel**

ZUBEREITUNG

Schalotten fein hacken, Zucchini in Würferl (ca. 4 mm) schneiden. Butter schmelzen und Schalotten hell anschwitzen. Zucchiniwürfel zugeben und ebenfalls kurz anschwitzen. Mit Weißwein und Geflügelfond aufgießen und gut einkochen lassen. Weißbrot würfelig schneiden und untermengen. Mit Salz und Pfeffer abschmecken. Vom Herd nehmen und auskühlen lassen. Eidotter, Käse und Kräuter einrühren und die Masse gut verrühren.
Die Blüten vom Stiel entfernen, säubern und die Blütenstempel ausschneiden. Masse in einen Dressiersack mit glatter Öffnung füllen und in die Blüte hineindressieren. Blätter gut zusammendrücken. Eine Alufolie mit Butter bestreichen und die Blüten darauf platzieren. Mit Bergkäse und Bröseln bestreuen, mit Butterflocken belegen und im vorgeheizten Backrohr bei 220 °C ca. 10 Minuten garen. Aus dem Rohr nehmen und die Blüten halbieren. Auf vorgewärmten Tellern anrichten.

TIPP: Diese Zucchini-Variante serviere ich gerne pur oder mit Blattsalaten, ebenfalls zu Risotto- oder Pastagerichten.

Kürbistascherl mit Parmesan

4 PORTIONEN | ZUBEREITUNGSZEIT: 2,5 STUNDEN

ZUTATEN

800 g Muskatkürbis (oder Langer von Neapel), geputzt und in 2 cm große Stücke geschnitten (ca. 1 kg ungeputzt) • 1 Zimtstange 1 Gewürznelke • 200 ml Gemüse- oder Geflügelfond • Salz Pfeffer (aus der Mühle) • Muskat, frisch gerieben • 300 g große Erdäpfel (Kartoffeln), mehlig • je 4 EL Amaretti- und Biskottenbrösel (im Mörser getrennt zerstoßen) • 100 g Parmesan, gerieben • 1/2 getrocknete Chilischote, zerstoßen • 250 g Mehl, griffig • Mehl (für die Arbeitsfläche) 1 EL Olivenöl • 1 Eiweiß • 100 g Butter • 1 EL abgeriebene Schale von 1 unbehandelten Orange

ZUBEREITUNG

Backofen auf 200 °C vorheizen. Kürbis, Zimtstange, Nelke und Fond in eine Kasserolle geben. Mit Salz, Pfeffer und Muskat würzen. Mit Alufolie abdecken. 2 Stunden im Ofen schmoren, bis die Flüssigkeit verdampft ist. Erdäpfel in Alufolie wickeln und auf dem Ofenrost 1 Stunde mitgaren. Kasserolle aus dem Ofen nehmen. 1 EL Amaretti- und 2 EL Biskottenbrösel, 50 g Parmesan und Chilischote unterrühren. Kürbis dabei zu grobem Mus verrühren. Nochmals abschmecken, in eine flache Form umfüllen und ganz auskühlen lassen. Erdäpfel aus der Folie wickeln, schälen, noch warm durch die Presse drücken. Das Mehl auf einer Arbeitsfläche anhäufeln, Erdäpfel darauf verteilen, salzen. Mit ca. 3–4 EL Wasser zu einem glatten Teig verarbeiten. Mit einer Nudelmaschine zu dünnen Teigbahnen auswalzen. Teig auf bemehlter Arbeitsfläche auslegen. Auf die Hälfte der Bahnen Eiweiß streichen und im Abstand von 3 cm mit einem Dressiersack kleine Häufchen mit der Füllung setzen. Die zweite Teighälfte darüberklappen. Zwischenräume gut andrücken. Mit einem Messer quadratische Tascherl ausschneiden. Sie sollten an allen Kanten geschlossen sein. Salzwasser mit Olivenöl zum Kochen bringen. Tascherl darin etwa 2–3 Minuten garen, bis sie an die Oberfläche steigen. Mit einem Schaumlöffel herausnehmen, gut abtropfen lassen. Butter in einer Pfanne erhitzen und leicht bräunen. Tascherl hinzufügen und durchschwenken.
Tascherl auf vorgewärmten Tellern anrichten, mit Kürbiskernöl oder Pesto (siehe Rezept Seite 49) beträufeln und mit dem restlichen Parmesan bestreuen.

TIPP: Diese Tascherl lassen sich auch gut roh auf Vorrat einfrieren.

Kürbisspätzle mit geriebenem Schafkäse

4 PORTIONEN | ZUBEREITUNGSZEIT: 30 MINUTEN

ZUTATEN

150 g Kürbispüree (Rezept siehe Seite 73) • 3 Eier • 1 Prise Salz
1 Prise Muskatnuss • 150 g Mehl, glatt • 150 g Mehl, griffig
50 g Butterschmalz • 200 g Schafkäse, Pecorino oder fester Feta
50 g Kürbiskerne, geröstet und gehackt

ZUBEREITUNG

Das Kürbispüree mit den Eiern, Salz, Mehl und Muskatnuss verschlagen. Am besten in einer Rührmaschine gut verkneten. Den Teig ca. 10 Minuten rasten lassen und nochmals gut verschlagen. Anschließend den Teig durch ein Spätzlesieb in kochendes Salzwasser drücken und einmal aufkochen lassen. Herausnehmen und mit kaltem Wasser abfrischen.

Die Spätzle in einer Gusseisenpfanne in Butterschmalz hellbraun schwenken und mit Salz und Muskat würzen. Den Schafkäse darüberreiben und mit Kürbiskernen, evtl. frischen Kräutern oder Salaten servieren. Foto links

Kürbisfleckerl

4 PORTIONEN | ZUBEREITUNGSZEIT: 30 MINUTEN

ZUTATEN

1 Stk. weiße Zwiebel, fein gehackt • 2 EL Schweineschmalz
1 EL Zucker • Salz • etwas Pflanzenöl • 300 g Kürbis (Muskat oder Speisekürbis), geschält und fein gewürfelt • 1 Knoblauchzehe, fein gehackt • Prise Kümmel, ganz • Muskatnuss, gerieben
1 Schuss Apfelessig • 400 g Saunaschinken • 500 g gekochte Fleckerl (Rohgewicht ca. 300–400 g, je nach Hungergefühl!)

ZUBEREITUNG

Schmalz und Zucker erhitzen und die fein geschnittene Zwiebel anschwitzen. Kürbis, Knoblauch, Kümmel und Muskatnuss zugeben und hell schmoren. Mit Apfelessig ablöschen und würzig abschmecken. Nudelig geschnittenen Schinken in einer Gusseisenpfanne in Öl scharf anrösten. Kürbis-Zwiebelgemisch zugeben und gut mitschwitzen. Nudelfleckerl ergänzen und pikant abschmecken. Auf Tellern anrichten und am besten mit einem Blattsalat genießen.

Gefüllte Teigtascherl mit Kürbiskernen und Fink's schwarzer Nuss

4 PORTIONEN | ZUBEREITUNGSZEIT: 1,5 STUNDEN (1 Nacht zum Rasten des Teiges)

ZUTATEN FÜR DEN TEIG

**300 g Weizenmehl Mehl (zum Ausrollen) • 1/8 l trockener Weißwein
Wasser je nach Festigkeit des Teiges • Salz**

FÜR DIE KÜRBISKERN-NUSS-SAUCE

**100 g Kürbiskerne, leicht geröstet • 50 g gehackte schwarze Nüsse (siehe Tipp Seite 248) • Wasser • 1 EL Mie de Pain • 4 EL Olivenöl
ca. 50 g Obers (Sahne) flüssig**

ZUTATEN FÜR DIE FÜLLUNG

**150 g frische Kräuter wie Borretsch, Kerbel, Basilikum und Petersilie
40 g Parmesan, frisch gerieben • 2 Knoblauchzehen, fein gehackt
1 Ei • Salz • Pfeffer (aus der Mühle) • 200 g Ricotta oder Bröseltopfen
2 EL Mie de Pain**

ZUBEREITUNG

Für den Teig aus 300 g Mehl, 1/8 l Wein, 1 Prise Salz und etwas Wasser einen elastisch festen Teig kneten. Über Nacht, mit Klarsichtfolie abgedeckt, rasten lassen. Danach auf leicht bemehlter Fläche ausrollen (1–1,5 mm dick) und in Quadrate von 6 cm Kantenlänge schneiden.
Teigränder mit etwas Eiweiß bestreichen, auf jedes Quadrat eine Portion der Füllung setzen, zu Dreiecken zusammenklappen und die Ränder leicht andrücken.

Für die Füllung alle Kräuter sehr fein hacken. Knoblauch mit Kräutern, Ei, Mie de Pain, Bröseltopfen und 20 g Parmesan gründlich vermengen. Mit Salz und Pfeffer würzen.

Für die Sauce 100 g Kürbiskerne und gehackte schwarze Nüsse mit Mie de Pain (die mit 4 EL Wasser befeuchtet sind) und etwas Salz im Mörser zu einer Creme zerreiben (oder im Mixer zerkleinern). 4 EL Olivenöl und flüssiges Obers langsam unterrühren.

Reichlich Salzwasser aufkochen, Tascherl etwa 5 Minuten köcheln lassen, abtropfen lassen und am besten in brauner Butter kurz schwenken und mit der Nusssauce nappieren. Heiß servieren und mit restlichem Parmesan bestreuen. Nach Belieben mit gehackten Kürbiskernen vollenden.

TIPP: Diese Tascherl lassen sich auch auf Vorrat gut einfrieren. Hierfür dürfen sie allerdings noch nicht gekocht sein. Bei Bedarf sollten sie dann noch tiefgekühlt gekocht werden.

Gebackene Kürbisse und Zucchini

4 PORTIONEN | ZUBEREITUNGSZEIT: 20 MINUTEN

ZUTATEN

2 Stk. Patisson (handgroß) • 1–2 Kürbisspalten (Gelber Zentner) ca. 500 g
2 Stk. kleine Zucchini • Salz • Saft von 1 Stk. Zitrone • 200 g Mehl
Pflanzenöl zum Ausbacken

ZUM PANIEREN

4 Eier • 200 g Semmelbrösel (evtl. mit 100 g geriebenen Kürbiskernen vermischt)

ZUBEREITUNG

Die Spitzen und Enden von den gewaschenen Zucchini wegschneiden. Jungen Kürbis schälen und ebenso wie die Zucchini in dünne gleichmäßige Scheiben schneiden. Salzen, mit Zitronensaft marinieren und eine 1/2 Stunde ziehen lassen. Mit Küchenkrepp abtrocknen, mit Mehl bestauben und durchmischen. Öl auf ca. 180 °C erhitzen. Schön knusprig frittieren und mit Küchenpapier trocken tupfen. Wer es deftiger möchte, kann das Gemüse auch in Mehl, Ei und Bröseln wenden und wie ein Wiener Schnitzerl backen. Ev. mit Fleur de Sel (Meersalz) nachsalzen. Noch heiß servieren.

TIPP: Als Garnierung serviere ich einen Kürbiskernöl-Dip (siehe Rezept Seite 93).
Ein knackiger Blatt- oder Vogerlsalat mit Kürbiskernöl ist der beste Begleiter.
Wenn es nicht ganz vegetarisch sein soll, umwickle ich das Gemüse vor dem Backen (bzw. Panieren) mit etwas Rohschinken.

Knusprige Kürbis-Krautkrapfen

4 PORTIONEN | ZUBEREITUNGSZEIT: 30 MINUTEN

ZUTATEN

200 g Sauerkraut • 200 g Muskatkürbis (oder Speisekürbis), fein gerieben 100 g Schinken (oder nicht zu fetter Speck) • 150 g Mehl 125 ml Weißwein • 3 Eidotter • 3 Eiklar • 1 Knoblauchzehe, gehackt Kümmel, gemahlen • Salz • Pflanzenöl (zum Frittieren)

ZUBEREITUNG

Schinken klein würfelig schneiden. In einer Schüssel Mehl mit Weißwein und Dottern verrühren. Sauerkraut gut ausdrücken, einige Male durchschneiden und gemeinsam mit dem geriebenen Kürbis und den Schinkenwürfeln einmengen. Mit Kümmel und Knoblauch würzen. Eiklar mit einer Prise Salz zu Schnee schlagen und unterheben. Ausreichend viel Öl erhitzen und mit einem Löffel kleine Krapferl herausstechen, ins heiße Öl setzen und schwimmend herausbacken. Dabei einmal wenden. Herausheben und auf Küchenkrepp gut abtropfen lassen.

TIPP: Diese Krapfen serviere ich gerne mit Blattsalaten oder auf Kürbisgemüse oder einfach pur mit einer passenden Dip-Sauce.

Kürbisrisotto im Muskatkürbis

4–6 PORTIONEN | ZUBEREITUNGSZEIT: 50 MINUTEN

ZUTATEN

300 g Kürbis (am besten Muskat), geschält und in 5 mm Würferl geschnitten • 400 g Risottoreis (Arborio oder Vialone) 900 ml Hühner- oder Gemüsefond • 150 ml trockener Weißwein 3 kleine Schalotten • 50 ml Olivenöl • 50 g Butter • 40 g Parmesan, gerieben • Salz • Muskatnuss • Tabasco

ZUBEREITUNG

Schalotten fein hacken und mit Kürbiswürferln in Olivenöl anschwitzen. Reis einstreuen, glasig anschwitzen und mit Wein ablöschen. Aufkochen und den Reis so lange kochen lassen, bis die Flüssigkeit verdampft ist, dabei nicht zu viel rühren. Suppe nach und nach zugießen und Reis unter wiederholtem Umrühren insgesamt 18–20 Minuten kochen, bis er schön al dente ist. Dann Butter sowie frisch geriebenen Parmesan einrühren und mit Salz, evtl. etwas Muskatnuss und Tabasco abschmecken. Noch kurz zugedeckt ziehen lassen. Das Risotto in Pastatellern anrichten oder in einen ausgehöhlten Kürbis füllen, der zuvor für 20 Minuten im Backofen bei 140 °C vorgewärmt wurde, und servieren.

TIPP: Dieses Risotto-Grundrezept lässt sich durch die Zugabe von Schwammerln, Spargel oder anderen Gemüsesorten, aber auch mit etwas Champagner beliebig abwandeln. Zudem kann es – mit am Schluss ergänztem Schlagobers (Sahne) – geschmacklich noch verfeinert werden. Foto links

In der Profi-Küche spielt bei Risotto-Gerichten oft der Zeitfaktor eine wesentliche Rolle, zumal man 30 Minuten Zubereitungszeit einkalkulieren muss. Deshalb streiche ich das Risotto, wenn ich viele Portionen benötige, solange es noch körnig ist, auf ein großes Blech und kühle dieses raschestmöglich. Auf diese Weise gart der Risottoreis nicht nach und kann mit Hühnerfond, Parmesan und Butter (oder anderen Geschmackszutaten) vollendet werden. Risotto-Gerichte können so problemlos in kürzester Zeit serviert werden und schmecken sehr gut!

Rollgerstl-Kürbis-Risotto

6 PORTIONEN | ZUBEREITUNGSZEIT: 1 STUNDE

ZUTATEN

800 g Kürbis (vorzugsweise Muskatkürbis) • 130 g weiße Zwiebeln (am besten aber Schalotten) • 1 Knoblauchzehe • 70 g Butter ca. 1 l Gemüsefond • 300 g Rollgerste „Graupen" • 1/4 l trockener Weißwein • 100 g Parmesan, frisch gerieben • 1 TL Salz weißer Pfeffer, frisch gemahlen

AUSSERDEM

2 EL Kürbiskernöl • 1 Hand voll Rucola oder Bittersalat 30 g Parmesan, frisch gehobelt

ZUBEREITUNG

Den Kürbis von Schale, faserigem Inneren und Kernen befreien. Das Fruchtfleisch in 1,5 cm große Würfel schneiden und bis zur weiteren Verwendung beiseite stellen. Die beim Würfeln anfallenden kleineren Abschnitte (ca. 1/3 der Kürbismenge) ebenfalls beiseite geben. Zwiebeln und Knoblauch schälen, Zwiebeln fein hacken.

In einem Topf 20 g Butter zerlassen und darin 50 g der Zwiebelwürfel glasig anschwitzen. Die Kürbisabschnitte zufügen und kurz mitschwitzen. Den Gemüsefond angießen, den Topf zudecken und alles 10 Minuten schmoren lassen. In einen Mixer umfüllen, pürieren und durch ein feines Sieb passieren.

In einem entsprechend großen Topf die restliche Butter zerlassen. Die restlichen Zwiebelwürfel darin glasig anschwitzen. Den Knoblauch hacken und mitschwitzen. Die Rollgerste dazugeben, kurz durchschwenken und mit dem Weißwein ablöschen. Die Flüssigkeit etwa auf die Hälfte einkochen lassen.

Die pürierte Kürbismasse unter das Gerstl rühren und diese bei geringer Hitze unter ständigem Rühren 20 Minuten ausquellen lassen. Bei Bedarf noch etwas Gemüsefond zugießen. Die Kürbiswürfel unterheben und diese weitere 10 Minuten mitköcheln lassen. Den geriebenen Parmesan einrühren, salzen und pfeffern.

Das Gerstl-Kürbis-Risotto auf vorgewärmten Tellern anrichten, den Rucola darüberstreuen und mit Parmesan und Kürbiskernöl servieren.

Erdäpfel-Kürbiskern-Krapferl

4 PORTIONEN | ZUBEREITUNGSZEIT: 1 STUNDE

ZUTATEN

600 g mehlige Erdäpfel (Kartoffeln) • 3 Dotter • 3 EL Kürbiskerne, geröstet und gehackt • 2 EL Crème fraîche • 2 Eiklar • Butterschmalz oder Öl (zum Ausbacken) • Salz • etwas Muskatnuss, gerieben

ZUBEREITUNG

Erdäpfel schälen, in kleine Stücke schneiden und in Salz-Kümmelwasser weich kochen. Etwas abdampfen lassen, aber noch heiß durch eine Erdäpfelpresse drücken. Mit Dottern, Crème fraîche, Kürbiskernen, schwach geschlagenem Eiklar, Salz und Muskat vermischen.

In einer Pfanne Schmalz oder Öl erhitzen, Erdäpfelmasse in kleinen Häufchen hineinsetzen, ein wenig flach drücken und bei mittlerer Hitze beidseitig goldbraun braten.

TIPP: Die Krapferl passen als Beilage zu diversen Braten, pur zu Salaten oder einfach mit Omas „Küabis-Gmias" (siehe Rezept Seite 107).

Ofenerdäpfel mit Kürbiskernöl-Dip

4 PORTIONEN | ZUBEREITUNGSZEIT: 50 MINUTEN

ZUTATEN

1 kg mittelgroße Erdäpfel (Kartoffeln), vorwiegend festkochend
Salz • Kümmel, ganz

FÜR DEN KÜRBISKERNÖL-DIP

250 g Sauerrahm • 100 g Mayonnaise (selbst gemacht oder aus der Tube)
125 g Topfen 20 % (Quark) • Salz • etwas Tabasco • 4–6 EL Kürbiskernöl
4 EL Kürbiskerne, geröstet und gerieben • 4 EL Steirerkren, fein gehackt

Alle Zutaten miteinander verrühren und würzig abschmecken.

ZUBEREITUNG

Ungeschälte Erdäpfel einzeln waschen, etwas trocknen, leicht mit Salz und Kümmel bestreuen und in Alufolie, mit der glänzenden Seite nach innen, einwickeln. Im Backofen bei 200 °C (Umluft) ca. 1 Stunde backen. Währenddessen für den Kürbiskernöl-Dip alle Zutaten miteinander verrühren und würzig abschmecken. Sobald die Erdäpfel weich sind, die Folie leicht öffnen, die Kartoffeln kreuzweise einschneiden und etwas andrücken. Auf diese Weise werden die Erdäpfel etwas weicher und somit leichter zum Auslöffeln. Erdäpfel mit Kürbiskernöl-Dip füllen und auf Teller setzen. Zum Schluss mit Kürbiskernöl beträufeln und mit Kürbiskernen bestreuen.

TIPP: Gekochte Erdäpfel, mit Butter und Kürbiskernöl verfeinert, schmecken wunderbar.

Erdäpfel-Kürbis-Gratin

4 PORTIONEN | ZUBEREITUNGSZEIT: CA. 1 STUNDE (Backzeit: 30–40 Min)

ZUTATEN

800 g Erdäpfel (Kartoffeln), vorwiegend festkochend • Salz
Pfeffer (aus der Mühle) • 500 g Muskatkürbis, geschält
Muskat, gerieben • 200 g Bergkäse, gerieben • 500 ml Obers (Sahne)
1 EL Salbei, fein geschnitten

ZUBEREITUNG

Die Erdäpfel schälen und mit einer Aufschnittmaschine in 2 mm dicke Scheiben schneiden, ebenso den Kürbis. In eine gusseiserne Pfanne das Obers mit den Gewürzen einfüllen und danach abwechselnd eine Kürbis-, eine Erdäpfel- und eine Käseschicht (gut angedrückt) einschichten. Dieserart fortfahren und zum Schluss – wenn alle Scheiben eingeschichtet sind – mit Käse bestreuen. Die Pfanne bei 180 °C (Umluft) für 30–40 Minuten in den Ofen geben. Sobald die Flüssigkeit völlig aufgesogen ist, und die Fläche schön goldbraun ist, sollte das Erdäpfel-Kürbis-Gratin fertig sein. Noch heiß – evtl. mit grünem Salat oder als Beilage zu Fleischgerichten – servieren. Foto rechts

Zucchini-Erdäpfel-Tarte

4–6 PORTIONEN | ZUBEREITUNGSZEIT: 1,5 STUNDEN (Backzeit: 40 Min)

ZUTATEN

500 g Erdäpfel (Kartoffeln), festkochend • Salz • etwas Kümmel
750 g Zucchini • 150 g weiße Zwiebeln • 2 Knoblauchzehen
60 ml Olivenöl • Pfeffer (aus der Mühle) • 1 EL Zitronenthymian
10 Eier • 80 g reifer Bergkäse oder Raclette-Käse, gerieben

AUSSERDEM

2 beschichtete feuerfeste Pfannen (24 cm Durchmesser) mit hohem Rand
2 EL Olivenöl • Balsamico-Essig • grobes Meersalz • einige Thymianzweige

ZUBEREITUNG

Die Erdäpfel waschen, mit Wasser bedecken, salzen, etwas Kümmel einstreuen. Erdäpfel 20–25 Minuten garen und abgießen. Etwas auskühlen lassen, schälen und die Erdäpfel in dickere Scheiben schneiden.

Die Zucchini von Blüten- und Stielansatz befreien, leicht diagonal in 1 cm dicke Scheiben schneiden. Zwiebeln und Knoblauch schälen, die Zwiebeln halbieren und in Scheiben schneiden, den Knoblauch fein hacken. In einer Pfanne die Hälfte des Öls erhitzen und die Hälfte der Zucchinischeiben darin braten, ohne sie Farbe nehmen zu lassen. Salzen, pfeffern, 1/3 der Thymianblättchen untermischen und in eine Schüssel füllen. Die zweite Hälfte der Zucchini im restlichen Öl braten, würzen und mit einem weiteren Drittel der Thymianblättchen vermischen. Im verbliebenen Öl die Zwiebeln glasig anschwitzen, den Knoblauch kurz mitschwitzen, leicht salzen, mit dem restlichen Thymian bestreuen und unter die Zucchinischeiben mischen.

In einer Schüssel die Eier gut miteinander verquirlen, salzen, pfeffern und den Käse unterrühren. Die Kartoffelscheiben unter die Zucchini mischen, die verquirlten Eier zugießen und vorsichtig untermischen. In jeder Pfanne 1 EL Olivenöl erhitzen und die Mischung gleichmäßig auf beide Pfannen verteilen. Bei 160 °C im vorgeheizten Ofen ca. 40 Minuten backen, eventuell nach der Hälfte der Zeit mit Alufolie bedecken.
Die Pfannen aus dem Ofen nehmen, die Tartes herauslösen und erst in 4 cm breite Streifen, dann schräg in Stücke schneiden. Auf Tellern anrichten und servieren.

TIPP: Alter Balsam-Apfelessig über die Tarte geträufelt und mit Meersalz bestreut, rundet dieses Gericht sehr gut ab.

Blätterteig-Kürbisstrudel

6 PORTIONEN | ZUBEREITUNGSZEIT: 2 STUNDEN (Backzeit: 30–40 Min)

ZUTATEN

ca. 800 g Kürbis (Gelber Zentner oder Butternuss) • 2 Stk. weiße Zwiebeln
5 EL Rapsöl • Salz • Kümmel, gemahlen • 400 g gemischtes Faschiertes
Pfeffer (aus der Mühle) • 1/2 roter Paprika, gewürfelt
je 1 EL fein geschnittener Salbei und gehackte Petersilie
3 Knoblauchzehen, fein gehackt • 1 Rolle Blitz-Blätterteig
100 g Hamburger Speck • 150 g Schafkäse, in Stifte geschnitten
2 Stk. Eidotter (mit etwas Milch verrührt)

ZUBEREITUNG

Den Kürbis fein nudelig reiben oder schneiden. Für ca. 10 Minuten einsalzen und überschüssiges Fruchtwasser ausdrücken. Die klein geschnittenen Zwiebeln in etwas Öl glasig werden lassen, Kürbis zugeben. Mit etwas Salz und Kümmel würzen und zum Abkühlen auf ein Blech geben. Das Faschierte mit dem restlichen Öl kurz sautieren und anschließend mit Salz, Pfeffer, Paprika und Knoblauch würzen.
Den ausgerollten Blätterteig auf ein Backpapier legen, mit Dotter-Milch bepinseln. Je eine Lage Speck, Kürbis, Fleisch und noch einmal eine Lage Kürbis und Fleisch übereinandergeben. Nun mit dem Schafkäse und abschließend mit Speck belegen. Es sollte so viel Blätterteig frei bleiben, dass man die Masse gut einschlagen kann. Die Masse in Form bringen und leicht andrücken. Den Strudel einschlagen, mithilfe des Backpapiers auf ein Backblech heben, mit Eigelb bestreichen und bei 220 °C (Umluft) 10 Minuten, dann noch einmal bei 170 °C weitere 15 Minuten backen. Den Strudel nach dem Backen 10 Minuten rasten lassen und am besten mit einem Zackenmesser aufschneiden.

TIPP: Zum Strudel empfehle ich einen Rahm-Gurken-Salat (siehe Rezept Seite 55) oder grünen Blattsalat mit Kürbiskernöl.

Erdäpfelstrudel mit Sauerrahm-Kürbis-Dip

4 PORTIONEN | ZUBEREITUNGSZEIT: 1 STUNDE (Backzeit 20 Minuten)

ZUTATEN

600 g Erdäpfel (Kartoffeln), roh geraspelt oder fein nudelig gehobelt
60 g Speck oder Grammeln • 3 EL Schmalz oder Öl • 60 g Zwiebeln
100 g Sauerrahm • 2 Eier • Salz • 1 KL Majoran, fein gehackt
Muskat, gerieben • 1 Prise Kümmel, gemahlen • Pfeffer, schwarz (aus der Mühle) • Knoblauch, fein gehackt • Strudelteig (siehe Rezept Seite 240) oder fertiger Tiefkühlteig • Butter oder Schmalz, flüssig (zum Bestreichen) • etwas Vitamin C

FÜR DEN SAUERRAHM-KÜRBIS-DIP

250 g Sauerrahm • 125 g Crème fraîche • Salz • etwas Tabasco
3 EL Kürbiskernpesto (oder Kürbiskernöl mit gehackten, gerösteten Kernen)

Alle Zutaten miteinander verrühren und würzig abschmecken.

ZUBEREITUNG

Erdäpfel einsalzen, etwas Vitamin C als Farbstabilisator zugeben, nach 5 Minuten gut ausdrücken. Fett erhitzen, klein geschnittenen Speck anrösten, klein geschnittene Zwiebeln und fein gehackten Knoblauch hinzufügen. Erdäpfel beigeben, kurz anschwitzen und würzen. Erkalten lassen. Danach Eier und Sauerrahm unterrühren. Strudelteig ausziehen, mit Butter beträufeln und Ränder abschneiden. 2/3 des Teiges mit Erdäpfelmasse bedecken, straff einrollen und die Enden verschließen. Strudel auf ein gebuttertes Backblech legen, mit flüssiger Butter bestreichen und im vorgeheizten (200 °C) Backrohr ca. 20 Minuten knusprig braun backen.

TIPP: Zu diesem Strudel passt auch Kürbisgemüse (siehe Rezepte Seite 107 und 110) oder Rahm-Gurken-Salat (siehe Rezept Seite 55).

Kürbis-Erdäpfel-Nockerl mit Sauhaxl und Bohnen

6 PORTIONEN | ZUBEREITUNGSZEIT: 2 STUNDEN

ZUTATEN

200 g gekochte abgelöste Schweinshaxln • Salz • Pfeffer • Olivenöl
200 g dicke Bohnen oder Fisolen • 2 Stk. rote Paprika
Olivenöl • 50 g Parmesan, gerieben • 150 g Muskatkürbispüree
(siehe Rezept Seite 73)

FÜR DIE NOCKERL

900 g Erdäpfel (Kartoffeln), mehlig • 150 g Mehl, griffig
50 g Hartweizengrieß • 2 Eidotter • Salz

ZUBEREITUNG

Die Erdäpfel waschen, abtrocknen, in Alufolie wickeln und im vorgeheizten Ofen bei 200 °C 1 Stunde backen.

Für die Nockerl die gebackenen Erdäpfel schälen. Das Mehl auf eine Arbeitsplatte häufen, in die Mitte eine Mulde drücken, die Eidotter und das Salz hineingeben. Die noch heißen Erdäpfel durch eine Presse drücken und beigeben. Alles zügig zu einem glatten Teig verkneten und 2 Stränge von 2 cm Durchmesser formen, leicht mit Mehl bestauben, etwas abflachen und in etwa 1 cm große Stücke schneiden. Die Nockerl einzeln rund formen, in sprudelnd kochendes Salzwasser einlegen und die Hitze reduzieren. Sobald die Nockerl an die Oberfläche steigen, sind sie gar. Herausnehmen und gut abtropfen lassen.
Den Paprika (im Ganzen) im Ofen bei 200 °C ca. 20 Minuten scharf braten, auskühlen lassen, die Haut abziehen und die Kerne entfernen. Das Fruchtfleisch in längliche Streifen schneiden und mit Olivenöl und Salz abschmecken. Die dicken Bohnen zum Paprika geben und wärmen. Die Sauhaxln fein würfeln, knusprig in Olivenöl braten und warm stellen. Die Nockerl im Kürbispüree mit etwas Parmesan schwenken, auf Teller verteilen und mit Paprika, knusprigem Sauhaxl und dicken Bohnen vollenden.

TIPP: Diese Nockerl passen, etwas kleiner geformt, sehr gut zu heimischen Fischen, aber auch zu deftigen Braten. Übrigens lassen sich die Nockerl im rohen Zustand auch gut einfrieren. Bei Bedarf dann im gefrorenen Zustand kochen.

Kürbis-Gnocchi

6 PORTIONEN | ZUBEREITUNGSZEIT: 2 STUNDEN

ZUTATEN

1 kg Kürbis (Muskat) • 150 g Mehl, griffig • 50 g Maisstärke
1 Ei • 100 g Parmesan, frisch gerieben • Salz • Pfeffer, frisch gemahlen

FÜR DEN SPINAT

500 g Spinat • 2 Stk. Jungzwieberl • 1 Knoblauchzehe • 40 g Butter
20 g Pinienkerne • Salz • Pfeffer, frisch gemahlen

AUSSERDEM

25 g Butter • 30 g frisch gehobelter Parmesan (zum Bestreuen)

ZUBEREITUNG

Den Kürbis auf ein Backblech legen, in den auf 200 °C vorgeheizten Ofen (mit Alufolie leicht bedeckt) schieben und etwa 90 Minuten garen. Herausnehmen, etwas abkühlen lassen, durchschneiden und mit einem Löffel die Kerne entfernen. Das Fruchtfleisch, es sollten etwa 500 g sein, mit dem Löffel herauslösen und im Mixer pürieren. Mit Mehl, Maisstärke, Ei, Parmesan, Salz und Pfeffer zu einem glatten Teig verarbeiten.
Den Spinat putzen, gründlich waschen und gut abtropfen lassen (am besten in einer Salatschleuder schleudern). Die Frühlingszwiebeln putzen, die Knoblauchzehe schälen und beides fein hacken.
Die Butter in einem Topf zerlassen, Pinienkerne, Frühlingszwiebeln und Knoblauch darin glasig anschwitzen. Den Spinat hinzufügen und in 2–3 Minuten – unter mehrmaligem Wenden – zusammenfallen lassen. Salzen, pfeffern und auf Küchenpapier gut abtropfen lassen.

Für die Gnocchi etwas Teig abstechen und mit 2 Esslöffeln, die zuvor in kaltes Wasser getaucht wurden, zu Nocken formen. In einem Topf gesalzenes Wasser zum Kochen bringen, die Hitze reduzieren und die Gnocchi in siedendem Wasser 5 Minuten gar ziehen lassen. Mit einem Schaumlöffel herausheben und gut abtropfen lassen.
Die Butter in einer Pfanne schmelzen und leicht bräunen lassen. Den Spinat und die Gnocchi auf Tellern anrichten. Die Gnocchi mit der gebräunten Butter beträufeln, mit frisch gehobeltem Parmesan bestreuen und sofort servieren.

Gefüllte Mini-Patissons mit Paradeiser-Sugo

4 PORTIONEN | ZUBEREITUNGSZEIT: CA. 60 MINUTEN (Backzeit: ca. 20 Min)

ZUTATEN

16 Stk. Mini-Patissons (ca. 4–5 cm Durchmesser) • 2 Stk. Schalotten, geschält und gehackt • 4 Knoblauchzehen, geschält und fein gehackt Salz • 40 ml Olivenöl • 1 EL Petersilie und Basilikum, fein geschnitten Tabasco • 250 g Frischkäse, Bröseltopfen oder Ricotta • 3 EL Mie de Pain (zum Bestreuen der gefüllten Patissons) • 2 EL Parmesan

FÜR DIE ARTISCHOCKENBÖDEN

4 Stk. Artischockenböden • 4 EL Taggiasca-Oliven • 1 Hand voll Rucola

FÜR DAS PARADEISER-SUGO

500 g Pelati (geschälte Tomaten), aus dem Glas oder der Dose 40 ml Olivenöl • 1 Prise Zucker • 2 Knoblauchzehen, fein blättrig geschnitten • 1 Zweigerl Rosmarin • Salz • Pfeffer (aus der Mühle)

ZUBEREITUNG

Die Patissons waschen, den Deckel waagrecht abschneiden und mit einem Kugelausstecher (Parisienneausstecher) aushöhlen. Das ausgehöhlte Fruchtfleisch fein hacken. Eine Pfanne mit Olivenöl erhitzen, Schalotten und Knoblauch darin anschwitzen, Fruchtfleisch zugeben und kurz durchschwenken. Auskühlen lassen. Dann die restlichen Zutaten untermischen und pikant abschmecken. Die Masse sollte nicht zu weich sein. Ist dies der Fall, gibt man etwas mehr Mie de Pain zur Bindung dazu. Die Masse mithilfe eines Dressiersacks in die Patissons füllen und relativ stark mit Mie de Pain bestreuen.

Eine gusseiserne Pfanne erhitzen, Knoblauch mit Zucker in Olivenöl anschwitzen, gehackte Pelati zugeben, würzen und 2 Minuten einkochen lassen. Die Patissons (mit Deckel) in die Pfanne setzen und für 15–20 Minuten im Backofen bei 190 °C goldbraun backen.

Die Artischockenböden in Spalten schneiden, in Olivenöl rösten, salzen und die Oliven zugeben.

Wenn die Patissons gebacken sind, je 4 Stück auf heiße Teller setzen, leicht mit Tomaten-Sugo umkränzen und gemeinsam mit Artischockenspalten und Oliven servieren. Dieses Gericht wird mit Rucola und eventuell mit gehobeltem Parmesan vollendet.

TIPP: Bei gefülltem Gemüse ist es immer schwierig abzuschätzen, wie viel Fülle benötigt wird. Sollte Füllmasse übrig bleiben, einfach noch ein paar Patissons damit füllen.

Solo-Spargel mit Kürbiskernölschaum

4 PORTIONEN | ZUBEREITUNGSZEIT: CA. 40 MINUTEN

ZUTATEN

20 Stk. gleich dicke Stangen Spargel (Solo-Qualität) • 1 TL Kristallzucker ca. 50 g braune Butter • Saft von 2 Orangen • etwas abgeriebene Orangenschale • Salz

FÜR DEN KÜRBISKERNÖLSCHAUM

1 Stk. Eidotter • 100 ml Weißwein • 50 ml Hühnerfond • 1 cl Apfelessig Saft 1/2 Zitrone • 1 kl. Zweig Estragon • 1 Schalotte, fein gehackt 4 weiße Pfefferkörner • 100 ml braune Butter • 100 ml Kürbiskernöl etwas Wasabipaste • Salz • evtl. frische Kräuter

ZUBEREITUNG

Spargel schälen, die holzigen Teil wegschneiden und je 6 Stangen auf zwei übereinandergelegte große Bögen Alufolie geben. Mit Salz und wenig Zucker würzen. Mit geschmolzener Butter und Orangensaft beträufeln. Abgeriebene Orangenschale darüberstreuen und den Spargel in der Folie gut einpacken. Folie jeweils sorgfältig verschließen. Die Pakete nebeneinander auf ein Backblech legen und auf der unteren Schiene des 220 °C heißen Backrohrs 20 Minuten garen.
Inzwischen für den Kürbiskernölschaum Weißwein, Hühnerfond, Apfelessig, Schalotte sowie die restlichen Gewürze auf ca. die Hälfte einkochen und abseihen. Eidotter mit Reduktion über Wasserdampf schaumig aufschlagen und mit Butter und Kürbiskernöl richtig gut weiterschlagen. Mit Zitronensaft, Wasabi und Salz würzen und warm stellen. Spargel aus dem Ofen nehmen, aus der Folie geben, auf heiße Teller setzen und mit Kürbiskernölschaum sowie mit frischen Kräutern bestreut servieren.

TIPP: Ofen-Spargel schmeckt besonders fein, weil er nicht, wie üblich, in Wasser, sondern im eigenen Saft garen kann. Petersilienerdäpfel oder gebratene Frühkartoffeln ergänzen dieses Gericht optimal. Die Stärke des Solo-Spargels sollte mindestens 24 mm betragen, die Spitzen sollten makellos weiß sein.

Kürbis im Wok mit Zucchini und Sprossen

4 PORTIONEN | ZUBEREITUNGSZEIT: 20 MINUTEN

ZUTATEN

200 g Sojasprossen, frisch und roh • 2 Knoblauchzehen, fein blättrig geschnitten • 1 Stk. junge Zucchini, in feine längliche Streifen geschnitten
200 g junger Broccoli • 100 g Erbsenschoten • 100 g Shiitake-Pilze
200 g Fruchtfleisch vom Speisekürbis, geschält und in Spalten geschnitten
1 Stk. weiße Zwiebel, geschält • 100 ml Sojasauce • 50 ml Sesamöl
Salz • 50 g sweet Chilisauce • 1 Stk. Chilischote, entkernt und fein geschnitten

ZUBEREITUNG

Den jungen Broccoli in rohem Zustand fein blättrig schneiden. Die Zwiebel in dünne Spalten teilen, Shiitake-Pilze sechsteln. Die rohen Erbsenschoten diagonal halbieren und den Kürbis in ca. 5 mm dicke Spalten schneiden. Am besten in einer Wokpfanne Sesamöl erhitzen, Kürbis, Zucchini, Broccoli und Zwiebeln zugeben und rasch anschwitzen. Danach das restliche Gemüse, Sprossen und Pilze zugeben, würzen und knackig rösten. Mit Sojasauce und sweet Chilisauce beträufeln, schwenken und auf heißen Tellern anrichten.

TIPP: Je frischer das Gemüse, umso knackiger das Ergebnis. Sehr gerne verwende ich grob gehackte Erdnusskerne, die ich über das fertige Gericht streue. Etwas eingekochte Sojasauce mit Balsamessig ergänzt das Gericht ideal. Foto links

Erdäpfel-Blattln mit Kürbissalat

4–6 PORTIONEN | ZUBEREITUNGSZEIT: 1 STUNDE

ZUTATEN

500 g mehlige Erdäpfel (Kartoffeln) • Salz • Muskatnuss
100 g Magertopfen (Quark), passiert • 1 Ei • 200 g Mehl, griffig
500 g Pflanzenöl (zum Backen) • Fleur de Sel

FÜR DEN KÜRBISSALAT

600 g steirischer Ölkürbis, geschält und roh gerieben
Salz, Pfeffer (aus der Mühle) • 1 großzügiger Schuss Kürbiskernöl
Apfelessig • Tabasco • 1 Hand voll Kürbiskerne, grob gehackt und geröstet • 1 Knoblauchzehe, zerdrückt

ZUBEREITUNG

Für den Salat den Kürbis für 10 Minuten leicht einsalzen, Fruchtsaft gut ausdrücken (am besten mit einem Küchentuch einwickeln und gut pressen). Mit den restlichen Zutaten vermischen und pikant abschmecken. In Salatschüsserln servieren.
Die Erdäpfel waschen, mit der Schale auf den Punkt kochen, schälen und passieren. Anschließend werden die passierten Kartoffeln mit etwas Salz, Muskatnuss, Magertopfen, Eiern und Mehl zu einem Teig verknetet, den man zugedeckt 10 Minuten

rasten lässt. Auf einer bemehlten Fläche den Teig zu einem 5 mm dicken Rechteck ausrollen und 8 cm große Teigquadrate ausschneiden (am besten mit einem „Teigradl"). Die Blattln in ca. 170 °C heißem Pflanzenöl goldgelb backen und gut auf Küchenkrepp abtropfen lassen. Gemeinsam mit dem Kürbissalat servieren.

Kürbis-Paradeiser-Sugo

CA. 2 LITER | ZUBEREITUNGSZEIT: CA. 2 STUNDEN

ZUTATEN

2 kg Paradeiser (oder geschälte Tomaten aus der Dose)
500 g weiße Zwiebeln, geschält und gehackt • 600 g Speisekürbis, in 3 mm Würferl geschnitten • 200 g Sellerieknolle, fein würfelig geschnitten
300 g Zucchini, fein würfelig geschnitten • 10 Stk. Knoblauchzehen, gehackt • 40 g frisches Basilikum, geschnitten • Pfeffer (aus der Mühle)
2 kl. frische Chilischoten, ohne Kerne und fein gehackt • 2 Stk. Lorbeerblatt • Prise Kümmel, gemahlen • Meersalz • ca. 300 ml Olivenöl
50 g brauner Zucker

ZUBEREITUNG

Paradeiser kreuzweise einschneiden, Strunk entfernen und nacheinander in Salzwasser kurz blanchieren (überbrühen). In Eiswasser abschrecken, Haut abziehen, halbieren und die Kerne entfernen. Tomaten klein würfelig schneiden und den Saft passieren.

In einem großen Topf Olivenöl erhitzen und die gehackten Zwiebeln darin langsam hell anschwitzen. Zucker einrühren und sämtliche Kürbis- und Gemüsewürferl (ohne Paradeiser) zugeben, abgeseihten Tomatensaft zugießen und 30 Minuten köcheln lassen. Dabei gelegentlich umrühren. Basilikum, Knoblauch, Pfeffer, Chilischote, Lorbeerblatt und Kümmel hinzufügen. Tomatenwürferl einmengen und weitere 30 Minuten köcheln lassen. Mit Salz würzig abschmecken und noch heiß in ebenfalls heiß ausgespülte Schraubgläser füllen.

TIPP: Das auf Vorrat produzierte Sugo lässt sich problemlos längere Zeit lagern. Es eignet sich nicht nur als ideale Begleitung für Spaghetti & Co., sondern harmoniert auch mit allerlei Knödel- und Gnocchi-Gerichten, aber auch mit diversen Fleisch- und Fischrezepten. Kürbis-Tomaten-Sugo schmeckt auch pur auf knusprigen Crostini.

Omas „Küabis-Gmias"

4 PORTIONEN | ZUBEREITUNGSZEIT: 40 MINUTEN

ZUTATEN

1/2 kg Kürbis, geschält und entkernt (= ca. 1 kg ungeschälter Kürbis); am besten steirischer Ölkürbis • 1 Prise Paprikapulver, edelsüß • Kümmel Salz • 1 Stk. Lorbeerblatt • 1 Knoblauchzehe, fein blättrig geschnitten Apfelessig • 100 g Sauerrahm • 20 g Mehl, glatt • 1 TL Dillspitzen, gehackt Essig oder Zitronensaft • Salz • Pfeffer, weiß (aus der Mühle)

ZUBEREITUNG

Den halbierten Kürbis nochmals in drei Längsteile („Spalten") schneiden. Diese fein nudelig raspeln, einsalzen, 1/2 Stunde ziehen lassen und leicht abpressen. Kürbisstreifen in einem breiten Topf mit etwas Wasser gemeinsam mit Paprika, Knoblauchscheiben, Kümmel und Lorbeerblatt zum Kochen bringen. Mit etwas Apfelessig säuern. Sollte das Gemüse zu flüssig sein, etwas Flüssigkeit abgießen und zum Binden 1 EL Mehl mit einem Schuss Wasser verrühren und zugeben. 2 EL des Gemüses mit Sauerrahm warm an- und einrühren. Würzig abschmecken, Paprika, Pfeffer und Dille einmengen. Mit etwas Zitronensaft (oder Essig) pikant abschmecken.

Verwendung: als Beilage zu gekochtem Rindfleisch, Faschiertem oder mit geröstetem Speck und Brotstreifen.

Garungsdauer: ca. 10 Minuten.

Schwammerlknöderl mit Zucchinispinat und Morcheln

4 PORTIONEN | ZUBEREITUNGSZEIT: 2 STUNDEN (Über Nacht kühlen)

ZUTATEN

ca. 200 g Knödelbrot (Semmelwürfel) • 3 Eier • ca. 180 ml Milch, heiß 100 g Pilze (am besten Steinpilze), fein gehackt • 2 Schalotten, fein gehackt 50 g Butter • Salz • Muskatnuss, gerieben • Pfeffer (aus der Mühle) 2 EL Petersilie, geschnitten • 100 g Bergkäse, grob gewürfelt • etwas Mehl (zum Mehlieren) • Pflanzenöl (zum Braten) • 1 Hand voll Morcheln, geputzt • kalte Butter • 1 Hand voll Blattspinat (ca. 150 g), geputzt 1 kleine Zucchini, länglich blättrig geschnitten • Salz • Pfeffer (aus der Mühle) • 1 Spritzer Weinbrand

ZUBEREITUNG

Gehackte Schalotten in Butter goldbraun rösten, gehackte Pilze zugeben und kurz durchschwenken. In eine geräumige Schüssel umfüllen und mit verschlagenen Eiern, Milch, Käse, Salz, Pfeffer, Muskatnuss und Petersilie gut vermischen. Dann die Semmelwürfel untermischen. Masse 15 Minuten rasten lassen (bei Bedarf noch Semmelwürfel zugeben). Die Masse sollte nicht zu fest sein. Nun die Masse in eine mit Klarsichtfolie ausgelegte Kastenform füllen, gut anpressen und mit Klarsichtfolie verschließen.

In ein tiefes Backblech ca. 2 cm hoch Wasser einfüllen und die Form einsetzen. Bei 120 °C (Umluft) im Backofen ca. 2 Stunden garen. Über Nacht kalt stellen. Danach in ca. 6 cm lange und 2 cm dicke Stifte schneiden und – leicht mehliert – in Pflanzenöl von allen Seiten anbraten und warm stellen. Die Zucchini und den Blattspinat mit etwas Butter, Salz und Pfeffer anschwitzen. Die gebratenen Knöderlstifte auf heiße Teller setzen, mit Spinat und Zucchini belegen. Die Morcheln in Butter glasieren, mit Weinbrand einkochen, würzen und mit kalter Butter montieren. Morcheln anlegen und mit dem Safterl nappieren.

Foto links

Topfen-Serviettenknödel

4–6 PORTIONEN | ZUBEREITUNGSZEIT: 50 MINUTEN

ZUTATEN

300 g Toastbrot, ohne Rinde • 80 g Topfen (Quark), fein passiert 100 ml Milch • 30 g Butter • 2 Eier • 2 Eidotter • Salz • 1 Stk. Zitronenzeste • Pfeffer (aus der Mühle) • Muskatnuss, gemahlen Butterschmalz (nach Belieben)

ZUBEREITUNG

Das entrindete Toastbrot in kleine Würfel schneiden und in lauwarmer Milch einweichen. Butter schaumig rühren. Eier sowie Eidotter unter die Brotwürfel mengen. Topfen, Zitronenzeste sowie Butter einarbeiten und mit Salz, Pfeffer und Muskatnuss

würzen. Masse in ein Küchentuch (oder zuerst in Klarsicht-, dann in Alufolie) einrollen und die Enden mit einem Spagat fixieren. Wasser in einem Topf aufkochen lassen, Serviettenknödel einlegen und 30–35 Minuten ziehen lassen. Herausheben, ausrollen und in Scheiben schneiden. Nach Belieben in heißem Butterschmalz auf beiden Seiten goldgelb braten.

Spinat-Kürbiskernknöderl

4 PORTIONEN | ZUBEREITUNGSZEIT: 1 STUNDE

ZUTATEN

750 g Erdäpfel (Kartoffeln), mehlig • 300 g Blattspinat
150 g Kürbiskerne, geröstet und fein gerieben • 40 g Butter • Muskat
Salz • Pfeffer (aus der Mühle) • 3 Eidotter • 250 g Mehl, griffig
40 g Maisstärke • 40 g Bergkäse, fein gerieben • 50 g braune Butter
Bergkäse (zum Bestreuen)

ZUBEREITUNG

Erdäpfel schälen, waschen und in Salzwasser kernig kochen. Das Wasser abseihen, die Erdäpfel kurz auf dem Herd stehen lassen und anschließend passieren.
Den Spinat kurz in der Butter dünsten, mit Muskat, Salz und Pfeffer würzen und auskühlen lassen. Nun wird er fein gehackt, mit den Erdäpfeln, den Eidottern, Maisstärke, Mehl und Bergkäse zu einem mittelfesten Teig verknetet und nochmals mit Muskat, Salz und Pfeffer gewürzt.
Aus dem Teig kleine Kugeln formen und in kochendem Salzwasser ca. 10 Minuten ziehen lassen. Dann werden die Knöderl herausgenommen, angerichtet, mit Reibkäse bestreut und mit Butter übergossen.

TIPP: Diese Knöderl können auch als Beilage oder mit Omas „Küabis-Gmias" (Rezept siehe Seite 107) serviert werden.

Dill-Kürbisgemüse

4 PORTIONEN | ZUBEREITUNGSZEIT: 20 MINUTEN

ZUTATEN

600 g Kürbis (Muskat- oder Ölkürbis) • 100 g Zwiebeln, fein gehackt
2 EL Schweineschmalz • 1 KL Paprikapulver • 1 KL Zucker
4 cl Apfelessig • 1 Lorbeerblatt • 200–300 ml Gemüsefond oder Wasser
100 g Sauerrahm • 1 KL Mehl • Salz • Pfeffer (aus der Mühle)
2 EL Dille, frisch geschnitten

ZUBEREITUNG

Geschälten Kürbis fein nudelig schneiden oder raspeln. Gut einsalzen und ziehen lassen. Gehackte Zwiebeln in heißem Schmalz anschwitzen. Paprika einrühren und rasch

mit Essig ablöschen. Gut ausgedrücktes Kürbisfleisch zugeben. Fond (oder Wasser) zugießen und mit Salz, Pfeffer, Lorbeerblatt und Zucker würzen. Etwa 5 Minuten köcheln lassen. Sauerrahm mit etwas heißem Fond und Mehl verrühren und das Kürbisgemüse damit binden. Nochmals abschmecken. Lorbeerblatt entfernen, Dille einstreuen und heiß servieren.

TIPP: Dank des relativ neutralen Geschmacks passt dieses Kürbisgemüse zu vielen Gerichten, besonders gut aber zu gekochtem Rindfleisch. Mit Semmelknödeln serviert, gibt das Kürbisgemüse auch eine respektable vegetarische Hauptspeise ab. Wenn kein Dill erwünscht ist, kann man diesen einfach durch etwas Kümmel, Petersilie oder Schnittlauch ersetzen.

Gemischtes Sommergemüse

4 PORTIONEN | ZUBEREITUNGSZEIT: CA. 50 MINUTEN

ZUTATEN

4 Stk. kleine Karotten, geschält • 1 Stk. Kohlrabi, geschält
300 g Broccoliröschen • 2 Stk. junge Zucchini (gelb und grün)
1/2 Stangensellerie • 500 g kleine Erdäpfel (Kartoffeln), vorwiegend festkochend • 1 Bund Junglauch • Meersalz • Pfeffer (aus der Mühle)
Olivenöl • 1 Prise Zucker • 200 g Erbsen

ZUBEREITUNG

Erdäpfel in Salzwasser weich kochen. Einen geräumigen Topf mit Salzwasser aufstellen. Kohlrabi in Spalten schneiden. Gewaschene, vom Strunk befreite Zucchini in längliche fingerdicke Stifte schneiden. Stangensellerie schälen, Junglauch vom grünen Teil trennen und halbieren. In der oben angeführten Reihenfolge die jeweiligen Gemüsesorten in Salzwasser überkochen und kalt abschrecken. In einem gusseisernen Bräter ca. 100 ml Olivenöl erhitzen und das Gemüse anschwitzen. Erbsen zugeben, würzen und so lange garen, bis das Gemüse schön weich ist. Inzwischen die Erdäpfel (halbiert und mit Schale) mit der Schnittfläche nach unten knusprig braten und salzen. Den Bräter mit dem Gemüse mittig auftischen und mit den Erdäpfeln servieren.

TIPP: Dieses Sommergemüsegericht ist der absolute Hit bei meiner Familie. Wir genießen es meistens mit Rahm-Gurken-Salat, den mein Sohn Hans-Peter am liebsten hat. Übrigens sind mein Sohn und meine Frau Bettina meine strengsten Kritiker, wenn es um Essen und Genießen geht. Sind zum Beispiel die Erdäpfel nicht ordentlich knusprig gebraten, werden derlei Nuancen zum Tischgespräch!

KÜRBIS & ZUCCHINI

MIT LAMM, KALB, RIND & GEFLÜGEL

Gefülltes Henderl mit Kürbiskernen

4 PORTIONEN | ZUBEREITUNGSZEIT: 2 STUNDEN

ZUTATEN
1 Steirerhenderl, ausgenommen (ca. 1400 g) • Salz • Wasser oder Suppe

FÜR DIE FÜLLE
50 g Butter oder Ganslschmalz • 1 kleine weiße Zwiebel • 2 Semmeln (in ca. 1 cm Würfel geschnitten) • 200 ml Milch • 2 Stk. Hühnerleber, gehackt • 50 g Kürbiskerne, geröstet und gehackt • 2 EL frische Kräuter, fein geschnitten • 2 Eier • Semmelbrösel • Salz • Muskatnuss

ZUBEREITUNG
Butter mit fein gehackten Zwiebeln anschwitzen, Hühnerleber kurz mitschwitzen, Kräuter sowie Kürbiskerne und Eier zugeben. Die in lauwarmer Milch eingeweichten, leicht ausgedrückten Semmeln, Salz und Muskatnuss beimengen. Die Masse bei Bedarf mit Semmelbröseln festigen.
Die die Brust sowie die Haxerl bedeckende Haut des küchenfertigen Henderls mit dem Zeigefinger „untergreifen" (lockern). Den so entstandenen Hohlraum mit der Masse (mithilfe eines Dressiersacks) füllen. Die Haut gut mit Henderl-Gewürzmischung und Salz einreiben und das Ganze im Rohr 1,5 Stunden bei 180 °C (Umluft) in einem Bräter braten. Zwischenzeitlich mehrmals mit Wasser oder Suppe begießen. Das Henderl aus dem Ofen nehmen, 10 Minuten rasten lassen und dann mithilfe einer Hendlschere tranchieren. Den Bratenrückstand zu einem gschmackigen Safterl einkochen und abschmecken. Henderl heiß mit dem Safterl servieren.

TIPP: Die beste Beilage ist Erbsenreis (Risibisi) und ein knackig frischer Grazer Krauthäuptlsalat (grüner Salat), mit Kürbiskernöl und Apfelessig mariniert.

Maishenderlbrust mit Kürbiskernöl-Risotto

4 PORTIONEN | ZUBEREITUNGSZEIT: CA. 40 MINUTEN

ZUTATEN
4 Stk. Maishenderlbrüste mit Haut (ca. 120 g, nicht zu groß) • Salz Pfeffer (aus der Mühle) • 4 Stk. Salbeiblätter • 2 EL Olivenöl (zum Braten) 100 ml Hühnerfond • 1 Zweigerl Rosmarin • 1 EL kalte Butter

FÜR DAS RISOTTO
150 g Risottoreis (am besten Vialone Nano) • 1 EL Butter • 1 Schalotte, geschält und gehackt • 100 ml trockener Weißwein • ca. 300–400 ml Hühnerfond • Salz • Muskatnuss, gerieben • 1 EL Parmesan • 3 cl Kürbiskernöl • 12 Stk. Shiitake-Pilzkappen • 2 EL Kürbiskerne, geröstet u. gehackt

ZUBEREITUNG
Die Schalotte in Butter anschwitzen, Risottoreis zugeben und sautieren. Mit Weißwein ergänzen, rühren, mit 200 ml Fond aufgießen und 10 Minuten köcheln lassen.

Eventuell noch mit Fond nachgießen. Der Risottoreis sollte bissfest sein, da er bis zum Servieren „nachzieht". Würzen und mit Parmesan und kaltem Kürbiskernöl binden.
Die Haut von den Brüsten leicht untergreifen (das heißt, mit dem Zeigefinger unter die Haut fahren und diese leicht vom Fleisch lösen), mit je einem Salbeiblatt füllen, glatt streichen und würzen. In Olivenöl zuerst auf der Hautseite gut anbraten, dann wenden und Shiitake-Pilzkappen und Rosmarinzweig zugeben und rösten. Die Brüste bei 120 °C (Umluft) warm stellen. Shiitake-Pilze und Maishenderlbrüste aus der Pfanne heben, den Bratenrückstand mit Fond ablöschen und auf die Hälfte einkochen lassen. Mit etwas Butter binden.
Das Risotto mittig auf Tellern anrichten, die Brüste einmal halbieren, mit den Pilzkappen auflegen, mit Sauce beträufeln, mit gehackten Kürbiskernen bestreuen und servieren.

Kürbis-Curry-Henderl

4 PORTIONEN | ZUBEREITUNGSZEIT: 50 MINUTEN

ZUTATEN

1 Steirerhenderl, ausgenommen (ca. 1400 g) • Salz • Pfeffer
Muskatnuss • 100 g Mehl (zum Mehlieren) • 300 g Speisekürbis, geschält und gewürfelt • Olivenöl (zum Braten) • 1 weiße Zwiebel
1 Apfel (Jonagold oder Boskoop), geschält • 300 ml trockener Weißwein
ca. 400 ml Hühnerfond oder Wasser • 1 Lorbeerblatt
1 Stk. frische Chilischote, entkernt • Saft von 1 Stk. Zitrone
1 Zweigerl Zitronenthymian • 100 ml Obers (Sahne), flüssig
1 KL Curry • 1 EL Kokosette • 1 Butterkugel

ZUBEREITUNG

Das küchenfertige Henderl zerteilen, würzen, mehlieren und in Olivenöl goldgelb anbraten (am besten in einer höheren gusseisernen Pfanne oder in einem Topf). Danach die Stücke aus der Pfanne nehmen.

Für die Sauce die fein gehackte Zwiebel in der Bratpfanne hell anrösten. 1 KL Curry untermischen, den fein würfelig geschnittenen Apfel und die Kürbiswürferl zugeben, kurz anschwitzen, mit Weißwein ablöschen und mit ein wenig Suppe aufgießen. Henderl einlegen, Gewürze zugeben und in der Sauce ca. 15 Minuten fertig dünsten. Mit Obers binden und würzig abschmecken.

TIPP: Das Henderl serviere ich gerne mit Basmatireis, den ich zusätzlich mit Mandeln, Rosinen sowie Petersilie verfeinere.

Steirerbackhenderl mit Kürbiskernpanier

4 PORTIONEN | ZUBEREITUNGSZEIT: 1 STUNDE

ZUTATEN

2 Stk. Steirerhenderl, incl. Leber (ca. 1200 g pro Henderl)
200 g Mehl (Universal) • 200 g Semmelbrösel und 200 g Kürbiskerne, gerieben und gemischt • 5 Eier, verquirlt • Erdnussöl (zum Ausbacken) oder Butterschmalz und Pflanzenöl (1:1 gemischt) • 1 Bund Petersilie Zitronenspalten • Fleur de Sel • Salz

ZUBEREITUNG

Die Henderl in mehrere Stücke zerteilen. Dafür die Flügerl und Haxerl abtrennen, Brust ebenfalls vom Rücken trennen und längs halbieren (Hals und Rücken für Hühnersuppe verwenden). An Flügerln und Bruststücken die Knochen belassen, Haxerl mit einem scharfen, kleinen Messer auslösen. Haut überall abziehen. Hühnerstücke rundum gut salzen und zuerst in Mehl, dann in verquirlten Eiern und zuletzt in Semmel-Kürbiskernbröseln panieren. In einer tiefen Pfanne ausreichend viel Öl erhitzen und so lange warten, bis es wirklich heiß ist. Hühnerteile einlegen und schwimmend (bei ca. 160 °C) 20–30 Minuten herausbacken. Währenddessen einmal wenden. Hühnerleber salzen, ebenfalls panieren und nach ca. 15 Minuten hinzufügen. Hühnerstücke herausheben, auf Küchenkrepp gut abtropfen lassen und nochmals mit Fleur de Sel bestreuen. Petersilie rasch frittieren und mit Zitronenspalten garnieren.

TIPPS: Das an sich dezente Hühnerfleisch sollte gründlich gesalzen werden, damit sich sein Geschmack optimal entfalten kann. Ersetzt man die Hälfte des Öls durch Schweine- oder Butterschmalz, so schmeckt das Henderl noch besser.
Wer sich die Mühe des Auslösens ersparen möchte, kann die Haxerl freilich auch ganz lassen. Erdäpfel- oder grüner Salat (mit Kürbiskernöl-Dressing) sind die beliebtesten Beilagen. Auch Schwarzbrotscheiben passen gut dazu.

Steirerhenderlbrust mit Kürbiskrautwickler

4 PORTIONEN | ZUBEREITUNGSZEIT: 1 STUNDE

ZUTATEN FÜR DIE HENDERL

4 Stk. Steirerhenderlbrüste (ohne Haut) • Salz • Pfeffer (aus der Mühle)
2 Eier • 100 g Kürbiskerne • 50 g Semmelbrösel • 120 g Mehl
250 g Butterschmalz und 250 ml Pflanzenöl gemischt (zum Backen)

FÜR DIE KÜRBISKRAUTWICKLER

400 g Weißkraut • 200 g Kürbis (Muskatkürbis) • 1 EL Butterschmalz
2 Schalotten, fein gewürfelt • 100 ml Weißwein • 100 ml Gemüsefond
15 Safranfäden • 2 Wacholderbeeren, zerdrückt • 1 Nelke
1 Lorbeerblatt • 1 Thymianzweig • 1 kleine Kartoffel

FÜR DEN KÜRBISKERNSCHAUM

2 EL Butter • 1 Schalotte, gewürfelt • 1 Knoblauchzehe, gewürfelt
30 ml Weißwein • 300 ml Geflügelfond • 50 ml Obers (Sahne)
5 weiße Pfefferkörner • 4 cl Noilly Prat • 4–6 cl Kürbiskernöl
etwas Tabasco • 1 Spritzer Zitronensaft

ZUBEREITUNG

Maishenderlbrüste salzen und pfeffern. Die Eier verquirlen. Die Kürbiskerne fein reiben und mit den Semmelbröseln mischen. Die Maishenderlbrüste zuerst in Mehl wenden, durch das Ei ziehen und in der Kürbiskern-Semmelbrösel-Mischung panieren. In heißem Butterschmalz-Ölgemisch goldgelb ausbacken, auf Küchenpapier abtropfen lassen und im 150 °C heißen Backofen nochmals 5–10 Minuten nachgaren.

Für das Kürbiskraut die äußeren Krautblätter entfernen, vierteln, Strunk entfernen und fein schneiden (am besten mit einer Aufschnittmaschine). Das Butterschmalz in einem Topf erhitzen. Schalotten darin anschwitzen, Kraut zugeben, mit dem Weißwein ablöschen und mit dem Gemüsefond aufgießen. Die Safranfäden und die Gewürze zugeben und bei geschlossenem Deckel weich schmoren. Kartoffel waschen, schälen, fein reiben, unter das gekochte Kraut mischen und damit binden. Nochmals aufkochen und mit Salz und Pfeffer würzen.

Für die Wickler den Kürbis schälen und mittels Aufschnittmaschine in dünne Scheiben schneiden. Rechtecke aus den Kürbisscheiben schneiden, mit Safrankraut belegen, vorsichtig zu Röllchen rollen, diese in eine gebutterte Pfanne setzen und im vorgeheizten Backofen bei 170 °C ca. 5–10 Minuten erhitzen.

Für die Sauce Butter erhitzen, die gewürfelte Schalotte und Knoblauch darin glasig anschwitzen, mit Weißwein ablöschen, mit Geflügelfond und Obers aufgießen. Die Pfefferkörner zugeben und alles auf die Hälfte reduzieren und durch ein Sieb passieren. Mit Salz, Pfeffer und Kürbiskernöl emulgieren, mit Noilly Prat, Zitronensaft und Tabasco abschmecken.
Die Kürbis-Wickler auf heiße Teller verteilen, die Maishenderlbrüste in längliche Streifen schneiden, dazu anrichten und mit Kürbiskernschaum beträufeln.

TIPP: Schneller geht es, wenn man die Henderlbrüste in Streifen schneidet, diese mit Kürbiskernbröseln paniert, dann frittiert und z. B. auf Blattsalaten oder Erdäpfel-Kürbiskernölsalat anrichtet.

Bauernente mit Orangenkürbis

4 PORTIONEN | ZUBEREITUNGSZEIT: CA. 2–3 STUNDEN

ZUTATEN

**1 Stk. Bauernente (2–2,3 kg schwer), ca. 1 Woche abgelegen
2 Stk. weiße Zwiebeln (für die Fülle) • 1 Zwiebel, in Scheiben geschnitten (zum Braten) • 1 Apfel (am besten Idared oder Boskoop) je 1 Zweig Majoran und Bohnenkraut (am besten jedoch getrockneter Beifuß, gezupft) • 1 Prise Kümmel, gemahlen • 300 ml Hühnerfond
50 ml Beerenauslese (oder anderer Süßwein) • Salz • Pfeffer (aus der Mühle) • Maisstärke (nach Bedarf)**

FÜR DEN ORANGENKÜRBIS

**600 g steirischer Ölkürbis oder Speisekürbis • 1 weiße Zwiebel, fein gehackt • 1 EL Enten- oder Ganslschmalz • 3 Stk. Orangen
100 ml Süßwein • Wasser • 1 Stk. Lorbeerblatt • 1 Prise Zimt
1 Stk. Nelke • etwas Kümmel • Pfeffer (aus der Mühle) • Salz
Muskatnuss • 200 ml Obers (Sahne) • 1 Stk. Chili, frisch geschnitten und entkernt**

FÜR DIE BRÖSEL-GRIESSKNÖDERL

**100 g Weizengrieß • 2 EL Butter • 1 Schalotte, fein gehackt
250 ml Milch • 1 Ei • 1 Eidotter • Salz • Muskatnuss, gemahlen**

FÜR DIE BRÖSEL

100 g Butter, flüssig • 4 EL Schwarzbrot- oder Semmelbrösel

ZUBEREITUNG

Den Kürbis schälen und in 3 cm große Würfel schneiden. Die Orangen mit einem Sparschäler schälen. Schale in Streifen schneiden und kurz in Salzwasser blanchieren. Saft der Orangen auspressen. Die Zwiebel in Schmalz glasig anschwitzen, Kürbis zugeben, kurz schwenken, mit Orangensaft und Wein aufgießen, würzen und langsam – leicht zugedeckt – ca. 10 Minuten einköcheln. Die restlichen Zutaten zugeben und würzig abschmecken. Der Kürbis kann ruhig schon leicht zerfallen.
Küchenfertige Ente außen und innen gut salzen. Für die Fülle Zwiebeln und Apfel in Würfel schneiden und mit Pfeffer, Kümmel sowie den Kräutern vermischen. Ente damit füllen und die Öffnung mit einem Holzspießchen gut verschließen. In eine Bratenpfanne etwa 1 cm hoch Wasser eingießen, Zwiebelscheiben zugeben und die Ente mit der Brust nach unten einlegen. Ins vorgeheizte Backrohr schieben und bei 180 °C zunächst 30 Minuten braten. Dann die Ente wiederholt übergießen und nach 20 Minuten herausnehmen. Ente umdrehen und mit der Brust nach oben mit Alufolie bedecken. Nun bei 90 °C und leicht geöffneter Backrohrtür noch 50–80 Minuten im Rohr ziehen lassen. (Auf diese Weise entspannt sich das Fleisch, bleibt saftig zart und leicht rosa.)
Entenfleisch ablösen (oder Ente in 4 Stücke tranchieren) und nochmals kurz bei 250 °C (Oberhitze) knusprig werden lassen. Das ausgebratene Fett abschöpfen und die klein gehackten Knochenreste in einer Pfanne gemeinsam mit der Fülle darin anrösten. Mit Beerenauslese sowie Fond ablöschen und auf die Hälfte einkochen lassen. Bratenrückstand gut aufkratzen, zugießen und mit ca. 300 ml Wasser aufgießen und

weitere 10 Minuten köcheln lassen. Abseihen, Saft abschmecken und bei Bedarf mit etwas in Wasser angerührter Maisstärke binden.

Für die Brösel-Grießknödel gehackte Schalotten in Butter glasig andünsten. Grieß einrieseln lassen, kurz anschwitzen und mit Milch aufgießen. Mit Salz und Muskatnuss würzen und mit einem Kochlöffel so lange rühren, bis sich die Masse vom Topf löst. Etwas abkühlen lassen. Ei sowie Dotter einarbeiten und 20 Minuten kalt stellen. Aus der Masse mit feuchten Händen 12 kleine Knöderl formen und diese in kochendem Salzwasser (bei mäßiger Hitze) ca. 10 Minuten wallend kochen. Für die Brösel Butter aufschäumen und Brösel zugeben. Kurz durchrösten und die gut abgetropften Knöderl darin wälzen.
Die Entenstücke mit Kürbis und Knöderln auf vorgewärmten Tellern anrichten. Mit der Sauce nappieren, evtl. mit Orangenzesten vollenden.

TIPPS: Qualitativ hochwertige Enten erkennt man an Fettansatz und Brustbein: Das Fett sollte durchgehend ansehnlich und nicht schneeweiß, das Brustbein nicht erhaben sein.
Vermeiden Sie es, die Ente ganz durchzubraten. Das Fleisch wird trocken, schmeckt langweilig und bekommt eine graue Farbe. Entenfleisch muss (wie jedes gute Fleisch) nach dem Schlachten „reifen". Um mürbe zu sein, müssen Enten mind. 1 Woche abhängen.

Kalbsfilet mit Kürbis-Milaneser-Risotto

4–6 PORTIONEN | ZUBEREITUNGSZEIT: 1 STUNDE

ZUTATEN

800 g Kalbsfilet (Mittelstück), zugeputzt • Salz • Pfeffer (aus der Mühle)
Olivenöl (zum Anbraten) • 1 Zweig Rosmarin • 400 g Markknochen
50 g Parmesan, frisch gerieben • 200 g Risottoreis (Vialone oder Arborio)
ca. 600 ml Hühnerfond • 5 EL Butter • 1 kleine Dose Safranfäden
1 kleine Zwiebel • 200 g Kürbispüree (Rezept siehe Seite 73)
Salz • Pfeffer (aus der Mühle)

ZUBEREITUNG

Die Markknochen kurz in eiskaltes Wasser legen, dann das Mark herausdrücken, mit Küchenkrepp trocknen und klein würfeln. Den Inhalt des Safran-Döschens (ca. 20 Fäden) mit 2 EL kochend heißem Wasser übergießen. 1 Zwiebel fein würfeln. Ca. 600 ml Hühnerfond aufstellen.
In einer großen Kasserolle 2 EL Butter mit den Markwürfeln aufschäumen lassen. Zwiebelwürfel zugeben und bei nicht zu starker Hitze unter Rühren glasig anschwitzen.
200 g Reis einstreuen und ebenfalls unter Rühren so lange glasig anschwitzen, bis er hell und durchscheinend ist (er darf aber nicht bräunen). Mit einem kräftigen Schuss heißem Hühnerfond (etwa 1 Tasse voll) aufgießen, dabei kontinuierlich weiterrühren. Sobald die Flüssigkeit fast verdampft ist, wieder Fond aufgießen und leise köchelnd weitergaren lassen – dabei immer wieder rühren. Es soll stets nur so viel Brühe im Topf sein, dass der Reis gerade bedeckt ist.

Nach etwa 15 Minuten den aufgelösten Safran und das Kürbispüree dazugeben. Noch 7 Minuten weitergaren (dabei rühren und Brühe zugießen).
Nun probieren: Wenn die Reiskörner gar sind, aber noch Biss haben, die restlichen 3 EL Butter sowie 50 g geriebenen Parmesan unterrühren. Mit Salz und Pfeffer abschmecken.
Die Kalbsfilets portionieren, würzen und scharf anbraten. Auf einem Gitter, mit Alufolie abgedeckt, rasten lassen. Nach ca. 10 Minuten nochmals mit einem Zweig Rosmarin scharf anbraten und mit 1 EL Butter sanft glasieren.
Die Filets mit dem Risotto anrichten, evtl. mit Kirschtomaten und frischen Kräutern garnieren.

TIPP: Man könnte dieses Gericht auch mit Kalbsjus und ein paar Oliven wunderbar ergänzen.

Foto oben

Kalbspörkölt mit Kürbisspätzle

4 PORTIONEN | ZUBEREITUNGSZEIT: CA. 90 MINUTEN

ZUTATEN

1 kg hinteres Kalbsvögerl oder Schulterscherzl • 200 g Zwiebeln 80 g Bauchspeck • 6 EL Schmalz oder Öl • 20 g Paprikapulver, edelsüß 1 Knoblauchzehe, fein gehackt • 1 TL Essig • 1 EL Tomatenmark 1 l Hühnerfond (oder Wasser mit Suppenwürfel) • Salz • Pfeffer (aus der Mühle) • 1 Prise Kümmel • Muskatnuss • etwas frischer Majoran Zitronenschale • 1 TL Maisstärke • Sauerrahm und Paprikastreifen (als Garnitur)

Kürbisspätzle (siehe Rezept Seite 87)

ZUBEREITUNG

Speck und Zwiebeln gesondert in feine Würfel schneiden. Kalbfleisch in grobe Würfel teilen. Fett in Kasserolle erhitzen, Speck anrösten, Zwiebeln beigeben, goldbraun rösten. Paprikapulver einstreuen, durchrühren, mit Essig ablöschen. Tomatenmark, etwas Zitronenschale sowie Gewürze und Knoblauch hinzufügen. Fleisch würzen, untermengen, ankochen lassen, mit Fond oder Wasser aufgießen, aufkochen und zugedeckt ca. 50 Minuten dünsten; würzig abschmecken. Maisstärke mit 2 cl kaltem Wasser anrühren, zügig unter die Sauce mengen, aufkochen und anrichten.
Mit Sauerrahm und geschmorten Paprikaschoten garnieren und mit feinen Bandnudeln servieren.

Milchkalbsnierndln mit Mini-Patissons

4 PORTIONEN | ZUBEREITUNGSZEIT: 50 MINUTEN

ZUTATEN

2 Stk. Kalbsnierndln, geputzt • Pflanzenöl • etwas Mehl (zum Mehlieren) 2 kleine weiße Zwiebeln (oder längliche Schalotten), geschält Salz • Pfeffer (aus der Mühle) • 12 Stk. Mini-Patissons • 1 EL Butter 1 Prise Zucker • 400 ml Kalbsjus (Rezept siehe Seite 242) • 2 Zweigerl Majoran • 2 EL kalte Butter • 4 cl Gin • 2 Stk. Wacholderbeeren, zerdrückt

FÜR DIE ERDÄPFELKNÖPFE

2 Stk. Erdäpfel (Kartoffeln), mehlig • 1 Dotter • Salz • Muskatnuss, gerieben • 1 EL Mehl (Universal) • 100 ml Tempurateig (siehe Rezept Seite 82)

ZUBEREITUNG

Die Nierndln quer durchschneiden, Sehnen und weißes Fett ausschneiden, die Nierndln würfelig schneiden. Patissons in Spalten teilen und in Salzwasser bissfest überkochen. Mit Butter, Salz, Pfeffer und einer Prise Zucker glasieren und warm stellen.

Für die Erdäpfelknöpfe die Kartoffeln weich kochen. 10 Minuten ausdampfen lassen, schälen, durch eine Presse drücken und mit den restlichen Zutaten gut verkneten. Kleine Kugerl mit 2 cm Durchmesser formen, diese in Tempurateig tauchen, knusprig frittieren, abtropfen lassen und warm stellen. Zwiebeln länglich in Stifte schneiden. Nierndln in Mehl tauchen, abklopfen und in Öl scharf anbraten. Aus der Pfanne nehmen und die Zwiebeln goldgelb anschwitzen. Thymian zugeben und mit Gin und Kalbsjus aufgießen. Sämig einkochen lassen, dann die Nierndln zugeben und nicht ganz gar ziehen lassen. Würzig abschmecken und die Butter eiskalt einrühren. Die Nierndln mit der Sauce auf heißen Tellern anrichten und Patissons darauf verteilen. Die Erdäpfelknöpfe anlegen und mit Röstzwiebeln und Thymianzweigerl garnieren.

TIPP: In vielen Rezepten ist zu lesen, Nierndln zuvor in Milch einzulegen. Dies bewirkt, dass evtl. Uringeruch aus den Nieren gelaugt wird. Ich persönlich lege sie für ca. 3 Stunden in Milch, danach verarbeite ich sie weiter. Foto oben

Beuscherl vom Milchkalb mit pikantem Kürbis

6–8 PORTIONEN | ZUBEREITUNGSZEIT: 5 STUNDEN

ZUTATEN

900 g Kalbslunge • 1/2 Kalbsherz • 1/2 Zwiebel, weiß 150 g Wurzelwerk (Sellerie, Karotte, gelbe Rübe) • 1 Lorbeerblatt 5 Pfefferkörner • Thymiansträußchen • Salz • 5 l Wasser

FÜR DIE SAUCE

4 EL Öl • 30 g Mehl, glatt • 40 g Zwiebeln • 60 g Essiggurken 20 g Kapern • 1 cl Essig (7,5 %) • 10 g Sardellenpaste • 3 EL Sauerrahm Senf • Salz • Pfeffer, weiß • Majoran • Zitronensaft • Zitronenschale, gerieben • 300 g überkochte Kürbiswürferl vom Muskatkürbis oder pikanter Kürbis (siehe Rezept Seite 226)

ZUBEREITUNG

Beuschel (ohne Luft- und Speiseröhre) gut in kaltem Wasser wässern. Die Lunge mehrmals mit der Messerspitze anstechen, damit der Sud eindringen kann. Lunge und Herz

mit Wasser, Wurzelwerk, halber Zwiebel und Gewürzen zustellen. Zugedeckt – und am besten mit einem Sieb beschwert – langsam kochen. Nach halber Kochzeit die Lunge wenden. Lunge aus dem Sud heben, in kaltem Wasser abkühlen. Das Herz benötigt eine längere Garungszeit, danach ebenfalls im Wasser überkühlen. Den Sud seihen und reduzierend kochen. Gut durchgekühlte Lunge und Herz zuerst in dünne Blätter schneiden (am besten mit der Aufschnittmaschine), dann in feine Streifen. Zwiebeln, Kapern und Gurken sehr fein hacken. Öl erhitzen, Mehl darin dunkelbraun rösten, das fein Gehackte beigeben, etwas rösten und mit Sud aufgießen.
Mit einem Schneebesen glatt rühren, ca. 1/2 Stunde zu einer sämigen Sauce verkochen und in einem Turmmixer gut emulgieren. Beuschelstreifen, Essig, Rahm sowie die restlichen Gewürze beigeben. Überkochte Kürbiswürferl zugeben. Heiß ca. 20 Minuten ziehen lassen.
Mit Semmel- oder Topfen-Serviettenknödeln (siehe Rezept Seite 109) und glatt gerührtem Sauerrahm anrichten.

Glasierte Kalbslebersteaks mit Apfel-Kürbis-Gemüse

4 PORTIONEN | ZUBEREITUNGSZEIT: 30 MINUTEN

ZUTATEN
600 g Kalbsleber (hoher Teil), enthäutet und ohne Nervenstränge
4 EL Butterschmalz oder Öl • 40 g Butter, kalt • Salz • schwarzer Pfeffer (aus der Mühle) • Mehl, glatt • 1 Schuss alter Balsamapfelessig
8 cl Wasser • Suppe oder brauner Kalbsfond • frischer Majoran, gezupft

FÜR DAS APFEL-KÜRBIS-GEMÜSE
1 Stk. Apfel, geschält und in 5 mm Würferl geschnitten
100 g Hokkaido-Kürbis, geschält und in 5 mm Würferl geschnitten
2 Knoblauchzehen, blättrig geschnitten • 2 EL brauner Zucker
2 EL Apfelessig • 1 Prise Zimt • Salz • 200 ml Apfelsaft

ZUBEREITUNG
Für das Apfel-Kürbis-Gemüse Zucker hell karamellisieren, Apfel- und Kürbiswürfel und Knoblauch zugeben, glasieren und mit Apfelessig ablöschen. Salzen, etwas Zimt zugeben und mit Apfelsaft leicht breiig, aber dennoch bissfest einkochen.
Leber in ca. 6 mm dicke Filets schneiden, mit Salz und Pfeffer würzen. Beidseitig in Mehl wenden, Schmalz (oder Öl) in einer flachen Pfanne erhitzen, Leberfilets einlegen, rasch bräunen, wenden, ebenfalls bräunen, aus der Pfanne heben und warm stellen. Überschüssiges Fett abschütten, mit Essig ablöschen, Flüssigkeit aufgießen, reduzierend einkochen und kalte Butterstücke einrühren. Leberfilets mit frischem Majoran wieder einlegen, mehrmals wenden, jedoch nicht mehr kochen! Die Leberscheiben auf Teller setzen, mit Sauce nappieren und das Apfel-Kürbis-Gemüse löffelweise in Nockenform anlegen. Evtl. mit frischem Majoran garnieren.
Wie stark durchgebraten die Leber sein soll, hängt vom individuellen Geschmack ab. Am besten schmeckt sie mit einem durchgehend zartrosa Kern.

Kürbiskutteln

6–8 PORTIONEN | ZUBEREITUNGSZEIT: CA. 1 STUNDE (bzw. 4 Stunden, wenn die Kutteln komplett roh gekauft werden)

ZUTATEN

1,5 kg Kutteln, roh (ergibt ca. 900 g geputzte, gekochte Kutteln)
150 g Wurzelwerk, gemischt • 1 Zwiebel, weiß • Salz • Lorbeerblatt
Pfefferkörner • Thymian • 100 g weiße Zwiebeln, gehackt
3 Knoblauchzehen, fein geschnitten • 300 ml Weißwein • 4 cl Vermouth
4 cl Sherry (trocken) • 300 g 5-mm-Kürbiswürfel (Gelber Zentner)
200 ml Tomatensaft, roh püriert und passiert (oder aus der Flasche bzw. Tetrapak) • Pfeffer (aus der Mühle) • 1 Prise Kümmel • Petersilie, gehackt • 1 Zweigerl Liebstöckel • Saft von 1/2 Zitrone • Zucker

ZUBEREITUNG

Kutteln putzen (oder bereits vom Fleischhauer putzen lassen), gut kalt abwaschen. Lorbeer, Pfefferkörner und Thymian in ein Leinensäckchen geben. Kutteln, mit reichlich Wasser bedeckt, gemeinsam mit Gewürzen, halber Zwiebel und Wurzelwerk 2–3 Stunden kochen lassen. Einige Male das Wasser wechseln. Wenn die Kutteln al dente sind, in kaltem Wasser abschrecken. Kutteln in feine Streifen schneiden. Alkoholika und klein geschnittene Zwiebeln sowie Knoblauch ankochen, reduzieren (nicht zugedeckt kochen), 300 g Kürbiswürferl und Tomatensaft beigeben, abermals reduzieren. Kutteln untermengen. Die Flüssigkeit muss so lange kochend reduziert werden, bis eine sämige Sauce entsteht. Zum Schluss etwas Olivenöl, Zitronensaft sowie die Gewürze und Kräuter einrühren. Nochmals aufkochen.

TIPP: Um den Geschmack noch besser abzurunden, schneide ich gerne 1 Hand voll Schwarzbrotwürferl und gebe diese direkt zu den Kutteln.

Schopfsteak mit Patissons und Heurigen

4 PORTIONEN | ZUBEREITUNGSZEIT: 40 MINUTEN

ZUTATEN

800 g Schopffleisch vom Jungschwein • Salz • Pfeffer (aus der Mühle)
Mehl (zum Mehlieren) • Pflanzenöl • 10 Stk. Knoblauchzehen, geschält
300 ml Kalbsjus (siehe Rezept Seite 242) – ersatzweise Wasser, mit etwas gekörnter Gemüsesuppe angerührt • Kümmel, ganz • 2 EL eiskalte Butter
2 Wacholderbeeren, zerdrückt • 1 Stk. Lorbeerblatt

FÜR DIE PATISSONS

12 Stk. Mini-Patisson-Kürbisse • Salz • Butter • Wasser
einige frische Zweigerl Thymian • 300 g gekochte Mini-Erdäpfel (Heurige) mit Schale • 1 EL Schnittlauch, frisch geschnitten

ZUBEREITUNG

Schopffleisch zu 8 Stück Steaks portionieren. Salzen, pfeffern, auf einer Seite mehlieren und mit der mehlierten Seite in Öl scharf anbraten; aus der Pfanne nehmen. Fein blättrig geschnittenen Knoblauch zugeben, kurz anschwitzen und mit Kalbsjus aufgießen. Kümmel, Lorbeer und Wacholder hinzufügen, eventuell noch etwas Wasser zugeben. Schopfsteaks einlegen und langsam ca. 15 Minuten köcheln lassen.

Die Patissons waschen und kurz in kochendem Salzwasser überkochen, abschrecken und in einer Pfanne mit Heurigen, Butter sowie Thymian bei 190 °C (Umluft) im Ofen 15 Minuten garen. Immer wieder mit etwas Wasser angießen und glasieren.
Inzwischen sollten die Schopfsteaks schon weich sein, nun die Sauce pikant abschmecken und mit Butter binden. Auf heißen Tellern mit den leicht angedrückten Heurigen sowie den Patissons anrichten. Mit frischem Thymianzweigerl, Schnittlauch, gegartem Knoblauch und Bratensaft vollenden.

TIPP: Ich empfehle, gut abgelegenes Fleisch zu verwenden, da sich andernfalls die Garzeit erheblich verlängert.

Zwiebel-Kürbisfleisch

4–5 PORTIONEN | ZUBEREITUNGSZEIT: CA. 1 STUNDE

ZUTATEN

**4 Stk. weiße Zwiebeln • 50 g Schweineschmalz • 3 Knoblauchzehen, fein gehackt • etwas frischer Majoran • 1 Stk. Lorbeerblatt
900 g Schweineschulter oder Kalbsvögerl • 200 ml Portwein, weiß
50 ml weißer Balsamessig • 1 EL brauner Zucker • 1–1,5 l Rindsuppe
200 ml Paradeisersaft (Tomatensaft) • 300 g Hokkaido-Kürbis, geschält und gewürfelt • Salz und Pfeffer (aus der Mühle) • 1 Prise Kümmel
evtl. etwas geriebene Kartoffel (zum Binden)**

ZUBEREITUNG

Die in feine Streifen geschnittenen Zwiebeln in Schmalz hell anschwitzen. Dann die dickblättrig geschnittene Schweineschulter (oder Kalbsvögerl) beifügen, Portwein, Balsamessig und Paradeisersaft sowie den Zucker zugeben. So lange kochen, bis die Flüssigkeit fast verdunstet ist. Dann mit der Suppe auffüllen, Kürbis zugeben, würzen und ca. 30–50 Minuten offen dünsten. Gut abschmecken und evtl. mit einer geriebenen rohen Kartoffel binden. Dazu passen Teigwaren aller Art oder gute Knöderl sowie Polenta und ein „Klacks" Sauerrahm.

Blutwurst-Kürbistascherl

4 PORTIONEN | ZUBEREITUNGSZEIT: 2 STUNDEN

ZUTATEN

**350 g Nudelteig (siehe Grundrezept Seite 76) • 200 g geschälte Blutwurst
100 g Fink's Kürbis-Chutney (siehe Rezept Seite 49) • 2 EL Semmelbrösel
1 EL Petersilie, gehackt • 1 Ei (zum Bestreichen) • 50 g braune Butter
1 EL Schnittlauch, fein geschnitten**

ZUBEREITUNG

Nudelteig mit einer Nudelmaschine dünn ausrollen. Blutwurst in Würferl schneiden, leicht erwärmen und mit Kürbis-Chutney, Petersilie und Bröseln abmischen und evtl. nachwürzen. Den Teig in etwa 4 cm breite Streifen schneiden. Alle 4 cm ein Häufchen Blutwurstmasse einsetzen. Ränder mit Ei bestreichen, Nudelteigstreifen darüberlegen, an den Rändern anpressen, abtrennen und mit einer Gabel rundum abdrücken. In siedendem Salzwasser kochen. Mit gebräunter Butter beträufeln (oder darin schwenken) und servieren.
Garungsdauer: 4 Minuten.

Hirtenspieß mit Kürbis-Chutney

4 PORTIONEN | ZUBEREITUNGSZEIT: 20 MINUTEN

ZUTATEN

400 g verschiedene Filets (von Rind, Schwein, Henderl oder Truthahn), in ca. 30 g Würfel geschnitten • 4 Stk. Hühnerleber • 100 g Bauchspeck, gekocht und geräuchert • 8 Stk. Kirschparadeiser (Kirschtomaten) bunte Paprikastücke (ca. 3 x 3 cm) • 1 Stk. rote Zwiebel, in Spalten geschnitten • Salz • Pfeffer (aus der Mühle) • 1 EL Grillgewürzmischung Olivenöl (zum Anbraten) • 4–8 Holz- oder Metallspieße Fink's Kürbis-Chutney (siehe Rezept Seite 49)

ZUBEREITUNG

Alle Zutaten, mit einem Fleischstück beginnend, in bunter Reihenfolge aufspießen. Zum Schluss wieder ein Fleischstück daraufstecken. Spieße auf jeder Seite 3–4 Minuten grillen, nach dem Wenden würzen und mit Öl bepinseln.

TIPP: In puncto Kreativität sind bei Hirtenspießen keine Grenzen gesetzt. Von Würstel bis zu Zucchini, von Garnele bis zu Champignons – alle Varianten sind möglich. Am besten schmeckt es natürlich, wenn mit Holzkohle gegrillt wird. Wenn man Holzspieße verwendet, ist es empfehlenswert, diese über Nacht in Wasser zu legen. Auf diese Weise verbrennen sie nicht so schnell.

Kürbis-Gulasch à la Szegedin

4 PORTIONEN | ZUBEREITUNGSZEIT: 50 MINUTEN

ZUTATEN

400 g mehlige Erdäpfel (Kartoffeln), roh und geschält • 400 g Kürbis (am besten Gelber Zentner oder Hokkaido) • 20 g (ca. 2 EL) Paprikapulver, edelsüß • 200 g Sauerkraut, gewaschen und fein geschnitten 200 g Zwiebeln • 4 EL Schmalz oder Öl • 2 Knoblauchzehen, gehackt 300 g Wurst (Dürre, Extra) • 1–2 l Suppe oder Wasser • 1 TL Essig Salz • Tabasco • Pfeffer, schwarz • Majoran

ZUBEREITUNG

Zwiebeln fein, Wurst würfelig schneiden. Erdäpfel vierteln. Kürbis schälen und in 1 cm Würferl schneiden. Fett erhitzen, Zwiebeln darin goldbraun rösten. Paprikapulver beigeben, durchrühren, sofort mit Essig ablöschen. Mit Wasser oder Suppe aufgießen, Erdäpfel, Knoblauch und Gewürze beimengen und unter oftmaligem Rühren so lange garen, bis der Saft durch die Kartoffelstärke cremig wird und die Erdäpfel weich sind. Sauerkraut zugeben, Wurst einige Minuten mitkochen und servieren.

TIPP: Glatt gerührter Sauerrahm und frisch gezupfter Majoran sind eine ideale Abrundung.
Garungsdauer: ca. 20 Minuten.

Gefüllter Jungkürbis mit Paprika-Fleischfülle

4 PORTIONEN | ZUBEREITUNGSZEIT: 2 STUNDEN

ZUTATEN

4 runde junge Kürbisse oder runde Zucchini (je etwa 200 g)
60 g Zwiebeln • 1 Knoblauchzehe • 2 EL Olivenöl • 300 g Kalbs- oder Schweinefleisch, faschiert • 1 Stk. geschmorter roter Paprika (siehe Rezept Seite 57) • 1 Ei • 1 EL gehackte Kräuter (Petersilie, Salbei und Thymian) • Salz • 1 EL Semmelbrösel • Pfeffer, frisch gemahlen

FÜR DIE SAUCE

1 Stk. weiße Zwiebel, gehackt • 40 ml Olivenöl • 4 Knoblauchzehen, leicht angedrückt • 200 ml Tomatensaft • 1 Prise Zucker
1 Zweig Rosmarin und Thymian • Salz • Pfeffer, frisch gemahlen

AUSSERDEM

20 g zerlassene Butter

ZUBEREITUNG

Die Kürbisse waschen, vom Stielansatz befreien und die Früchte im oberen Drittel kappen. Mit einem Kugelausstecher (Parisienneausstecher) aushöhlen. Der Rand bzw. die Wandstärke sollte etwa 1/2 cm dick sein. Die Hälfte des ausgelösten Fruchtfleisches für die Füllung fein hacken, den Rest evtl. für eine Suppe verwenden.
Die Zwiebeln sowie den Knoblauch schälen und fein hacken. Das Öl in einer Pfanne erhitzen, Zwiebeln und Knoblauch darin hell anschwitzen und das gehackte Fruchtfleisch 1–2 Minuten mitschwitzen. Die Mischung auskühlen lassen.
Faschiertes mit würfelig (3 mm) geschnittenem, geschmortem Paprika sowie mit der Zwiebel-Kürbis-Mischung und den Kräutern vermengen. Salzen und pfeffern. Masse mithilfe eines Kaffeelöffels in die ausgehöhlten Minikürbisse füllen. Dabei gut festdrücken und die Oberfläche etwas glätten. Mit Semmelbröseln bestreuen.

Für die Sauce das Öl in einem gusseisernen Bräter erhitzen und die gehackte Zwiebel sowie die Knoblauchzehen darin farblos anschwitzen. Tomatensaft, Zucker, Kräuterzweigerl und Salz zugeben und kurz aufkochen lassen.
Die gefüllten Kürbisse in die Sauce setzen, die Kürbisdeckel daraufgeben und gut andrücken.
Minikürbisse mit zerlassener Butter beträufeln und bei 190 °C im vorgeheizten Ofen 20–25 Minuten garen. Je einen Minikürbis pro Teller anrichten, etwas Sauce dazugießen und mit frischen Kräutern garnieren.

TIPP: Sollte die Tomatensauce zu trocken geraten, einfach immer wieder beim Kochen etwas Wasser nachgießen.
Um die Fülle noch delikater zu gestalten, gebe ich gerne geröstete Pilze, Oliven oder ein paar Würferl Schafkäse dazu.

„Gsurtes" Schweinswangerl mit Kernöl-Bohnenpüree und Steirerkren

4 PORTIONEN | ZUBEREITUNGSZEIT: CA. 2 STUNDEN (3 Tage Pökelzeit)

ZUTATEN

8 Stk. Schweinswangerl, ausgelöst

FÜR DIE PÖKELLAKE

2 EL Pökelsalz • 5 Pfefferkörner • 5 Pimentkörner • 4 Knoblauchzehen 2 EL Zucker • 1 l Wasser • 1 Stk. Lorbeerblatt • 14 Stk. Wacholderbeeren 1 Stk. weiße Zwiebel, geschält

FÜR DAS BOHNENPÜREE

150 g gekochte Käferbohnen (siehe Rezept Seite 56) • 50 ml Kürbiskernöl 2 EL Steirerkren • Salz • Pfeffer (aus der Mühle) • Mehl, Ei und Semmelbrösel (zum Panieren) • Pflanzenöl (zum Backen) • 1 EL Dijonsenf

ZUBEREITUNG

Für die Pökellake alle Zutaten aufkochen, auskühlen lassen, danach die Wangerl in die Lake legen und zugedeckt ca. 3 Tage pökeln.
Danach die Wangerl herausheben, abseihen, gut mit Wasser abwaschen und mit den abgeseihten Körnern ca. 1 Stunde weich kochen. Die weich gekochten Wangerl in Eiswasser abschrecken und vom Fett befreien. Mit Dijonsenf einreiben, durch das Mehl ziehen, abklopfen, in verquirltes Ei tauchen und mit Bröseln panieren.

Für das Püree alle Zutaten fein in der Moulinette pürieren und pikant abschmecken. Je ein Löfferl davon auf Tellern verteilen und die in Pflanzenöl knusprig gebackenen Wangerl anlegen. Mit Steirerkren bestreuen und ringsum mit Kürbiskernöl beträufeln.

TIPP: Wangerl pökle ich zumeist in größeren Mengen, da sie sich – gut gekühlt und vacuumverpackt – einige Tage im Kühlschrank lagern lassen. Schweinswangerl serviere ich gerne mit Vogerl- oder Löwenzahnsalat.

Breinwurst mit Kürbis-Erdäpfelpuffer

4 PORTIONEN | ZUBEREITUNGSZEIT: 30 MINUTEN

ZUTATEN

4 Stk. Breinwurst (ersatzweise Leberwurst) • 3 EL Schweineschmalz

FÜR DIE PUFFER

3 große mehlige Erdäpfel (Kartoffeln), geschält • 300 g Muskat- oder Speisekürbis, geschält und entkernt • Salz • Pfeffer (aus der Mühle) etwas Muskatnuss • 1 EL Maisstärke

ZUBEREITUNG

Die Erdäpfel und den Kürbis mit einem Gemüsehobel der Länge nach in feine Streifen hobeln, salzen, pfeffern und mit Muskat würzen. Maisstärke zugeben und gut vermischen. In einer gusseisernen Pfanne (24 cm Durchmesser) Pflanzenöl erhitzen. Die Puffermasse dünn verteilen, goldgelb backen, wenden und die zweite Seite ebenso goldgelb backen. Auf Küchenpapier gut abtropfen lassen und warm stellen. Vier schöne gleichmäßige Puffer backen und gut auf Küchenpapier abtropfen lassen. Breinwürste ebenfalls in einer gusseisernen Pfanne langsam in Schweineschmalz beidseitig braten. Die Puffer aufgedreht auf heißen Tellern mit den Breinwürsten servieren.

TIPP: Diese typisch steirische Wurstspezialität ergänze ich am liebsten mit Senf bzw. mit Kraut- oder Häuptlsalat. Als „Kernölländler" mariniere ich die Salate selbstverständlich mit Kürbiskernöl, Apfelessig und Salz.

Faschierte Laberl mit Paprikakürbis und Erdäpfelpüree

6 PORTIONEN | ZUBEREITUNGSZEIT: CA. 1 STUNDE

ZUTATEN FÜR DIE LABERL (LAIBCHEN)

700 g gemischtes Faschiertes (am besten jedoch Kalbsfaschiertes)
2 Stk. weiße Zwiebeln, geschält • Olivenöl • 2 Semmeln, fein gewürfelt
300 ml warme Milch • 2 Eier • Salz • Pfeffer (aus der Mühle)
1 EL Dijonsenf • 50 ml Obers (Sahne), flüssig • 1 KL Majoran, getrocknet
1 Msp. Kümmel • 2 EL Petersilie, frisch gehackt

FÜR DEN PAPRIKAKÜRBIS

600 g Kürbis (Muskat- oder steirischer Ölkürbis) • 100 g Zwiebeln, fein gehackt • 2 EL Schweineschmalz • 1 KL Paprikapulver • 1 KL Zucker
4 cl Apfelessig • 1 Lorbeerblatt • 200–300 ml Gemüsefond oder Wasser
100 g Sauerrahm • 1 KL Mehl • Salz • Pfeffer (aus der Mühle)
Kümmel (ganz)

FÜR DAS ERDÄPFELPÜREE

1 kg mehlige Erdäpfel (Kartoffeln) • ca. 300 ml Milch
5 EL braune Butter • Salz • Muskatnuss

ZUBEREITUNG

Die geschälten Erdäpfel in Salzwasser aufstellen und weich kochen. Im heißen Backrohr etwas ausdampfen lassen und durch eine Erdäpfelpresse drücken. Mit brauner Butter und warmer Milch vermengen und zu einem cremigen Püree verrühren. Mit Salz sowie Muskatnuss abschmecken, warm stellen. Für die Laberl Semmelwürferl in lauwarmer Milch einweichen, Zwiebeln fein hacken und in Olivenöl goldgelb anschwitzen. Semmelwürfel ausdrücken, mit den restlichen Zutaten sowie den Zwiebeln zu einer pikanten homogenen Masse verkneten. Aus der Masse 12 Laberl formen und diese in Semmelbröseln wenden und in Pflanzenöl langsam goldbraun braten; warm stellen.

Geschälten Kürbis fein nudelig schneiden oder raspeln. Gut einsalzen und ziehen lassen. Gehackte Zwiebeln in heißem Schmalz anschwitzen, Paprika einrühren und rasch mit Essig ablöschen. Gut ausgedrücktes Kürbisfleisch zugeben, Fond (oder Wasser) zugießen und mit Salz, Pfeffer, Lorbeerblatt, Zucker sowie Kümmel würzen. Etwa 5 Minuten köcheln lassen. Sauerrahm mit etwas heißem Fond und Mehl verrühren und das Kürbisgemüse damit binden. Nochmals abschmecken. Lorbeerblatt entfernen.

Die faschierten Laberl mit Paprikakürbis und Erdäpfelpüree auf heiße Teller setzen und mit Röstzwiebeln und gebackenem Petersil vollenden.

TIPP: Dieses Gericht kann man auch, um die Geselligkeit anzukurbeln, auf schönen Platten und Schüsseln mit einem guten Bratensaftl direkt am Tisch (mit Vorlegebesteck) anrichten.

Spareribs – „Ripperl“ mit Chili-Kürbis-Dip

4 PORTIONEN | ZUBEREITUNGSZEIT: 50 MINUTEN
(bzw. 24 Stunden zum Einbeizen des Fleisches)

ZUTATEN
1,5 kg Schweinsripperl (ca. 4 Ripperl), ungeschnitten

FÜR DIE MARINADE
100 g Ketchup • 1 KL Sambal Oelek (Chilipaste) • 2 Stk. Knoblauchzehen, gepresst • 100 ml Cola • 1 Hand voll Röstzwiebeln • 1 EL Dijonsenf 2 EL Maisstärke • 2 EL Honig • 4 EL süße Kürbismarmelade oder Chutney 20 g Salz

FÜR DEN CHILI-KÜRBIS-DIP
200 g Kürbis-Chutney (siehe Rezept Seite 49) • 2 EL Honig 50 g Ketchup • 1 Stk. Chilischote, frisch geschnitten und entkernt Saft von 1 Limette • 1 Prise Kreuzkümmel

ZUBEREITUNG
Für die Marinade zuerst Röstzwiebeln in Cola einweichen, danach alle anderen Zutaten mit einem Stabmixer vermischen. (Hinweis: Die fertige Marinade kann, in Schraubgläsern gefüllt, mehrere Wochen im Kühlschrank aufbewahrt werden.)
Ripperl gut damit einreiben (am besten mit einem Pinsel) und 24 Stunden in der Marinade beizen lassen. Ripperl aus der Marinade heben, auf ein Gitter legen, dieses in eine Bratenpfanne setzen und für ca. 30 Minuten in das vorgeheizte Backrohr (180 °C Umluft) schieben. Während des Bratens immer wieder mit Marinade bestreichen. Wasser in die Bratenpfanne einfließen lassen, damit die abtropfende Flüssigkeit nicht verbrennt. Die Ripperl sollen dunkelbraun glasiert sein.
Für die Dip-Sauce alle Zutaten miteinander vermischen und gemeinsam mit den Ripperln servieren.

TIPP: Maisstärke hilft beim Glasieren der Ripperl, damit sie schön glänzen und die Glasur haften bleibt.

Bratl vom Mangalitza-Wollschwein mit Ofenkürbis

6 PERSONEN | ZUBEREITUNGSZEIT: CA. 3 STUNDEN

ZUTATEN
1 Stk. Schweineschulter vom Mangalitzaschwein, ausgelöst (ersatzweise Spanferkelschulter) • Salz • Pfeffer (aus der Mühle) 10 Stk. Knoblauchzehen (mit Schale), angedrückt • 4 Stk. Wacholderbeeren, zerdrückt • 1 Stk. mehlige Kartoffel, geschält • 1 KL Kümmel, ganz • 4 weiße Zwiebeln, geschält • 4 Spalten Muskatkürbis

ZUBEREITUNG

In einem Bräter 3 cm hoch Wasser einfüllen und die Schwarte auf dem Herd 10 Minuten ankochen. Schulter herausnehmen, verbliebenes Wasser im Bräter belassen. Das Fleisch mit einer Rasierklinge oder einem scharfen Messer klein würfelig, aber nicht zu tief einschneiden (schröpfen) und gut mit Salz und Pfeffer einreiben. In den Bräter grob geschnittene Zwiebeln, Erdäpfel, Knoblauch sowie die restlichen Gewürze geben und das Fleisch mit der Hautseite nach oben aufsetzen. Im Backofen bei 180 °C (Umluft) für 30 Minuten garen. Danach mit dem Bratensatz übergießen, evtl. noch Wasser zugeben. Nach weiteren 20 Minuten die Kürbisspalten beimengen und 30 Minuten mitgaren lassen. Die Kürbisspalten sollten schön weich sein. Danach vorsichtig die Schale entfernen. Den Braten umdrehen und bei 140 °C ca. 30 Minuten ziehen lassen. Bräter aus dem Ofen nehmen. Die Schwartenseite in heißem Pflanzenöl noch kurz knusprig frittieren, danach für 10 Minuten rasten lassen und aufschneiden. Den Bratensaft fein abseihen und gut abschmecken. Heißen Kürbis sowie Knoblauchzehen auf vorgewärmte Teller setzen, die Bratenstücke anrichten, mit Safterl übergießen und am besten mit Topfen-Serviettenknöderln (siehe Rezept Seite 109) servieren.

Hochzeitsschnitzerl mit Kürbiskerntopfen

4 PORTIONEN | ZUBEREITUNGSZEIT: 30 MINUTEN

ZUTATEN

6 Schweinsschnitzerl (à 150 g) oder Hühner- bzw. Kalbsschnitzerl Pfeffer (aus der Mühle) • Salz • 30 g weiße Zwiebeln 1 Knoblauchzehe, fein gehackt • 1 TL Petersilie • 1/2 EL Butter 200 g Topfen (Quark), streichfähig (20 %) • 50 g Kürbiskerne, geröstet und gehackt • 20 g Kürbiskernöl • Tabasco • 2 EL Emmentaler Käse, gerieben • 1 Prise Rosmarin • etwas Zitronenschale • 6 Scheiben Saunaschinken • etwas Mehl • Öl • Mehl, Ei und Brösel (zum Panieren) Pflanzenöl (zum Backen)

ZUBEREITUNG

Die Schweinsschnitzel zwischen einer Klarsichtfolie dünn klopfen, pfeffern und salzen. Zwiebel, Knoblauch und Petersilie fein hacken und in Butter leicht anrösten. Mit Topfen, Kürbiskernen, Öl sowie den Gewürzen gut vermengen. Auf jedes Schnitzel in die Mitte eine Schinkenscheibe legen und die Fülle darauf verteilen. Die Schnitzel zusammenklappen und den Rand andrücken. Dann pfeffern, salzen und in Mehl drehen; panieren. Bei ca. 160 °C in Pflanzenöl goldgelb backen (wie Wiener Schnitzerl), gut abtropfen lassen und mit Zitronenspalten, gebackenem Petersil sowie der Beilage Ihres Geschmacks (am besten Petersilerdäpfel) servieren.

Kurz gebratene Almo-Ochsenröllchen mit Vogerl-Kernöl-Pesto

4 PORTIONEN | ZUBEREITUNGSZEIT: CA. 1 STUNDE

ZUTATEN

500 g Rinderfilet (Mittelstück), zugeputzt • 2 EL Olivenöl (zum Anbraten) Salz • Pfeffer (aus der Mühle) • 1 hart gekochtes Ei, fein gehackt (in Eiweiß und Dotter getrennt) • 1 EL Petersilie und Kerbel, gehackt 1 Dotter • 2 Stk. kleine Schalotten, fein gehackt • 1 Spritzer Tabasco etwas Kümmel, gemahlen • 1 EL grobkörniger Dijonsenf • Fleur de Sel 1 KL Hot-Ketchup • 4 EL Olivenöl • 1/2 Stk. Senfgurke (der Länge nach hauchdünn geschnitten)

FÜR DAS PESTO

100 g Vogerlsalat • 50 ml Kürbiskernöl • Meersalz • 40 g Kürbiskerne, geröstet • 1 Spritzer Zitronensaft • Tabasco 1 Hand voll Vogerlsalat (zum Garnieren) • Balsam-Apfelessig • Olivenöl • Salz

ZUBEREITUNG

Für das Pesto alle Zutaten miteinander mixen (am besten mit einem Stabmixer oder in einem Mörser, zumal die Masse auf diese Weise nicht erhitzt und ätherische Öle somit nicht bitter werden).

Vom Rinderfilet 8 dünne (2–3 mm) Scheiben schneiden. Diese mithilfe eines Säck-

chens flach klopfen. Salzen, pfeffern und auf der Innenseite hauchdünn mit Senf bestreichen. Inzwischen das restliche Rinderfilet sehr fein hacken und mit Salz, Pfeffer, Tabasco, Kümmel, etwas Ketchup, Schalotten, Kräutern, Eidotter (flüssig) und Eiweiß (gehackt) vermischen. Würzig abschmecken. Die Fülle auf die Fleischscheiben auftragen und diese zu kleinen kompakten Röllchen formen. In einer beschichteten Pfanne rundherum scharf anbraten (aber vorsichtig, da nicht mit Zahnstochern fixiert wurde). Im Ofen bei 80 °C 10 Minuten rasten lassen. Die Fleischfülle sollte noch gut rosa sein! Inzwischen den gekochten gehackten Dotter mit Olivenöl und Salz vermischen.
Die Rouladen auf Teller setzen, mit Eidotter-Öl-Gemisch, Pesto und Vogerlsalat (leicht mit Balsamessig, Salz und Olivenöl mariniert) anrichten. Zuletzt noch die Senfgurkerlstreifen anlegen und mit Fleur de Sel und einem Tupfer Dijonsenf verzieren.

TIPP: Bunten geschroteten Pfeffer und evtl. etwas Pecorino darüberhobeln.

Zwiebelrostbraten mit Salzgurkerl

4 PORTIONEN | ZUBEREITUNGSZEIT: 40 MINUTEN

ZUTATEN

800 g Rostbraten oder Hohe-Beiried • 500 g weiße Zwiebeln (ca. 5 Zwiebeln) 60 g Pflanzenöl • 20 g Butter, kalt • ca. 200 ml Wasser od. Kalbsfond (zum Aufgießen) • Salz • alter Balsamessig • Pfeffer, schwarz (aus der Mühle) 3 EL Dijonsenf (oder Estragonsenf) • Mehl (zum Stauben) • Öl (zum Backen) frische Majoranblätter, fein geschnitten • 4 Stk. eingelegte Salzgurken

ZUBEREITUNG

Zwiebeln in feine Ringe schneiden (Maschine oder Hobel). Die Hälfte in reichlich heißem Öl unter ständigem Rühren (Gabel) hellbraun backen. Mit Schaum- oder Gitterlöffel herausheben und das Öl mit einem Löffel von den Zwiebeln abdrücken und diese auf Küchenpapier locker aufbreiten. Man muss beachten, dass die Zwiebeln, nachdem sie aus dem Fett genommen wurden, noch nachbräunen. Rostbraten in vier Scheiben schneiden, Ränder einschneiden, zart plattieren (dünn klopfen) und beidseitig mit Salz und Pfeffer würzen. Eine Seite mit Dijonsenf bestreichen und mit Mehl bestauben. In einer Gusseisen-Pfanne Öl erhitzen, Rostbraten mit Mehlseite nach unten einlegen, braun braten, wenden und ebenfalls bräunen. Rostbraten aus der Pfanne nehmen. Die restlichen Zwiebeln im Bratenrückstand goldgelb rösten, mit altem Balsamessig ablöschen und mit Wasser und braunem Fond aufgießen, gut durchkochen. Butterstücke unterrühren, Rostbraten nochmals in den Saft legen, würzig abschmecken und warm einige Minuten ziehen lassen. Rostbraten anrichten, mit Zwiebelsaft übergießen, obenauf knusprige, leicht gesalzene Röstzwiebeln sowie blättrig geschnittene Salzgurken platzieren.

TIPP: Dieses Rezept stammt aus meiner Zeit in Wien. Hier wird der Rostbraten seit Generationen stets mit Salzgurkerln und Braterdäpfeln (Kartoffeln) serviert.
Ich verwende fast überall in meiner Küche die – zumeist aus Italien kommenden – innen und außen weißen Zwiebeln. Sie sind viel milder und bekömmlicher.

Gekochtes Schulterscherzl vom Milchkalb mit Dill-Kürbis und Erdäpfelrösti

4 PORTIONEN | ZUBEREITUNGSZEIT: CA. 2–3 STUNDEN

ZUTATEN

1 Stk. Kalbsschulterscherzl (ca. 900–1000 g) • 300 g Kalbsknochen 3 Stk. Karotten • 3 gelbe Rüben • 1 kl. Sellerie • 1 Zwiebel 1 Knolle Knoblauch, quer halbiert • 2 Lorbeerblätter • 10 Pfefferkörner 2 Wacholderbeeren • Salz • Junglauch (zum Bestreuen) • Fleur de Sel

FÜR DAS ERDÄPFELRÖSTI

700 g Erdäpfel (Kartoffeln), am Vortag gekocht • 80 g Schmalz • Salz

FÜR DAS DILL-KÜRBISGEMÜSE

600 g Kürbis (Muskat- oder Ölkürbis) • 100 g Zwiebeln, fein gehackt 2 EL Schweineschmalz • 1 KL Paprikapulver • 1 KL Zucker • 4 cl Apfelessig 200–300 ml Gemüsefond oder Wasser • 125 g Crème fraîche • 1 KL Mehl Salz • Tabasco • Pfeffer (aus der Mühle) • 2 EL Dill, frisch geschnitten

ZUBEREITUNG

Für das Dill-Kürbisgemüse den geschälten Kürbis fein nudelig schneiden oder raspeln. Gut einsalzen und ziehen lassen. Gehackte Zwiebeln in heißem Schmalz anschwitzen, Paprika einrühren und rasch mit Essig ablöschen. Gut ausgedrücktes Kürbisfleisch zugeben, Fond (oder Wasser) zugießen und mit Salz, Pfeffer und Zucker würzen. Etwa 5 Minuten köcheln lassen. Crème fraîche mit etwas heißem Fond sowie Mehl verrühren und das Kürbisgemüse damit binden. Nochmals mit Dill und evtl. mit Tabasco abschmecken. Garungsdauer: ca. 5 Minuten

TIPP: Dank des relativ neutralen Geschmacks passt dieses Kürbisgemüse zu vielen Gerichten, besonders gut aber zu gekochtem Rindfleisch. Mit Semmelknödeln serviert, gibt das Kürbisgemüse auch eine respektable vegetarische Hauptspeise ab.

Für das Schulterscherzl in einem großen Topf ca. 4 Liter kaltes Wasser aufstellen. Knochen waschen, zugeben und aufkochen lassen. Abseihen, Knochen nochmals kalt abwaschen und mit derselben Wassermenge nochmals aufkochen. Schulterscherzl mit Lorbeerblättern, Pfefferkörnern sowie Wacholderbeeren zugeben und 1–1,5 Stunden bei schwacher Hitze (knapp unter dem Siedepunkt) köcheln lassen. Währenddessen den Schaum wiederholt abschöpfen. Die ungeschälte Zwiebel halbieren und in einer alten Pfanne (ohne Fett) an den Schnittflächen dunkelbraun rösten. Gemüse schälen, Sellerie vierteln und nun gemeinsam mit der Zwiebel zugeben. Noch ca. eine knappe Stunde weiterkochen lassen.
Inzwischen Erdäpfel nicht zu weich kochen, abkühlen lassen, schälen und mit einer Reibe grob reiben. In einer großen Pfanne (am besten Gusseisenpfanne) das Schmalz erhitzen und die Erdäpfel zugeben. Mit einem Bratenwender fest niederdrücken und goldgelb rösten. Erdäpfelrösti im Ganzen wenden und auf der anderen Seite ebenfalls knusprig braten. Salzen und portionieren.
Nun testen, ob das Fleisch mittlerweile gar ist: Stupft man das Fleisch mit einer Gabel an, so sollte sich die Gabel leicht in das Fleisch drücken lassen. Fleisch herausheben,

Suppe abseihen und danach das Fleisch noch etwas in der Suppe rasten lassen. Schulterscherzl und gekochtes Gemüse in Scheiben schneiden und auf vorgewärmten Tellern mit den Erdäpfelrösti anrichten. Etwas Suppe angießen und mit Fleur de Sel sowie Junglauch bestreuen.

TIPP: Als Beilage passen auch Rösterdäpfel, Spinat, Semmelkren, Dillfisolen, Apfelkren und Schnittlauchsauce. Die feine Suppe, die dann noch mit Salz abgeschmeckt werden muss, kann vor dem Schulterscherzl freilich auch mit klassischen Suppeneinlagen serviert werden.
Wichtig: Solange das Schulterscherzl noch in der Suppe gart, darf diese keinesfalls gesalzen werden. Das Fleisch wird sonst rot und trocken!

Rahmkürbis und Almo-Ochsenfilet mit schwarzer Nuss

4 PORTIONEN | ZUBEREITUNGSZEIT: 1 STUNDE

ZUTATEN

800 g Rindsfilet, in 200 g Stücke geschnitten (vom Mittelstück und mindestens 2 Wochen abgelegen), zugeputzt • 4 Knoblauchzehen, in Scheiben geschnitten • Salz und Pfeffer (aus der Mühle)
12 Scheiben Muskatkürbis, geschält und mit einer Aufschnittmaschine in ca. 1–2 mm dünne Scheiben geschnitten • 200–300 ml Obers (Sahne)
1 Zweigerl Rosmarin • Salz • etwas Muskatnuss, gerieben
1 Zweigerl Thymian • 2 EL Butter • 2 schwarze Nüsse, in 2 mm dicke Scheiben geschnitten (siehe Tipp Seite 248) • Olivenöl

ZUBEREITUNG

Das Fleisch rechtzeitig aus dem Kühlschrank nehmen und Zimmertemperatur annehmen lassen. Mit Salz und Pfeffer würzen und mit einem Küchengarn in Form binden. In einer beschichteten Pfanne Olivenöl erhitzen und die Filets scharf anbraten. Auf ein Gitter setzen und bei 180 °C (Umluft) im Ofen ca. 6 Minuten auf „medium" garen. Steaks aus dem Ofen nehmen und – mit Alufolie bedeckt – rasten lassen.

Für den Kürbis Obers mit Rosmarin, Salz und Muskat aufkochen. Den in Scheiben geschnittenen Muskatkürbis einlegen und kurz ziehen lassen. Die Steaks nochmals anbraten und mit Butter, Knoblauch und Thymian glasieren. Nussscheiben einlegen und erhitzen. Die Steaks abtropfen lassen, mittig auf Teller setzen und mit Knoblauch und schwarzen Nussscheiben belegen. Den Kürbis mithilfe einer Gabel aufdrehen und neben die Steaks legen. Leicht mit Obers beträufeln.

TIPP: Das Steak können Sie auch mit kräftigem Trüffel-Kalbsjus glasieren und mit Croûtons und etwas Petersil garnieren. Ein flaumig-cremiges Erdäpfelpüree passt am besten zu diesem Gericht.

Entrecote vom Almo-Ochsen mit Kürbiskernbutter

4 PORTIONEN | ZUBEREITUNGSZEIT: CA. 1 STUNDE

ZUTATEN

4 Stk. Rückensteaks à mind. 250 g • Salz • Pfeffer (aus der Mühle) Olivenöl (zum Braten) • je 1 Zweigerl Rosmarin und Salbei • 4 EL Butter 12 Stk. Cocktailtomaten

FÜR DIE KÜRBISKERNBUTTER

200 g Butter • Salz • 40 ml Kürbiskernöl • Tabasco • 1 EL Dijonsenf 2 EL Kräuter, frisch gehackt • 1 Spritzer Worcestershiresauce 1 EL grüne Pfefferkörner, fein gehackt • 50 g Kürbiskerne, geröstet und gehackt • 8 Stk. grüne Mini-Patissons • 2 EL Semmelbrösel alter Balsam-Apfelessig • Fleur de Sel • Kürbiskernölmayonnaise (siehe Rezept Seite 228)

Küchengarn (Bindfaden)

ZUBEREITUNG

Das Fleisch würzen, mit Küchengarn rundum in Form binden und scharf in Olivenöl anbraten. Die Entrecotes auf Gitter (mit Tropfblech) legen und bei 200 °C (Umluft) 5 Minuten im Ofen garen. Danach aus dem Ofen nehmen und rasten lassen. Inzwischen für die Kürbiskernbutter alle Zutaten temperiert in einer Rührmaschine aufschlagen, pikant abschmecken und in einen Dressiersack füllen. Die Patissons im oberen Drittel abkappen und mit einem Parisienneausstecher aushöhlen. In Salzwasser ca. 4 Minuten knackig garen und danach in Eiswasser abschrecken. Die abgetropften Patissons mit Kürbiskernbutter füllen und mit Bröseln bestreuen. Die gefüllten Patissons im Ofen bei 220 °C (Oberhitze) 5 Minuten gratinieren. Nun die Entrecotes mit Butter und Kräutern in der zuvor verwendeten Pfanne mit den abgezogenen Kirschtomaten braten und gut würzen. Auf heißen Tellern mit den Patissons anrichten und mit Kernölmayonnaise, Balsamessig sowie den Kirschtomaten servieren. Zum Schluss mit Fleur de Sel, gebratenen Kräutern sowie dem Bratenrückstand vollenden.

TIPP: Sollte von der Kürbiskernbutter etwas übrig bleiben, so lässt sich diese problemlos – in kleinen Rosetten auf Backpapier dressiert – einfrieren. Generell empfehle ich, ausschließlich gut abgelegenes Fleisch (mind. 2 Wochen) zu verwenden. Die ausgehöhlten Fruchtfleischreste der Patissons können zu Suppen oder zu Cremen verarbeitet werden.

Rücken vom Junglamm mit Zucchini und Paprika-Polenta

4 PORTIONEN | ZUBEREITUNGSZEIT: 2 STUNDEN

ZUTATEN
600 g Lammrücken, zugeputzt (ohne Sehnen) • Salz • Pfeffer (aus der Mühle) • Olivenöl • 10 Stk. Knoblauchzehen, angedrückt

FÜR DIE SAUCE
300 ml Lammjus (Rezept siehe Seite 244) • 100 ml Martini Bianco
4 Stk. Mini-Zucchini mit Blüten • 1 EL Butter • etwas Hühnerfond • Salz

FÜR DIE KRÄUTERKRUSTE
50 g Butter • 1 Dotter • 2 EL frisch gehackte Kräuter • 50 g Mie de Pain
2 EL Parmesan, gerieben • 1 EL Dijonsenf • Salz

FÜR DIE PAPRIKA-POLENTA
200 ml Hühnerfond • 100 ml Milch • 150 g Polenta (am besten weiße Bramata-Polenta) • Salz • etwas Muskatnuss, gerieben • 3 EL Bergkäse, gerieben • 50 g rotes Paprikapüree • 4 EL Olivenöl • etwas Mehl (zum Mehlieren)

ZUBEREITUNG

Für die Paprika-Polenta Hühnerfond und Milch aufkochen, Polenta einrieseln lassen und gut verkochen. Die Polenta sollte schön breiig sein. Die restlichen Zutaten beigeben und unter ständigem Rühren würzig abschmecken. In eine kleine Form (ca. 2 cm hoch) füllen, mit Folie abdecken und 1 Stunde kalt stellen.
Lammrückenfilets würzen, scharf mit den Knoblauchzehen anbraten und auf ein Gitter mit Unterblech setzen. Im Ofen bei 180 °C (Umluft) ca. 6 Minuten braten. Aus dem Ofen nehmen und 10 Minuten – mit Alufolie abgedeckt – rasten lassen.
Inzwischen die Kräuterkruste herstellen. Hierfür Butter schaumig schlagen, Dotter, Senf und Salz einmengen. Kräuter, Parmesan und Mie de Pain gut untermischen, zu einer Rolle formen, sorgfältig in Klarsichtfolie einwickeln und kühlen.

Für die Sauce den Martini mit den angebratenen Knoblauchzehen fast ganz einkochen, mit Lammfond auffüllen und ca. auf 150 ml einkochen. Abschmecken, warm stellen und evtl. mit Maisstärke binden.
Die Rückenfilets mit dünnen Scheiben der Kräuterkruste belegen und gut andrücken. Im Backofen (Oberhitze) bei 230 °C goldgelb überbacken, 5 Minuten rasten lassen und dann aufschneiden. Polenta in Würferl (ca. 4 x 4 cm Kantenlänge) schneiden, leicht mehlieren und in Olivenöl zart anbraten.
Die Zucchiniblüten säubern und von den Zucchini trennen. Nun Zucchini in gefällige Stücke schneiden und in Butter mit Salz und etwas Hühnerfond glasieren. Blüten nur kurz glasieren. Polenta, Zucchini und Blüten gemeinsam mit den gratinierten Filets anrichten und mit der Sauce und den weichen Knoblauchzehen vollenden.

TIPP: Geschmorter roter Paprika ist eine perfekte Ergänzung. Gerne streue ich auch Fleur de Sel über das Fleisch. Von der Polenta kann man mit einem Parisienneausstecher Kugerl (ca. 1 cm) ausstechen und die so entstandenen „Löcher" mit Kürbiskern- oder Basilikum-Pesto füllen. In die Kruste könnte man auch ganz feine Zucchiniwürferl einmengen.

Rosa gebratener Lammrücken mit Zucchini-Oliventapenade

4 PORTIONEN | ZUBEREITUNGSZEIT: 1 STUNDE

ZUTATEN

600 g Lammrücken, ausgelöst und ohne Silberhaut • 1 Zweig Zitronenthymian • 1 Zweig Rosmarin • Salz • Pfeffer (aus der Mühle) Olivenöl (zum Braten) • 1 Stk. junge Zucchini • 100 g Taggiasca-Oliven 2 EL Basilikum, fein geschnitten • 1 Msp. Garam masala (Gewürzmischung) oder Currypulver • 50 ml Olivenöl • 2 EL Parmesan, gerieben 4 Stk. Sardellenringerl, gehackt • 1 Stk. Limettenschale, gerieben Salz • 4 Stk. Knoblauchzehen, geschält und fein gehackt • 2 EL Butter

ZUBEREITUNG

Den Lammrücken mit Salz und Pfeffer würzen und in Olivenöl rundum scharf an-

braten. Die Rücken auf ein Gitter mit Unterblech setzen und im Backofen bei 180 °C (Umluft) ca. 6 Minuten garen. Danach herausnehmen und – in Alufolie gewickelt – ca. 15 Minuten rasten lassen. Für die Tapenade die Zucchini in 3 mm Würferl schneiden und mit Olivenöl und Knoblauch glasig anschwitzen. Mit den gehackten Oliven sowie den restlichen Zutaten gut vermischen und abschmecken. Die Lammrücken nochmals in derselben Pfanne mit etwas Butter anbraten, Kräuter-Zweigerl zugeben und schön glasieren. Rücken aus der Pfanne heben und in Scheiben schneiden. Tapenade kreisförmig auf Tellern verteilen, Lammrücken anlegen und mit Rucola bzw. am besten mit knusprigem Weißbrot oder Erdäpfel-Gnocchi servieren.

Rehragout mit Kürbis-Lebkuchen

6 PORTIONEN | ZUBEREITUNGSZEIT: 2 STUNDEN

ZUTATEN

1,5 kg Rehfleisch (Schulter-Schlögel), ausgelöst • Salz • Pfeffer (aus der Mühle) • 2 Stk. Wacholderbeeren, zerdrückt • 1 Zweigerl Zitronenthymian 1 Stk. Lorbeerblatt • 1 l kräftiger Rotwein • etwas Mehl • 200 g Selchspeck evtl. ca. 1 l Suppe oder Wildfond • Saft von 1 Zitrone • 20 g Bitterschokolade • 100–150 g süß-sauer eingelegter Kürbis (siehe Rezept Seite 225) ca. 100 g Lebkuchen

ZUBEREITUNG

Das Rehfleisch von Sehnen befreien, in ca. 40 g Würferl schneiden, mit der Würzmischung einreiben, mit Rotwein übergießen und ca. einen Tag marinieren. Das Fleisch herausnehmen, abtrocknen und mit dem Mehl leicht einstauben.

Den in Würfel geschnittenen Speck anbraten und die Fleischstücke darin kurz Farbe annehmen lassen. Mit der Rotweinmarinade ablöschen und weich dünsten. Wenn zu viel Flüssigkeit verdampft, kann das Fleisch eventuell mit Suppe oder Wildfond aufgegossen werden.

Das Fleisch herausnehmen, den Fond durchseihen und kurz aufkochen lassen. Mit Zitronensaft und Kürbis kurz verkochen und mit dem geriebenen Lebkuchen binden. Nun das Fleisch wieder hinzufügen und pikant abschmecken.

TIPP: Zum Rehragout passen ideal Kroketten, Serviettenknödel oder Spätzle.

Rehrücken mit Kürbiskernkruste

4 PORTIONEN | ZUBEREITUNGSZEIT: 50 MINUTEN

ZUTATEN

600 g Rehrückenfilet, zugeputzt • 3 EL Butterschmalz oder Öl
Pfeffer (aus der Mühle) • 300 ml Wild-Rehsauce (siehe Rezept Seite 245)
4 cl weißer Portwein • 4 cl Banyuls (trockener französischer Süßwein) oder etwas Madeira • 50 g kalte Butterstücke

FÜR DIE KÜRBISKERNKRUSTE

70 g Kürbiskerne, leicht geröstet und fein gehackt
50 g Mie de Pain • 80 g Butter • 2 Dotter • Salz

GEWÜRZE GEMAHLEN WIE

Kardamom, Piment, Wacholder und 1 EL fein gehackte Cru de Cacao

TIPP: Gewürze im Mörser zerstoßen, so entfalten sie ihr volles Aroma.

ZUBEREITUNG

Backrohr auf 200 °C vorheizen. Rehfleisch in 4 gleich schwere Stücke schneiden, mit Salz und Pfeffer würzen.

In einer Pfanne wenig Schmalz oder Öl erhitzen, Fleischstücke darin rundherum anbraten, auf einen Gitterrost setzen und im Rohr bei Umluft ca. 6 Minuten braten. Danach – in Alufolie gewickelt – neben dem Herd ca. 10 Minuten rasten lassen.

Inzwischen für die Kruste Kürbiskerne, Brösel und Gewürze vermischen. Die zimmerwarme Butter mit einer Prise Salz schaumig schlagen, Dotter einrühren und die Kürbiskern-Bröselmischung zugeben.

Backrohr auf Grillstellung (250 °C und Oberhitze) schalten. Filets aus der Pfanne nehmen, auf einen feuerfesten Teller (oder Platte) legen und die Kürbiskernmischung darauf verteilen.

Nun die Fleischstücke im Rohr mit Oberhitze-Grillstellung goldbraun überbacken. Inzwischen Bratfett abgießen, Bratrückstand mit Portwein und Banyuls aufgießen und auf ein Drittel einkochen. Sauce durch Einrühren der kalten Butter binden, nicht mehr kochen.

Fleisch in Scheiben schneiden und mit Kürbis- oder Selleriepüree und Sauce servieren.

TIPP: Die Kruste forme ich mithilfe einer Plastikfolie zu Rollen, kühle diese und kann sie danach gut in Scheiben schneiden und portionieren. Zudem lässt sich die Kruste problemlos einfrieren bzw. ist bei kühler Lagerung 14 Tage haltbar. Ersetzt man die Kürbiskerne durch Kräuter oder Nüsse, so erhält man entsprechende Geschmacksvarianten.

KÜRBIS & ZUCCHINI

MIT FISCH & KRUSTENTIEREN

Seesaibling „kalt gedämpft" mit Limonenkürbis

4 PORTIONEN | ZUBEREITUNGSZEIT: 40 MINUTEN (1 Stunde zum Entwässern des Joghurts)

ZUTATEN

400–500 g (4 Stk.) Seesaiblingsfilets (ersatzweise kleinere Lachsfilets)
Meersalz • Olivenöl • 1 Prise Korianderkörner, geröstet und geschrotet
1 KL rosa Pfeffer, grob zerdrückt • 1 EL Junglauch, fein geschnitten
1 EL Kürbiskerne, geröstet und gehackt • alter Balsamessig
4 EL pikant eingelegte Kürbiswürfel (siehe Rezept Seite 226)
1 Becher Thai-Kresse • Fleur de Sel

FÜR DEN LIMONENKÜRBIS

200 g Speise- oder Muskatkürbis, geschält • 1 Stk. Zitrone (Saft und geriebene Schale) • 200 g Joghurt (fett) • Salz • 2 EL Walnussöl
1 Prise Currypulver

ZUBEREITUNG

Für den Limonenkürbis das Joghurt in einem Passiertuch 1 Stunde abtropfen lassen. Kürbis klein würfeln, mit etwas Wasser und Zitronenzeste weich dünsten. Flüssigkeit vollständig verdampfen lassen. Im Turmmixer mit den restlichen Zutaten fein mixen, das abgetropfte und ausgedrückte Joghurt zugeben und würzig abschmecken. Die Fischfilets salzen, mit Koriander und rosa Pfeffer bestreuen und – mit der Hautseite nach unten – auf einen mit Olivenöl beträufelten Teller legen. Gut mit Klarsichtfolie abdecken und bei 90 °C für ca. 30 Minuten (je nach Größe des Fisches) im Backofen (Umluft) glasig garen.

TIPP: Aus dem Fisch sollte kein Eiweiß austreten, sonst ist der Fisch übergart.
Den Limonenkürbis auf warmen Tellern mit den Filets und den pikant eingelegten Kürbiswürfeln anrichten. Mit Fleur de Sel und Junglauch bestreuen und mit Balsamessig und Thai-Kresse vollenden.

Jakobsmuscheln mit Melone

4 PORTIONEN | ZUBEREITUNGSZEIT: 20 MINUTEN

ZUTATEN

8–12 Stk. Jakobsmuscheln (extragroß), ohne Corail und Schale
Fleur de Sel • 1 EL Butter • Salbeiblätter • Olivenöl (mit pikanter Geschmacksnote) • Saft von 1 Limette • 1/2 Netzmelone, vollreif (oder andere Zuckermelone) • 1 Schuss Portwein • etwas Tabascosauce
Pfeffer (aus der Mühle) • Koriander, gemahlen und geröstet • Salz
1 Hand voll Rucola (mit Salz, Olivenöl und weißem Balsamessig mariniert)
Pfeffer-Pecorino (sehr gereift), zum Bestreuen • Fleur de Sel (oder Meersalz)

ZUBEREITUNG

Melone schälen und mit der Brotschneidemaschine in dünne längliche Scheiben schneiden. Restliche Melone mit Portwein zu einer homogenen Masse mixen. Mit Salz, Pfeffer, Tabascosauce und Limettensaft würzen.

Jakobsmuscheln in Olivenöl scharf anbraten, mit etwas Butter und Salbeiblättern glasieren und würzen. Die Melonenscheiben durch das Püree ziehen und auf einem Teller mittig anrichten. Mit mariniertem Rucola belegen und Muscheln aufsetzen. Mit Fleur de Sel und gehobeltem Pecorino bestreuen.

TIPP: Knusprige Crostini oder Grissini, mit Rohschinken umwickelt, passen ideal dazu.

Geschmorter Octopus mit Kürbis

4 PORTIONEN | ZUBEREITUNGSZEIT: 2 STUNDEN

ZUTATEN

1 Stk. Octopus (ca. 1500 g) • 1 Stk. Lorbeerblatt • Olivenöl
2 weiße Zwiebeln, geschält • 200 ml roter Portwein • 300 ml Rotwein
Pfeffer (aus der Mühle) • 10 Stk. Koriander, geröstet und geschrotet
400 ml Hühnerfond • 1 Stk. Kohlrabi, geschält • 6 Stk. Champignons
300 g Speisekürbis, geschält • 50 g Bauchspeck, geräuchert
3 EL kalte Butter • 1 EL Koriandergrün, frisch geschnitten

ZUBEREITUNG

Octopus säubern, waschen, in leicht gesalzenem Wasser einmal aufkochen und ca. 40 Minuten bei 80 °C ziehen lassen. Inzwischen in einem flachen Topf die fein gehackten Zwiebeln in Olivenöl anschwitzen, Rotwein und Portwein aufgießen und um die Hälfte einkochen. Danach Hühnerfond, Lorbeerblatt und Pfeffer zugeben und weitere 5 Minuten kochen. Den Octopus aus dem Kochwasser nehmen, die Tentakel abtrennen, säubern und in die Reduktion geben. Bauchspeck fein würfeln, Champignons in Spalten teilen. Kürbis und Kohlrabi in 1 cm große Würferl schneiden, mit den Champignons kurz in Olivenöl anschwitzen und zum Octopus hinzufügen. Bei 170 °C ca. 20 Minuten im Ofen (bei Umluft) schmoren lassen. Sobald Octopus und Gemüse weich sind, herausnehmen, den Octopus zerteilen und in ca. 4 cm lange Stücke schneiden. Die entstandene Schmorsauce mit kalter Butter binden, gut würzen und Octopus wieder einlegen. Am besten in tiefen Tellern, mit Koriandergrün bestreut, servieren. Dazu passt sehr gut ein Baguette.

TIPP: Bei diesem Gericht lässt sich das Gemüse nach Geschmack variieren. Ebenso könnte man Fischfilets oder Muscheln ergänzen.

Melonensalat mit Riesen-Garnelen

4 PORTIONEN | ZUBEREITUNGSZEIT: 30 MINUTEN

ZUTATEN FÜR DEN MELONENSALAT

1 rote Zwiebel, geschält • 1 TL Butter • 150 ml roter Portwein • Salz 1/2 Wassermelone • 1 Honigmelone • 2 EL Rotweinessig 4 EL Olivenöl • 2 EL Geflügelfond • weißer Pfeffer (aus der Mühle)

FÜR DIE GARNELEN

12 Stk. ungeschälte Riesengarnelen, vom Kopf getrennt • Olivenöl (zum Braten) • Salz • weißer Pfeffer (aus der Mühle) • Zitronensaft Fleur de Sel • frische Minze und Basilikum

ZUBEREITUNG

Für den Melonensalat die geschälte Zwiebel längs in Streifen schneiden und in der Butter glasig braten. Mit Portwein ablöschen, leicht salzen und die Flüssigkeit reduzieren.

Die Melonen halbieren und die Kerne sowie das faserige Kernfleisch entfernen. Eine Hälfte in 4–8 Spalten schneiden und das Fruchtfleisch in große Würfel schneiden und leicht versetzt wieder in die Spalten („Schiffchen") setzen. Das Fruchtfleisch teilweise in dünne Scheiben schneiden, teilweise zu Kugeln ausstechen.

Rotweinessig mit Olivenöl und Geflügelfond verrühren, mit Salz und Pfeffer kräftig abschmecken und mit den Melonenkugeln locker unter die Zwiebeln mischen.

Die Garnelen mitsamt der Schale längs halbieren. Die Darmfäden entfernen, in Olivenöl scharf anbraten und mit Salz, Pfeffer und Zitronensaft würzen.

Garnelen, Melonensalat und Melonenscheiben in den zu Schiffchen geschnittenen Melonenschalen anrichten. Mit Olivenöl beträufeln, Fleur de Sel anstreuen und nach Wunsch mit Kräutern garnieren.

Gewürz-Hummer mit Hokkaido-Kürbis

4 PORTIONEN | ZUBEREITUNGSZEIT: 2 STUNDEN

ZUTATEN

2 lebende bretonische Hummer à 600 g • Meersalz • 2 EL Olivenöl
2 Schalotten, klein gewürfelt • 2 Karotten, klein gewürfelt
1 Knoblauchzehe, geschält und gewürfelt • 100 ml Sherryessig
100 ml Cognac • 1 Bund frischer Estragon • 6 EL Butter
1 Hokkaido-Kürbis à 600 g • 100 ml Orangensaft • Zucker
4 Estragonzweige (als Garnitur)

ZUBEREITUNG

Die lebenden Hummer waschen. Inzwischen einen großen Topf mit Salzwasser und etwas Kümmel (zugedeckt) zum Kochen bringen. Die beiden Hummer ins Kochwasser geben und zugedeckt 5 Minuten kochen lassen. Danach mit einer Schöpfkelle aus dem Wasser heben und in Eiswasser abschrecken. Die Schwänze ausdrehen und mitsamt der Schale in Medaillons schneiden. Die Schwanzenden beiseite stellen, die Scheren mit Hilfe einer Küchenschere (bzw. mit einem Fleischklopfer) aufbrechen und das Fleisch herauslösen. Aufgebrochene Schalen sowie den Panzer klein hacken, gut mit Wasser spülen und abtropfen lassen. In Olivenöl mit Schalotten, Karotten und Knoblauch hellbraun anrösten. Mit Sherryessig ablöschen und einkochen. Panzerstücke mit Wasser bedecken (etwa 3/4 l) und 50 Minuten köcheln lassen.
Den Kürbis schälen, halbieren, entkernen und in Spalten teilen. 16 kleine ca. gleich große Stücke herausschneiden. Das restliche Fruchtfleisch durch einen Entsafter geben. Kürbisstücke in 2 EL Butter dünsten, mit Salz und Zucker würzen und mit Kürbis und Orangensaft glasieren.
Den Hummer-Sud durch ein sehr feines Sieb seihen und auf 200 ml reduzieren. Estragon hinzufügen, einmal aufkochen und durch ein Sieb gießen. Hummer-Medaillons mit den Scheren 3–4 Minuten in 3 EL Butter so lange braten, bis der Hummer eine leichte Färbung angenommen hat. Auf Küchenpapier vom überschüssigen Fett befreien.
Die Hummerstücke auf vorgewärmte Teller geben, Kürbis anlegen und mit heißem Hummer-Estragonschaum übergießen. Mit Kerbelblättchen garnieren.

TIPP: Zum Hummer reiche ich gerne leicht kandierte Zitronenstreifen. Sie verleihen diesem Gericht eine sehr vielschichtige Note. Die langen Fühler des Hummers wickle ich einzeln (spiralförmig) um einen Holzspieß und fixiere diese mit etwas Alufolie. Dann frittiere ich sie kurz bei 170 °C in Pflanzenöl, lasse sie gut abtropfen und löse sie vom Spieß. Auf diese Weise kreiert man eine originelle Dekoration.
Sollte kein bretonischer Hummer im Handel erhältlich sein, kann man auch kanadischen Hummer oder ersatzweise Garnelen verwenden, deren Schalen wiederum zur Saucen-Herstellung geeignet sind.

Steingarnelen mit gebratenem Kürbis und Venere-Risotto

4 PORTIONEN | ZUBEREITUNGSZEIT: CA. 80 MINUTEN

ZUTATEN

12 Stk. Garnelen 8/12 („Black Tiger") • Salz • Olivenöl (zum Braten) 1 Zweigerl Rosmarin

FÜR DEN KÜRBIS

4 kleine Spalten Muskatkürbis (mit Schale) • 4 Stk. Knoblauchzehen (mit Schale), leicht angedrückt • Salz • etwas Kümmel • Olivenöl Pfeffer (aus der Mühle) • Saft von 1 Stk. Zitrone • 1 Prise Zucker

FÜR DAS RISOTTO

240 g Riso Venere (aus dem Piemont) „schwarzer Reis" • 2 Schalotten 4 EL Butter • 100 ml Rotwein • 100 ml roter Portwein • 1 l Hühnerfond 1 Prise Piment • 1 EL Parmesan, gerieben • Salz • 1 EL kalte Butter

ZUBEREITUNG

Die sehr fein geschnittenen Schalotten in Butter andünsten, den Reis dazugeben und alles verrühren. Mit Rot- und Portwein ablöschen und ganz einreduzieren lassen. Nach und nach heißen Hühnerfond angießen und immer wieder einreduzieren lassen. Mit Salz und Pfeffer würzen. Sobald das Risotto fertig ist (es bleibt recht bissfest), mit kalter Butter montieren.

Kürbis und Knoblauch auf Alufolie legen, würzen und gut verschlossen bei 200 °C ca. 40 Minuten garen.

Die Garnelen schälen, eventuell Darm entfernen, und scharf in Olivenöl anbraten. Würzen, Rosmarin zugeben und glasig fertig braten. Risotto in tiefe Teller geben, Kürbisstücke und geschmorten Knoblauch (beides sollte schön weich sein) auf das Risotto setzen und die Garnelen anlegen. Mit etwas Olivenöl (aus der Garnelenpfanne) beträufeln und mit gehobeltem Parmesan vollenden.

TIPP: Riso Venere ist mit herkömmlichem Risottoreis nicht zu vergleichen. Diese Reissorte wird nur von der Schale befreit, aber nicht, wie andere Reissorten, geschliffen. Die Reiskörner haben einen knackigen Biss und schmecken leicht nussig. Er hat eine bedeutend längere Kochzeit als herkömmlicher Risottoreis, sodass dieses Risotto ca. 50 Minuten köcheln sollte.

Flusskrebserl mit klarer Kürbissuppe

6 PORTIONEN | ZUBEREITUNGSZEIT: CA. 2 STUNDEN

ZUTATEN FÜR DIE SUPPE

1000 g Muskatkürbis, geschält • Salz • 100 g Stangensellerie 1/2 Stange Lauch • 1 Stk. Ingwer, frisch • 600 g Hühnerfleisch (am besten von der Keule) oder Rindfleisch • 5 Stk. Pfefferkörner 4 Stk. Wacholderbeeren • 2 Stk. Lorbeerblatt • 5 Pimentkörner 5 Stk. Knoblauchzehen • 2–3 l Wasser • 6 cl Weinbrand etwas gekörnte Gemüsesuppe • 10 Stk. Eiweiß

FÜR DIE KREBSERL

18 Stk. lebende Flusskrebserl • Olivenöl • 1 EL Schnittlauch, fein geschnitten • 6 Stk. Shiitake-Pilze • etwas Erdnussöl

ZUBEREITUNG

Die Krebserl lebend in Salzwasser ca. 1 Minute überkochen, herausnehmen und kurz in Eiswasser abschrecken. Die Schwänze aus dem Panzer drehen und schälen. Eventuell auch die Scheren auslösen, Krebsfleisch kalt stellen. Die Karkassen der Krebse waschen und das Innere der Krebsnasen entfernen (nicht verwenden). Die Karkassen in etwas Olivenöl hell anrösten, mit Weinbrand ablöschen und abkühlen lassen. Alle Zutaten fein schneiden oder faschieren. Mit den gerösteten Karkassen vermischen, Eiweiß unterheben und mit eiskaltem Wasser auffüllen.
Hinweis: Diese Art Suppe herzustellen, nennt man im Koch-Jagon „Suppe klären".
Nun die Masse langsam zum Kochen bringen. Dabei immer wieder mit einer Bratenschaufel vorsichtig am Topfboden schaben, da andernfalls das Eiweiß leicht anbrennen könnte. Die Suppe ca. 1 Stunde leise köcheln lassen, danach durch ein Passiertuch abseihen. Die Suppe sollte glasklar sein. Zuletzt sollte ca. 1,5 l Flüssigkeit übrig sein, diese würzig abschmecken. Für die Einlage Shiitake-Pilze fein blättrig schneiden, in Erdnussöl scharf anrösten und mit dem Krebsfleisch in Suppentellern verteilen. Schnittlauch darüberstreuen und mit etwas Olivenöl beträufeln.

TIPP: Zu dieser Suppe serviere ich gerne kleine Butter-Grießnockerl.

Gebratenes Zanderfilet mit Erdäpfel-Kernölpüree

4 PORTIONEN | ZUBEREITUNGSZEIT: CA. 40 MINUTEN

ZUTATEN

600–800 g Zander, filetiert und geschuppt • Salz • etwas Koriander, geröstet und gemahlen • Olivenöl (zum Braten) • 1 Spritzer Zitronensaft je 1 Zweigerl Thymian und Salbei • 2 EL Butter

FÜR DAS ERDÄPFEL-KERNÖLPÜREE

800 g Erdäpfel (Kartoffeln), mehlig • Kümmel, ganz • 1 Minzezweig 60–100 ml Kürbiskernöl • 250 ml Milch • 2–3 EL Kren, frisch gerieben Meersalz (aus der Mühle)

ZUBEREITUNG
In einem Topf Salzwasser mit Minze und Kümmel aufstellen. Geschälte Erdäpfel zugeben und weich kochen. Im heißen Backrohr etwas ausdampfen lassen und durch eine Erdäpfelpresse drücken. Warme Milch und Kürbiskernöl einmengen und salzen. Nach Belieben etwas frisch gerissenen Kren einrühren. Bis zur Weiterverwendung in einem Wasserbad warm stellen.
Die Zanderfilets portionieren, würzen und auf der Hautseite in einer gusseisernen Pfanne in reichlich Olivenöl knusprig braten. Sobald das Filet glasig schimmert, wenden und mit Butter und Kräutern – unter wiederholtem Übergießen – fertig braten. Zanderfilets gut abtropfen lassen. Erdäpfelpüree mittig auf heiße Teller setzen, Zanderfilets auflegen, mit Kürbiskernöl beträufeln und mit frisch geriebenem Kren bestreuen.

TIPP: Kürbispesto, aber auch kurz in Butter sautierte Kürbisblüten harmonieren mit diesem Gericht perfekt.

Knuspriges Zanderfilet mit Gurkenkürbis

4 PORTIONEN | ZUBEREITUNGSZEIT: CA. 40 MINUTEN

ZUTATEN

600 g Zanderfilet (mit Haut) • Olivenöl (zum Braten) • 1 Thymianzweig Mehl (zum Mehlieren der Fischfilets) • Olivenöl • Salz • Pfeffer (aus der Mühle) • 1 Knoblauchzehe, fein gehackt • 1 Stk. Salatgurke, geschält und entkernt • 200 g Speisekürbis, geschält • Salz • 1 Spritzer Zitronensaft 100 ml trockener Weißwein • 250 ml Gemüsefond • 1 EL Dill, frisch geschnitten • etwas Tabasco • 1 Prise Zucker • 2 EL Crème fraîche

ZUBEREITUNG

Kürbis entkernen und mit der Gurke in 0,5 cm Würferl schneiden. In einem Topf in Olivenöl gemeinsam mit Knoblauch anschwitzen. Gemüse mit Weißwein ablöschen, Gemüsefond und Gewürze zugeben und ca. 5 Minuten köcheln lassen, bis das Gemüse zwar noch knackig, aber schon reduziert ist. Mit Crème fraîche verfeinern. Gemüse anschließend warm stellen. Die Zanderfilets in Tranchen schneiden, mit Salz und Pfeffer würzen und auf der Hautseite mehlieren. Mit der Hautseite nach unten in einer beschichteten Pfanne in reichlich Olivenöl braten, würzen und die Filets mehrmals mit Bratrückstand übergießen. Zum Schluss Thymianzweige zugeben und die Filets wenden. Das Kürbisgurkengemüse mit Dill und Zitronensaft abschmecken und auf Tellern anrichten. Die Zanderfilets auf das Gemüse setzen und mit Dillzweigerln bestreuen.

Amur-Karpfen mit Kernöl-Kürbiscreme

REZEPT FÜR 4 PORTIONEN | ZUBEREITUNGSZEIT: 40 MINUTEN

ZUTATEN

600 g Amur-Karpfenfilets • Salz • Pfeffer (aus der Mühle) • Olivenöl etwas Zitronensaft • Koriander (aus der Mühle) • etwas Kümmel, gemahlen • 3 EL Butter • 2 Stk. Knoblauchzehen, fein geschnitten 2 Stk. Zweigerl Zitronenthymian

FÜR DIE KERNÖL-KÜRBISCREME

600 g Fruchtfleisch vom steirischen Kernölkürbis • Salz • Pfeffer (aus der Mühle) • 4 Knoblauchzehen, geschält • 100 ml Weißwein 1 weiße Zwiebel, gehackt • 4 EL Apfelessig • 1 EL Zucker 50 ml Kürbiskernöl • 1 Prise Kümmel • Tabasco

ZUBEREITUNG

Für die Creme Kürbisfleisch fein würfeln, würzen und mit Wein und Gewürzen (halb zugedeckt) unter Zugabe von ein wenig Wasser ca. 10–15 Minuten weich dünsten. Der Kürbis sollte völlig trocken sein. Dann mit Kürbiskernöl sehr fein pürieren und würzig abschmecken. Evtl. mit Crème fraîche verfeinern.
Die Fischfilets schröpfen (in sehr feinen Abständen das Fleisch einschneiden). Dadurch lösen sich die Gräten beim Garen auf. (Bei Karpfen oder Hecht kann man diese nämlich nicht zupfen.) Filets würzen, in ca. 3 cm breite Filets schneiden und auf der Hautseite in Olivenöl braten. Wenn die Filets glasig werden, wenden und mit Butter, Knoblauch und Kräutern fertig braten. Die Filets auf Küchenpapier abtropfen lassen, mit Zitronensaft beträufeln und mit der Kürbiscreme auf heißen Tellern anrichten. Evtl. mit feinen Zucchinistreifen, geriebenem Kren und beträufelt mit Olivenöl servieren.

Miesmuscheln im Zwiebel-Kürbissud

4–6 PORTIONEN | ZUBEREITUNGSZEIT: 1 STUNDE

ZUTATEN

2 kg Miesmuscheln • 400 g Hokkaido-Kürbis, geschält und in 5 mm Würferl geschnitten • 10 Safran-Fäden • 2 Stk. frische Lorbeerblätter 2 Knoblauchzehen • 3 kleine weiße Zwiebeln • 100 ml Olivenöl 200 ml trockener Weißwein (Riesling) • 100 ml Noilly Prat • 30 g Mie de Pain 300 ml Tomatensaft • Meersalz und Pfeffer (aus der Mühle) • Tabasco 1 Hand voll Dill und Fenchel-Grün, fein geschnitten • evtl. etwas Hühner- oder Gemüsefond

ZUBEREITUNG

Muscheln gründlich putzen und unter fließendem Wasser abbürsten. Bereits geöffnete Muscheln wegwerfen. In einem großen Topf 3 EL Olivenöl erhitzen, in Ringe geschnittene Zwiebeln sowie in Scheiben geschnittene Knoblauchzehen anschwitzen. Safran und Lorbeerblätter sowie den Kürbis zugeben und ebenfalls anschwitzen. Mit Weißwein, Tomatensaft und Noilly Prat aufgießen und vollständig einkochen lassen. Die Muscheln zugeben und zugedeckt ca. 2 Minuten köcheln lassen. Mit etwas Tabasco, Salz, Pfeffer, frischem Fenchel und Dill abschmecken. Sollte der Sud zu dick sein, mit etwas Fond verdünnen. Sollte er zu dünn sein, etwas Mie de Pain ergänzen. Die Muscheln mit dem Sud in tiefen Tellern anrichten und am besten mit einer leeren Miesmuschel, die als Zange oder Greifer dient, dekorieren.

TIPP: Am liebsten gebe ich noch frischen Zitronensaft und frisch gemahlenen Pfeffer über die Muscheln. Getoastetes Baguette ist der ideale Begleiter. Aus der Schale gelöste Muscheln kombiniere ich auch gerne mit Heilbutt- oder Seeteufelfilets.

Foto links

Limonen-Sardinen mit süß-saurem Kürbis

4 PORTIONEN | ZUBEREITUNGSZEIT: 30 MINUTEN (1 Nacht zum Marinieren)

ZUTATEN

700 g frische Sardinen (ca. 12 Stk.) • 2 Stk. kernlose Orangen 100–120 g Radicchio • 150 g süß-sauer eingelegter Kürbis (siehe Rezept Seite 225)

FÜR DIE MARINADE

Saft von 3–4 Limetten • 1 Stk. abgeriebene Limettenschale • 80 ml Olivenöl 1 EL Meersalz • Pfeffer (aus der Mühle) • 1 EL Rosmarin, gehackt

ZUBEREITUNG

Sardinen von Kopf und Gräten trennen, waschen, auf Küchenkrepp abtropfen lassen und in eine breite Schale legen. Limettensaft, geriebene Limettenschale, Olivenöl, Meersalz, Pfeffer und Rosmarin mischen. Über die Sardinen gießen und über Nacht im Kühlschrank marinieren.

Orangen bis zum Fruchtfleisch schälen und zwischen den Häuten Filets herausschneiden. Radicchio lauwarm für 10 Minuten wässern, danach kalt abspülen, abtropfen lassen und in feine Streifen schneiden. Radicchio und Orangen portionsweise anrichten. Mit marinierten Sardinen belegen, süß-sauren Kürbis anlegen und alles mit Marinade beträufeln.

Geschmorte Calamari mit jungen Zucchini

6 PORTIONEN | ZUBEREITUNGSZEIT: 50 MINUTEN

ZUTATEN

1 kg kleine Tintenfische (Calamari) • 1 Hand voll getrocknete Steinpilze 600 g vollreife Tomaten (am besten Sorte San Marzano „Flaschen-Tomate") – ersatzweise geschälte Tomaten aus der Dose • 1 Bund glatte Petersilie 1/2 Bund Basilikum • 300 g junge Zucchini, in 5 mm Würferl geschnitten 300 ml trockener Weißwein (Riesling) • 300 ml Hühnerfond 2 weiße Zwiebeln • 3 Knoblauchzehen • 80 g Olivenöl • Salz • Pfeffer (aus der Mühle) • Tabasco • Zitronensaft • frische Kräuter

ZUBEREITUNG

Getrocknete Steinpilze in Wasser einweichen. Tintenfische gründlich putzen und waschen, Haut abziehen. Tentakel jeweils mit Kopf vom Mantel abschneiden. Augen, Kauwerkzeuge und Innereien entfernen, unter eiskaltem Wasser waschen, gut abtropfen lassen und die Tuben der Länge nach in 6 mm breite Streifen schneiden. Tomaten kurz überkochen, enthäuten und entkernen. Die weißen Zwiebeln sowie die 3 Knoblauchzehen fein hacken.

In einer breiten Pfanne Olivenöl erhitzen. Zwiebeln und Knoblauch darin andünsten. Pilze abtropfen lassen, klein schneiden und kurz anbraten. Tomaten und Sud dazugeben, salzen und pfeffern. 10 Minuten köcheln, dabei ab und zu umrühren.

Tintenfische und Zucchiniwürferl zugeben, zugedeckt etwa 10 Minuten schmoren. Nach und nach den Hühnerfond angießen, immer wieder durchrühren.

Petersilie fein hacken, Basilikum in Streifen schneiden. Tintenfische mit etwas Tabasco und Zitronensaft abschmecken, frische Kräuter einstreuen.

TIPP: Auf dieser Basis lassen sich auch Fischfilets oder Garnelen hervorragend zubereiten.

Steingarnelen mit Zucchini-Tomaten gratiniert

4 PORTIONEN | ZUBEREITUNGSZEIT: 40 MINUTEN

ZUTATEN

600 g Riesengarnelenschwänze, ohne Schale (am besten 8/12, Kaltwasser) 350 g Zucchini • 2 Paprikaschoten, rot • 100 g Zwiebeln • 150 g Tomaten, geschält und entkernt • 5 cl Weißwein, trocken • 6 cl Tomatensaft Olivenöl • 1 EL Petersilie, gehackt • 2 dl Sauce hollandaise (siehe Rezept Seite 240) • 1 Ei • Mehl (zum Wenden) • Salz • weißer Pfeffer (aus der Mühle) • Rosmarin • Knoblauch

ZUBEREITUNG

Garnelenschwänze entdarmen, mittels Faltschnitt aufklappen, mit zerdrücktem Knoblauch einreiben, würzen, in Mehl wenden und mit Ei zart bestreichen. Zucchinienden abschneiden, Paprika entkernen, Strunk entfernen. Zucchini, Zwiebeln, Tomaten sowie Paprika gesondert in ca. 5 mm große Würfel schneiden. 40 ml Olivenöl erhitzen, Zwiebeln anschwitzen, Paprika beigeben, mit Weißwein ablöschen und Tomatensaft zugießen. 3 Minuten dünsten. Zucchini untermengen, würzen (Salz, Pfeffer, Rosmarin, Knoblauch), 5 Minuten dünsten, Tomatenwürfel und Petersilie hinzufügen, kurz mitdünsten. Zucchiniragout auf vier kleine Gratinierschüsseln aufteilen, Garnelenschwänze in restlichem Öl beidseitig braten, auf das Ragout platzieren und jeweils einzeln mit Sauce hollandaise überziehen. Im Backrohr bei starker Oberhitze (Grill) kurz bräunen.

TIPP: Ich verwende ausschließlich Kaltwasser-Garnelen mit Schale. Diese schmecken um Längen besser als die, wenn auch billigeren, Zuchtgarnelen aus nicht sehr guten Wasserverhältnissen. 8/12 markiert die Bezeichnung der Größe, wobei U5 die größten Exemplare sind.

Knuspriger Kabeljau mit Kürbisgerstl

4 PORTIONEN | ZUBEREITUNGSZEIT: 1 STUNDE

ZUTATEN

500–600 g Kabeljau (ohne Haut und Gräten) oder Heilbutt bzw. Lachsfilet Meersalz • Pfeffer (aus der Mühle) • gehackte Kräuter (Koriander, Kerbel, Petersil) • 4 Blätter Filoteig (türkischer Spezialteig, hauchdünn wie Strudelteig) • 1 Eigelb (zum Bestreichen) • Olivenöl

FÜR DAS KÜRBISGERSTL

250 g Hokkaido-Kürbis oder Speisekürbis • 4 Stk. Orangen 1 Stk. geriebene Orangenschale • 100 g Rollgerste (mittel) • 2 EL Olivenöl 500 ml Hühnerfond • Salz • Pfeffer • 2,5 EL Crème fraîche 2 EL Parmesan, gerieben • Kürbiskernöl

ZUBEREITUNG

Das Filet in 4 gleich große längliche Streifen schneiden, mit Salz, Kräutern und Pfeffer würzen. Die Filets in je ein, zuvor mit Olivenöl bestrichenes, Teigblatt einrollen und mit Eigelb bestreichen. Auf einen geölten Gitterrost legen und bei 200 °C (Ober- und Unterhitze) ca. 6–10 Minuten im Backofen backen.

Für das Kürbisgerstl den Kürbis halbieren, in Spalten teilen, schälen, entkernen und in kleine Würfel schneiden. Die Schale einer Orange abschälen und in feine Streifen schneiden. Alle Orangen auspressen. Rollgerste in Olivenöl anschwitzen, mit Orangensaft und Hühnerfond ablöschen und ca. 15 Minuten unter gelegentlichem Rühren bei schwacher Hitze köcheln lassen. Dann die Orangenschalenstreifen und die Kürbiswürfel zugeben und weitere 10 Minuten garen. Das Gerstl mit Salz, Parmesan und Pfeffer abschmecken und mit Crème fraîche vollenden.
Das Gerstl auf heiße Teller setzen, knusprig gebackene Kabeljaustreifen darauf verteilen, mit Kürbiskernöl beträufeln und servieren.

Weißer Heilbutt in der Zucchiniblüte mit Oliven

4 PORTIONEN | ZUBEREITUNGSZEIT: 30 MINUTEN

ZUTATEN

4 Stk. Filets vom weißen Heilbutt (ca. 140 g schwer) • Meersalz
4 Stk. große Zucchiniblüten • Olivenöl • 2 Zweigerl Zitronenthymian
gemahlener Kubeben-Pfeffer (oder schwarzer Pfeffer)
100 g Taggiasca-Oliven • 100 g eingelegter Chilikürbis (siehe Rezept Seite 227) • 2 EL Kräuteröl

FÜR DIE OLIVENEMULSION

200 ml Kalbsjus (siehe Rezept Seite 242) • 40 ml alter Birnen-Balsamessig
1 Zweigerl Rosmarin • 1 Stk. Zitronenzeste

ZUBEREITUNG

Die Heilbuttfilets würzen. Die Blüten vorsichtig auseinanderfalten und über die Filets legen. Gut mit Olivenöl bepinseln und auf Teller setzen. Thymian darüberstreuen und mit Klarsichtfolie sorgfältig verschließen. Im Ofen bei 95 °C (Umluft) ca. 15–20 Minuten glasig garen. Inzwischen die Sauce wie folgt herstellen: Balsamessig einkochen, Fond, Zesten und Rosmarin zugeben und auf die Hälfte einkochen. Mit dem Öl der Oliven emulgieren, dann fein passieren. Oliven im Kalbsjus, den eingelegten Kürbis im eigenen Einlegeessig wärmen. Die Folie vom Fisch entfernen, danach die Fischhaut vorsichtig abziehen. Filets auf heißen Tellern anrichten und mit Kalbsjus und Oliven umkränzen. Kräuteröl und Kürbis ringsum verteilen. Den Fisch evtl. noch mit Fleur de Sel bestreuen.

Foto rechts

Wolfsbarsch mit Zitronat und gelbem Paprika-Kürbis

4 PORTIONEN | ZUBEREITUNGSZEIT: 30 MINUTEN

ZUTATEN

1 Wolfsbarsch (ca. 1,5 kg), in 4–8 Tranchen geteilt, geschuppt • Salz weißer Pfeffer (aus der Mühle) • 2 Knoblauchzehen, angedrückt 2 Zweige Zitronenthymian • Olivenöl (zum Braten) 2 EL Zitronat oder frische Zitronenschale, in Salzwasser blanchiert

FÜR DAS GELBE PAPRIKA-KÜRBISPÜREE

1 Stk. gelber Paprika, entkernt und fein gewürfelt • 300 g Speisekürbis, geschält und gewürfelt • 1 KL Zucker • 50 ml trockener Weißwein 2 Stk. Knoblauchzehen • 50 ml Olivenöl • etwas Tabasco • Salz Oliven (vorzugsweise Taggiasca), kernlos

ZUBEREITUNG

Für die Kürbiscreme alle Zutaten, leicht zugedeckt, ca. 12 Minuten weich dämpfen. Danach im Mixer sehr fein pürieren und würzig mit Olivenöl montieren; warm stellen. Die Wolfsbarschtranchen salzen, pfeffern und in Olivenöl auf der Hautseite braten. Wenn die Oberseite des Fisches schön glasig ist, die Filets umdrehen und mit Zitronat, Thymian und Knoblauch fertig braten. Das Paprika-Kürbispüree auf Tellern anrichten und die Fischfilets anlegen. Mit Zitronat, Knoblauch, Oliven und Thymian garnieren.

TIPP: Über die Wolfsbarschfilets gebe ich nach dem Braten gerne noch ein paar Spritzer Zitronensaft. Anstelle von Wolfsbarsch kann dieses Gericht aber auch mit Zander oder Lachsfilets zubereitet werden.

KÜRBIS & ZUCCHINI

SÜSSE MEHLSPEISEN & GEBÄCK

Melonen-Kürbis-Shake

6 PORTIONEN | ZUBEREITUNGSZEIT: 20 MINUTEN

ZUTATEN

500 g (ca. 1 Stk.) Netzmelone, vollreif • 200 g Kürbisfruchtfleisch (vom Speisekürbis) • 300 ml Buttermilch (oder Joghurt) 300 ml Orangensaft • 100 g Feinkristallzucker • 200 ml Prosecco 8 cl weißer Portwein • Saft von 3 Limetten • 2 Hand voll Eiswürfel 1 Spritzer Tabasco • Olivenöl • Kubeben oder grüner Pfeffer, gemahlen

ZUBEREITUNG

Den Kürbis mit etwas Wasser, leicht zugedeckt, weich dämpfen. Abkühlen lassen, dann mit den restlichen Zutaten sehr fein mixen (am besten in einem Turmmixer). Eiskalt in hohen vorgekühlten Gläsern, mit etwas Olivenöl beträufelt und Pfeffer bestreut, servieren.

TIPP: Als besonders dekorative Serviervariante fülle ich den Shake in ausgehöhlte Melonen und serviere diese auf Chrushed Ice. Bunte Strohhalme, frische Beeren sowie Minzeblätter gehören ebenso dazu.

Kürbis-Crème brulée

4 PORTIONEN | ZUBEREITUNGSZEIT: 30 MINUTEN (bzw. 3 Stunden zum Garen und Kühlen)

ZUTATEN

200 ml Obers (Sahne) • 1/2 Vanilleschote, aufgeschlitzt 80 g QimiQ • 100 g Kürbispüree (vom Muskatkürbis) • 4 Eidotter 1 Ei • 50 g Kristallzucker • abgeriebene Schale von 1 Stk. Orange 40 ml Orangenlikör • 50 ml Orangensaft • 20 ml Pernod • 1 Prise Salz brauner Zucker (zum Bestreuen) • Bunsenbrenner (zum Flämmen)

ZUBEREITUNG

200 g Muskatkürbis schälen und in 100 ml Wasser weich kochen. Gut ausdrücken und pürieren. Orangenschale mit Orangensaft, Orangenlikör und Vanilleschote aufkochen und abseihen. Mit den anderen Zutaten sowie dem Kürbispüree vermischen und auf 70 °C erhitzen. Ei und Dotter einrühren und mit Pernod abschmecken. In tiefe Teller portionieren, sorgfältig mit Klarsichtfolie abdecken und bei ca. 110 °C im Backofen (Umluft) ca. 1 Stunde abstocken lassen. Für ca. 2 Stunden kalt stellen. Mit braunem Zucker bestreuen und mit einem Bunsenbrenner (Lötlampe) abflämmen.

TIPP: Eventuell mit Kürbis-Passionsfruchteis (siehe Rezept Seite 213) servieren.

Zucchini-Panna-Cotta mit Kürbis-Chutney

4 PORTIONEN | ZUBEREITUNGSZEIT: 40 MINUTEN (2 Stunden Kühlzeit)

ZUTATEN

100 ml Obers (Sahne) • 250 ml Milch • 200 g Schafmilchjoghurt 1 Lorbeerblatt • 5 Blätter Gelatine • 1 Prise Salz • Saft von 1 Stk. Limette Tabasco • 4 Stk. junge Zucchini • Olivenöl • Salz • 1 Stk. Knoblauchzehe 1 Zweigerl Rosmarin • Pfeffer (aus der Mühle) • 4 EL Kürbis-Chutney mit Ingwer und Balsamessig (siehe Rezept Seite 49) • Chilifäden Pinienkerne, geröstet • 2 EL in Balsamessig eingelegte Rosinen

ZUBEREITUNG

Gelatine in kaltem Wasser einweichen. Obers mit Milch, einer Prise Salz und Lorbeerblatt aufkochen. Gelatine ausdrücken und in der Milchmischung auflösen, Lorbeerblatt entnehmen. Schafmilchjoghurt einrühren und mit Limettensaft und Tabasco würzen. Die Masse mehrmals durchrühren und kalt stellen (am besten auf Eiswasser). Unmittelbar vor dem Gelieren die Masse in kleine Formen oder Gläser füllen. Mit Klarsichtfolie bedecken und ca. 2 Stunden kalt stellen.

Inzwischen die Zucchini in 3 mm dicke Scheiben schneiden und in Olivenöl mit Rosmarin und Knoblauch braten, würzen, gut abtropfen lassen und ebenso kalt stellen.

Panna Cotta aus den Förmchen stürzen, mittig auf Teller setzen und mit Zucchini – in aufgestellter Rosettenform – umlegen. Mit Kürbis-Chutney, Pinienkernen, Chilifäden sowie Rosinen und evtl. Weißbrot vollenden.

Melonen-Limetten-Kaltschale

4 PORTIONEN | ZUBEREITUNGSZEIT: 20 MINUTEN (2 Stunden Kühlzeit)

ZUTATEN

400 g Fruchtfleisch vollreifer Melonen, ohne Kerne • 1/4 l Mineral- oder Tafelwasser • 1 kleine oder große Flasche Sekt oder Prosecco 2 cl Portwein • Saft von 2 Limetten • 1 Stk. abgeriebene Limettenschale

ZUBEREITUNG

Etwa ein Drittel der Melonen in 6 mm große Würfel schneiden. Die restlichen Melonen mit Limettensaft und Zesten sowie mit Mineralwasser mixen. Melonenpüree, Melonenwürfel und Portwein vermengen, einige Stunden gut kühlen. Mit Sekt auffüllen, durchmischen und in geeisten Schalen (Tiefkühler) servieren. Eventuell mit gehackten Minzeblättern bestreuen.

TIPP: Die Melonen müssen unbedingt vollreif sein, um ein optimales Geschmackserlebnis zu erzielen. Ein kleiner Tropfen Rosenblüten- oder Orangenblütenwasser hebt den Geschmack in sehr spezielle Gefilde. Eine Kugel Zitronen- oder Basilikumeis machen aus dieser Kaltschale ein tolles Sommerdessert für heiße Tage.

Kürbis-Joghurt mit Quitten und Malagaeis

6 PORTIONEN | ZUBEREITUNGSZEIT: 2 STUNDEN

ZUTATEN

1 Glas Quitten-Kürbiskompott (siehe Rezept Seite 234)
1 Becher Joghurt (3,6 %) • Malagaeis oder Vanilleeis

FÜR DAS MALAGAEIS: CA. 20 NOCKERL

1 l Milch • 500 ml Obers (Sahne) • 1 Prise Salz • 1 EL Glucose (Zuckersirup – in Apotheke erhältlich) • 10 Eidotter • 4 Eier 2 Stk. Tahiti-Vanilleschoten • 4 cl Rum • 1 Prise Salz • 100 g eingelegte Rosinen (am besten 2 Tage zuvor in Marsala und Rum marinieren)

ZUBEREITUNG

Milch mit Glucose, Vanilleschoten, Salz und Obers aufkochen. Verschlagene Eier und Dotter zügig einrühren. Masse so lange erhitzen, bis sie leicht bindet. Salz und Rum zugeben, passieren und in einer Eismaschine gefrieren. Andernfalls in eine flache Nirostaschüssel füllen, in den Tiefkühler stellen und zwischendurch mehrmals mit dem Schneebesen umrühren, bis man eine cremige Eismasse erhält.
In die fertige Eismasse die eingelegten, gehackten Rosinen einarbeiten.
Evtl. Baiser oder Kürbischips (siehe Rezept Seite 183) als Dekor dazureichen.
Das Quitten-Kürbiskompott in hohen schönen Gläsern anrichten. Mit einem, in heißes Wasser getauchten, Suppenlöffel schöne Nockerl abstechen und auf das Kompott setzen. Mit gerührtem Joghurt überziehen und garnieren.

Foto links

Melonen-Cocktail

4 PORTIONEN | ZUBEREITUNGSZEIT: 20 MINUTEN

ZUTATEN

400 g kernlose Melone (am besten Netz- oder Charentais-Melone), geschält • 2 dl weißer Portwein (oder Martini Bianco) • etwas Zitronen- oder Limettensaft • Kristallzucker (evtl. für Läuterzucker) • Minzeblätter

ZUBEREITUNG

Melone in ca. 1 cm große Würfel schneiden, mit Portwein und Zitronensaft auffüllen. Gut im Kühlschrank kühlen, in Cocktailgläser füllen und mit Minzeblättern garnieren. Man kann die Melonen anstelle von Portwein auch mit Läuterzucker bzw. mit anderen Alkoholika (Cognac, Cointreau, Kirsch etc.) marinieren.

TIPP: Besonders schön und bunt wirkt dieser Cocktail mit Zucker-, Honig- und Wassermelonen. Diese ebenfalls würfelig schneiden, mit frischer Melisse marinieren und in hohe Gläser füllen.

Kürbiskernöl-Mousse

6 PORTIONEN | ZUBEREITUNGSZEIT: 30 MINUTEN

ZUTATEN

125 g Schokolade, weiß • 50 g Kürbiskernöl • 300 g Obers (Sahne) 1 Eidotter • 1 Ei • 1 EL Grand Marnier (Orangenlikör) • 2 Blätter Gelatine 3 cl Bacardi (weißer Rum) • 1 Prise Salz

ZUBEREITUNG

Schokolade im Wasserbad schmelzen. Ei, Eidotter und Kürbiskernöl unter die Schokolade rühren (lippenwarm). In kaltem Wasser eingeweichte Gelatine ausdrücken, auf mind. 50 °C erhitzen und einrühren. Grand Marnier und weißen Rum ebenfalls einmengen. Geschlagenes Obers unter die kalte Schokomasse ziehen. In passendes Geschirr (Schüssel oder Wanne) füllen und im Kühlschrank einige Stunden kühl stellen. Löffel oder Eisportionierer in heißes Wasser tauchen und damit Halbkugeln oder Nocken ausstechen. Auf gekühlten Tellern anrichten, beliebig garnieren.

TIPP: Diese Mousse verwende ich gerne zur Herstellung einer Tiramisu-Variante. Hierfür schichte ich die Mousse mit in Mokka getränkten Biskotten und stelle das „Tiramisu" für 4 Stunden kalt. Eventuell mit frischen Beeren servieren.

Muskatkürbis-Bananen-Creme

4–6 PORTIONEN | ZUBEREITUNGSZEIT: CA. 30 MINUTEN (Kühlzeit: 2 Stunden)

ZUTATEN

4 Eidotter • 1/2 Vanilleschote, ausgekratzt • 200 g Muskatkürbis, geraspelt • 40 g Zucker • 60 g Honig • 4 cl Wasser • 1 Stk. Limettenschale, gerieben • 1 Prise Salz • Tabasco • 200 g Topfen (Quark) 20 % Saft von 1 Limette • 2 Bananen, püriert • Vitamin C • 3 cl Bacardi 4 Blätter Gelatine • 300 g Obers (Sahne)

ZUBEREITUNG

Eigelb mit Salz und Vanillezucker in einer Rührmaschine schaumig schlagen. Geraspelten Muskatkürbis mit Zucker, Honig, geriebener Limettenschale und Wasser ca. 5 Minuten kochen. Diese Masse im mind. 120 °C heißem Zustand in die Dottermasse einfließen lassen und kalt weiterschlagen. Topfen mit Banane, Vanillemark, Tabasco, Bacardi und Limettensaft vermischen. Kalt eingeweichte, ausgedrückte und erhitzte Gelatine in den Dotterschaum heben und flott unter die Topfen-Bananenmasse mischen. Halbsteif geschlagenes Obers unterziehen. Die Creme in Cocktailgläser oder schmale hohe Gläser füllen und kalt stellen. Danach mit Kürbischips (siehe Rezept Seite 183) garnieren und eventuell mit Schokoladespänen dekorieren.

Kürbis-Mango-Moussetorte mit „Zottolade"

EINE TORTE (28 CM DURCHMESSER)
ZUBEREITUNGSZEIT: CA. 2 STUNDEN (Kühlzeit: ca. 4 Stunden)

ZUTATEN FÜR DEN SCHOKOLADEBODEN

140 g Butter • 40 g Kakaopulver • 160 g Feinkristallzucker 60 g Mehl, glatt • 2 Eier • 120 g Haselnüsse, fein gerieben und geröstet 70 g Zartbitterkuvertüre, gehackt

FÜR DIE KÜRBIS-MANGO-MOUSSE

200 g Kürbispüree vom Muskatkürbis, ungesüßt 150 g Mangofruchtpüree • Saft von 1 Stk. Limette (oder Zitrone) 1/2 Vanilleschote, ausgekratzt • 4 cl Bacardi oder Orangenlikör 3 Eidotter • 70 g Kristallzucker • 400 g Obers (Sahne) • 6 Blätter Gelatine

FÜR DIE SCHOKOLADEMOUSSE

2 Eier • 2 Eidotter • 45 g Feinkristallzucker • 200 g Zartbitterkuvertüre 30 g Milchkuvertüre • 300 ml Obers (Sahne) • 3 Blätter Gelatine 2 cl Kahlua-Kaffeelikör

FÜR DAS MANGOGELEE

30 g Marillenmarmelade (Aprikosenmarmelade) • 80 g Mangofruchtpüree (am besten Tiefkühlware) • 40 g Feinkristallzucker • 3 Blätter Gelatine

ZUBEREITUNG

Butter mit Zucker schaumig schlagen. Eier nach und nach zugeben, dann die geschmolzene Kuvertüre einarbeiten. Danach Mehl, gesiebtes Kakaopulver und Nüsse mischen und vorsichtig untermengen. Tortenbackring (28 cm Durchmesser) auf Backpapier stellen, mit Backpapier einschlagen, die Masse einfüllen, glatt streichen und im vorgeheizten Backrohr bei 180 °C ca. 10 Minuten hell backen, danach auskühlen lassen.

Für die Fruchtmousse Kürbispüree und Fruchtmark mit Zucker und Vanilleschotenmark aufkochen. Bacardi und Limettensaft zugeben. Gelatine einweichen, ausdrücken, in der Fruchtmasse auflösen und abkühlen lassen. Obers halbfest aufschlagen und, sobald die Fruchtmasse auf ca. 30 °C abgekühlt ist, unterziehen.
Für das Gelee Fruchtmark und Marillenmarmelade mit dem Zucker erhitzen. Gelatine einweichen, ausdrücken und darin auflösen. Durch ein Sieb streichen und auskühlen lassen.

Für die Schokolademousse Eier, Eidotter, Kristallzucker und Vanillezucker über Dampf erst warm, dann kalt schlagen, bis die Masse eine cremige Konsistenz aufweist. Kuvertüren im Wasserbad oder in der Mikrowelle schmelzen. Gelatine einweichen, ausdrücken, im erwärmten Kaffeelikör auflösen und unter die Eiermasse rühren. Die geschmolzene Kuvertüre dazurühren und das halbfest geschlagene Obers unterziehen.
Den Schokoladenboden aus dem Tortenreifen schneiden, Reifen reinigen und innen mit etwas steiferer Plastikfolie auslegen; Tortenboden wieder einsetzen. Einen Tortenreifen mit 15 cm Durchmesser auf den Tortenboden setzen und mit Schokomousse füllen. Für 1 Stunde anfrieren, danach den inneren Reifen wieder abziehen und mit Kürbis-Mangomousse auffüllen, glatt streichen und rütteln. Einige Stunden kühl stellen. Die Oberseite mit Mangogelee glasieren und nochmals kühlen, bis das Gelee angezogen ist. Aus der Tortenform lösen und mit Schokoblättchen und evtl. Minze garnieren.

TIPP: Ich verarbeite nur Kuvertüre aus der Manufaktur Zotter in Riegersburg, da ich absolut von der Qualität überzeugt bin. Die Produkte verfügen über das Bio-Fairtrade-Gütesiegel. Ebenfalls positiv: Die Firma Zotter befindet sich quasi bei mir um die Ecke!

Diese Schokoladenbodenmasse eignet sich als Unterlage für Torten, Schnitten oder Mousse-Variationen. Sie lässt sich gebacken – wie alle anderen Biskuitmassen auch – gut auf Vorrat tiefkühlen. Generell friere ich Mousse-Torten immer leicht an, damit sie stabiler sind. Um sie leichter aus dem Metallring lösen zu können, empfiehlt es sich, diesen an der Außenseite mit einem Bunsenbrenner (Lötlampe) kurz zu erhitzen und sofort abzuziehen. So erzielt man einen exakt gleichmäßigen Rand. Sollte Mousse-Masse übrig bleiben, lässt sich diese auch sehr gut aus Gläsern löffeln. Foto rechts

Himbeer-Törtchen mit Zucchini

4 PORTIONEN | ZUBEREITUNGSDAUER: 2 STUNDEN (Kühlzeit: ca. 2 Stunden)

ZUTATEN

250 g frische Himbeeren • 80 g Staubzucker • 300 g tiefgekühlte Himbeeren, aufgetaut • 2 Blätter weiße Gelatine, eingeweicht 4 Puffreisscheiben (in weiße Kuvertüre getunkt) von 9 cm Durchmesser

FÜR DIE TOPFENMASSE

250 g Topfen 20 % (Quark) • 100 g Crème fraîche • Saft von 1 Zitrone Schale von 1 Orange, fein gerieben • 3,5 Blätter weiße Gelatine, eingeweicht • 2 cl Orangenlikör • 1 Prise Salz • 175 g Obers (Sahne), steif geschlagen • 2 Eiweiß • 2 EL Zucker

FÜR DIE ZUCCHINI

2 Mini-Zucchini, der Länge nach hauchdünn aufgeschnitten • 100 ml Wasser 1 EL Zucker • 4 cl Hollerblütensaft • Saft von 1 Stk. Zitrone 1/2 Vanilleschote, aufgeschlitzt • 1 EL Basilikum, fein geschnitten

Wasser und Zucker mit Vanilleschote sowie Zitronensaft aufkochen, abkühlen lassen, Zucchinischeiben, Basikikum und Hollersaft zugeben und für ca. 10 Minuten marinieren.

ZUBEREITUNG

Für das Himbeergelee die aufgetauten Himbeeren mit Staubzucker im Mixer grob pürieren und in ein feines Sieb geben. Den Saft abtropfen lassen und auffangen. 2 EL Himbeersaft erhitzen, 3 Blätter Gelatine ausdrücken, darin auflösen und die Mischung in den übrigen Saft einrühren. Für die Topfenfülle Crème fraîche und Zitronensaft glatt miteinander verrühren, die Orangenschale zufügen. Die Gelatine ausdrücken und in erwärmtem Orangenlikör auflösen. Unter den Topfen rühren und das halbsteif geschlagene Obers locker unterheben.
Eiweiß mit Zucker steif schlagen und unter die Topfenmasse ziehen.
Die Puffreisscheiben in ca. 3 cm hohe Metallringe setzen und mit der Hälfte der Topfencreme bedecken. Das Himbeergelee darauf verteilen und die übrige Topfencreme einfüllen. Die Oberfläche glatt verstreichen und die Törtchen 1,5 Stunden gut durchkühlen lassen.
Die Törtchen mit den frischen Himbeeren belegen, dann die Ringe abziehen und mittig auf Teller setzen. Zucchini rundum anlegen und mit frischer Minze garnieren.

Kürbischips

CA. 30 KÜRBISCHIPS | ZUBEREITUNGSDAUER: 3 STUNDEN

ZUTATEN

1 Spalte vom Muskat- oder Hokkaido-Kürbis • 200 ml Wasser
200 g brauner Zucker • Saft von 1 Stk. Zitrone

ZUBEREITUNG

Wasser mit Zucker und Zitronensaft aufkochen, etwas abkühlen lassen. Die Kürbisspalte schälen und mit einer Aufschnittmaschine dünnblättrig schneiden. Nun die Kürbisblätter durch den Läuterzucker ziehen, abtropfen lassen und in Abständen auf Silikonmatten legen. Bei 90 °C und leicht geöffneter Ofentür ca. 2 Stunden trocknen lassen.

TIPP: Diese Chips können sowohl zu salzigen als auch zu süßen Gerichten als Dekoration gereicht werden. Man kann sie aber auch einfach zwischendurch knabbern. Bitte trocken und gut verschlossen lagern.

Zweierlei Schokolademousse mit kandiertem Kürbis

8 PORTIONEN | ZUBEREITUNGSZEIT: CA. 3 STUNDEN
(je nach Serviervariante mehrere Stunden Kühlzeit)

ZUTATEN FÜR

DIE DUNKLE SCHOKOLADEMOUSSE

200 ml Milch • 2 Blätter Gelatine • 250 g Zartbitterkuvertüre
300 ml Obers (Sahne) • 1 Prise Salz • 2 Tassen Espresso

DIE WEISSE SCHOKOLADEMOUSSE

150 g weiße Kuvertüre • 2 Blätter Gelatine • 1 EL Feinkristallzucker
250 ml Obers (Sahne) • 6 Eidotter • Mark von 1/2 Vanilleschote
Saft von 1/2 Stk. Zitrone • 6 cl Bacardi • Salz

DIE GANACHE-GLASUR

100 ml Obers (Sahne) • 100 ml Milch • 200 g Milchkuvertüre
1 Blatt Gelatine • 2 EL Marillenmarmelade, passiert

DEN KANDIERTEN KÜRBIS

1000 g Muskat- oder Speisekürbis • 1 l Wasser • 500 g Zucker
geriebene Schale und Saft von 3 Zitronen • 1 KL Vitamin C • 300 g Zucker

ZUM GARNIEREN

Schokoblätter und Kürbischips (siehe vorheriges Rezept)

ZUBEREITUNG

Für die dunkle Schokolademousse Gelatine in eiskaltem Wasser einweichen. Milch aufkochen, Espresso, Salz und ausgedrückte Gelatine zugeben. Kuvertüre in Stücke

brechen, hinzufügen und mit einem Stabmixer einmixen. Obers nicht zu steif schlagen, Milchkuvertüre-Masse auf 30 °C erwärmen und Obers unterziehen.

Für die helle Schokolademousse Kuvertüre im Wasserbad oder in der Mikrowelle schmelzen. Gelatine in eiskaltem Wasser einweichen. Obers halbsteif schlagen und kalt stellen. Eidotter mit Kristallzucker über Dampf schaumig schlagen. Die gut ausgedrückte Gelatine mit Alkohol, Vanille, Zitronensaft und Salz unter die noch warme Dottermasse rühren und darin auflösen. Nun die geschmolzene Kuvertüre mit einem Schneebesen unterrühren und die Masse etwas abkühlen lassen. Obers locker und gleichmäßig unter die Schokolademasse ziehen.

Für den kandierten Kürbis Wasser, Vitamin C und Zucker aufkochen. Kürbis, geschält und in 1 cm Würferl geschnitten, beigeben und 1 Nacht kalt stellen. Am nächsten Tag den Kürbis abseihen, den Sud aufkochen, restlichen Zucker mitkochen und auskühlen lassen. Kürbiswürferl zugeben und noch 3 Tage gekühlt reifen lassen. In Schraubgläser gefüllt, hält sich der kandierte Kürbis über Wochen.

SERVIER-VORSCHLAG: Entweder Sie füllen die beiden Mousse-Varianten in Gläser und stellen diese für 3 Stunden kalt oder (siehe Foto) in Silikon-Kuppelformen, frieren diese für 4 Stunden und glasieren sie dann mit Ganache-Glasur. Hierfür Milch und Obers aufkochen, restliche Zutaten beigeben und mit einem Stabmixer (ohne Luft einzumixen) emulgieren. Temperiert auf ca. 30 °C über die – auf ein Kuchengitter gestürzten, noch gefrorenen – Kuppeln ziehen und stocken lassen. Kalt gestellt sollte der Kern der Kuppel mindestens 2 Stunden antauen können. Foto links

Kürbiskernauflauf

6 PORTIONEN | ZUBEREITUNGSZEIT: 30 MINUTEN

ZUTATEN

70 g Kürbiskerne, fein gerieben • 60 g Semmelbrösel • 70 g Butter 70 g Kristallzucker • 4 Eidotter • 4 Eiklar • Schale von 1/4 Zitrone, gerieben • 1 TL Vanillezucker • 1 Prise Salz • Butter (zum Ausstreichen) Kristallzucker (zum Ausstreuen)

ZUBEREITUNG

Dariolformen (Puddingformen) mit Butter ausstreichen und mit Kristallzucker ausstreuen. Handwarme Butter mit Dottern und Zitronenschale schaumig rühren. Eiklar, Kristall- und Vanillezucker sowie Salz zu festem Schnee schlagen und unter den Abtrieb mengen. Geriebene Kürbiskerne und Brösel vermischen, in die Masse einrühren, in die Formen füllen (ca. 3/4 hoch) und zugedeckt am Herd im Wasserbad leicht wallend pochieren oder im Backofen bei 170 °C Umluft backen.
Stürzen, mit Weinschaum überziehen oder „naturell" auftragen.
Wasserbadtemperatur: ca. 90 °C

Kürbisauflauf im Glas zum Löffeln

6–8 GLÄSER | ZUBEREITUNGSZEIT: CA. 1 STUNDE

ZUTATEN

**500 g Speise- oder Butternusskürbis, geschält • 40 g brauner Zucker
60 g Butter • 1 Prise Zimt • geriebene Schale von 1 Stk. Orange
1/2 Vanilleschote, ausgekratzt • 4 Eier • 2 cl Amaretto • 2 cl Bacardi
2 EL Mandelblättchen, leicht geröstet • 40 g Kristallzucker
40 g Butter • 40 g Biskottenbrösel**

ZUBEREITUNG

Den Kürbis in Würferl schneiden und mit wenig Wasser (zugedeckt) weich dünsten. Sobald das Wasser ganz verdunstet ist, das Fruchtfleisch mit einem Stabmixer fein pürieren. Die Butter mit dem Zucker leicht karamellisieren, das Kürbispüree 5 Minuten mitköcheln lassen. Vanilleschote, Zimt und Orangenschale zugeben und abkühlen lassen. Danach die Eier einmixen und mit Bacardi, Amaretto und Salz abschmecken. Die Gläser mit flüssiger Butter ausstreichen und mit Mandeln ausstreuen.
Nun die Masse mit einem Löffel in die feuerfesten Gläser füllen. Biskottenbrösel und Zucker mischen und über der Masse verteilen. Butter in kleine Würferl schneiden und ebenfalls darüber verteilen. Im Backrohr bei 190 °C (Umluft) ca. 15 Minuten goldbraun backen.

TIPP: Zu diesem Auflauf passt Kürbis-Passionsfruchteis oder Malagaeis (siehe Rezept Seite 213) hervorragend. Der Auflauf lässt sich im rohen Zustand (gut gekühlt) mindestens 4 Stunden vor dem Servieren vorbereiten. Foto rechts

Schwarzer Kürbisauflauf

4 PORTIONEN | ZUBEREITUNGSZEIT: 50 MINUTEN

ZUTATEN

**4 Eier • 70 g Staubzucker • 30 g Schwarzbrotbrösel • 50 g Kürbiskerne, geröstet und gerieben • 50 g Kletzen oder Dörrzwetschken („gehackte Dörrbirnen" – in Most 1 Stunde einweichen und abtropfen lassen)
50 g Bitter-Kuvertüre, gerieben • je 1 Prise Zimt, Nelken, Neugewürz
1 Stk. Zitroneschale, gerieben • 100 ml Rotwein • etwas Salz**

FÜR DIE SAUCE

**100 g Kuvertüre (60 % Zartbitter) • 100 g Obers (Sahne) • 100 g Milch
1 Schuss Rum**

ZUBEREITUNG

Die Eidotter mit Staubzucker schaumig rühren. Die Schwarzbrotbrösel mit den geriebenen Kürbiskernen, der geriebenen Kuvertüre sowie mit den Gewürzen vermischen und in Rotwein tränken. Nun wird diese Mischung unter die Dottermasse gezogen. Eiklar salzen, zu steifem Schnee schlagen und vorsichtig unter die Dottermasse ziehen. Mit dieser Masse eine befettete, fest schließende Pudding- oder Backform halbvoll füllen und im Wasserbad bei 180 °C (Umluft) ca. 30 Minuten backen lassen.
Für die Sauce alle Zutaten einmal miteinander aufkochen lassen. Danach den Auflauf auf einer vorgewärmten Platte anrichten und mit der Sauce überziehen.

„Bsoffener" Kürbis

CA. 6 PORTIONEN | ZUBEREITUNGSZEIT: 40 MINUTEN

ZUTATEN

150 g weiße Kuvertüre • 150 g Butter, flüssig • 1 EL Vanillezucker Schale von 1/2 unbehandelten Zitrone, abgerieben • 250 g Eiklar (= 4 Eiklar) 160 g Kristallzucker • 120 g Semmelbrösel, fein gesiebt • 90 g Kürbiskerne, fein gerieben und geröstet • Butter und Semmelbrösel (für die Form)

ZUBEREITUNG

Kuvertüre im Wasserbad schmelzen und mit Butter, Vanillezucker und Zitronenschale mischen. Eiklar mit Zucker zu Schnee schlagen und die Kuvertüremischung vorsichtig einmengen. Mit Bröseln sowie Kürbiskernen behutsam vermengen und in die mit Butter ausgestrichene und mit Bröseln ausgestreute Kastenform füllen. Im vorgeheizten Backrohr bei 180 °C ca. 20–25 Minuten backen. Auskühlen lassen.

Für den Überguss 200 ml Wasser, 100 g Zucker, 1 Stk. Zimtrinde, 2 Stk. Nelken, Saft 1/2 Zitrone sowie Schale von 1/2 Zitrone erhitzen, jedoch nicht kochen und ca. 5 Minuten ziehen lassen. Abseihen und dann 400 ml Wein zugeben, kaltstellen.
Die gebackene Masse in Portionen teilen, aus der Form heben, auf Tellern anrichten und mit kaltem Weingemisch kräftig übergießen. Mit geschlagenem Obers servieren.

Mini-Kürbiskerngugelhupf

CA. 6–8 STK. MINI-GUGELHUPF | ZUBEREITUNGSZEIT: CA. 1 STUNDE (ca. 2 Stunden zum Auskühlen)

ZUTATEN

80 g Butter • 2 cl Kürbiskernöl • 70 g Staubzucker • 2 cl Mokka-Likör 2 cl Orangen-Likör • 3 Stk. Eidotter • 60 g Haselnüsse, geröstet und gerieben • 60 g Kürbiskerne, geröstet und gerieben • 40 g Semmelbrösel 50 g Mehl (Universal) • 1 KL Backpulver • 1/2 geriebene Orangenschale 1 KL Vanillezucker • 3 Stk. Eiweiß • 30 g Kristallzucker • 1 Prise Salz Marillenmarmelade • 150 g Kürbiskerne, geröstet und gerieben (zum Bestreuen) • Silikon-Backformen oder Metallförmchen (mit 7 cm Durchmesser und 6 cm Höhe)

ZUBEREITUNG

Butter mit Kernöl, Staubzucker und Likören schaumig schlagen. Nach und nach Dotter zugeben. Haselnüsse und Kürbiskerne mit Semmelbröseln, Mehl und Backpulver vermischen.
Das Eiweiß mit Orangenschale, Salz, Vanille- und Kristallzucker steif ausschlagen. 1/3 des Eischnees mit der Brösel-Nussmischung und dem Butterabtrieb vermischen. Danach den restlichen Eischnee unterheben.
Die Förmchen am besten mit Backfettspray aussprayen und mit Mehl oder geriebenen

Kürbiskernen ausstreuen. Die Masse gleichmäßig verteilen und bei 170 °C (Umluft) ca. 20 Minuten goldbraun backen. Am besten 1 Stunde auskühlen lassen, danach stürzen und mit heißer Marillenmarmelade glasieren. Die Marmelade 1 Stunde anziehen lassen und danach mit geriebenen Kürbiskernen bestreuen und nach Geschmack garnieren.

TIPP: Sehr gut lassen sich die Minis in gefrorenem Zustand (am Boden mit einer Gabel angestochen) in die Marmelade tauchen. So werden sie schön gleichmäßig glasiert. Sollte von der Masse zu viel übrig bleiben (Eier sind unterschiedlich schwer), so kann diese auch in beliebigen Förmchen gebacken werden. Generell rechnet man: 1 Eigelb = 20-25 g; 1 Eiweiß 30–40 g.

Kürbiskern-Schokoladen-Gugelhupf

1 GUGELHUPFFORM (CA. 22 CM DURCHMESSER)
ZUBEREITUNGSZEIT: 1 STUNDE (1 Nacht zum „Reifen")

ZUTATEN

5 Eier • 40 ml Kürbiskernöl • 2 cl Rum • 50 g Staubzucker • 1 Prise Salz 50 g Feinkristallzucker • 100 g Kürbiskerne, geröstet und gerieben 100 g Kochschokolade • 10 Stk. Biskotten, zu Bröseln zerdrückt 50 g Mehl • 1/2 TL Backpulver • etwas Butter • etwas Mehl

ZUBEREITUNG

Die Eidotter mit Kürbiskernöl, Rum, Zucker und Salz schaumig rühren. Die Eiklar und den Kristallzucker zu steifem Schnee schlagen. Nun werden beide Massen vorsichtig vermengt. Die Kürbiskerne und die Kochschokolade fein reiben und mit Mehl, Biskottenbröseln und Backpulver vermischen. Anschließend nach und nach in die Eiermasse mengen. Dann die Masse in eine mit Butter bestrichene und bemehlte Gugelhupfform füllen und bei 180 °C ca. 40–50 Minuten backen. Der Gugelhupf sollte über Nacht ruhen.

TIPP: Mit Marillenmarmelade abglänzen und mit geriebenen Kürbiskernen bestreuen.

Zucchini-Blech-Blitzschnitte

12 PORTIONEN | ZUBEREITUNGSZEIT: 50 MINUTEN

ZUTATEN

5 Eidotter • 250 g Feinkristallzucker • 50 ml Wasser • 1 Prise Salz 1 KL Vanillezucker • 5 Eiklar • 150 g Pflanzenöl oder Maiskeimöl 1 Prise Zimt • 1 Spritzer Tabasco • 100 g Haselnüsse, gerieben und geröstet • 400 g junge Zucchini (fein geraspelt, leicht eingesalzen und ausgedrückt) • 300 g Mehl, glatt • 200 g glatt gerührte Ribiselmarmelade (zum Bestreichen) • Haselnüsse, grob gehackt und geröstet (zum Bestreuen)

ZUBEREITUNG

Eidotter mit Wasser, 100 g Kristallzucker, Zimt, Tabasco und Salz schaumig schlagen. Öl leicht emulgierend einlaufen lassen und weiterschlagen. Eiklar mit restlichem Kristallzucker schmierig schlagen. Zucchini, Nüsse und Mehl zusammen mit 1/3 des Eischnees vorsichtig unter die Dottermasse mischen. Dann den restlichen Schnee unterheben. Auf ein mit Backpapier ausgelegtes Blech (40 x 35 cm, 2–3 cm hoch) streichen und im vorgeheizten Backrohr bei 170 °C ca. 30 Minuten goldgelb backen. Noch heiß mit Ribiselmarmelade bestreichen und mit Haselnüssen bestreuen.

TIPP: Anstelle der Zucchini lässt sich dieser Kuchen auch mit Kürbis- oder Karottenraspeln herstellen. Sie können auch Schokoladenspäne darüberhobeln oder Kakaopulver darüberstreuen.
Der Feinkristallzucker lässt sich auch durch Honig oder braunen Rohrzucker ersetzen.

Kürbiskern-Nusspotitze

1 KASTENFORM | ZUBEREITUNGSZEIT: 2 STUNDEN (1 Nacht Reifezeit)

ZUTATEN

500 g Weizenmehl (Type 480) • 60 g Feinkristallzucker • ca. 250 ml Milch 60 g Butter • 2 Eier • 20 g Germ (oder 1 Päckchen Trockenhefe) 1 Prise Salz • 1/2 Päckchen Vanillezucker • Schale von 1/4 Zitrone

FÜR DIE KÜRBISKERNFÜLLE

160 g Kürbiskerne • 80 g Feinkristallzucker • 100 g Marzipan 70 g Rosinen • 2 EL Bienenhonig • 40 g Marillenmarmelade (Aprikosenmarmelade) • 70 g Biskotten • 1 Prise Zimt • 1 TL Vanillezucker Schale von 1/4 Zitrone • ca. 1/4 l süßer Milchkaffee

ZUBEREITUNG

Den Teig mit einem Dampfl zubereiten und sehr glatt abschlagen. Während der Teig aufgeht, wird er zweimal zusammengeschlagen.

Für die Kürbisfülle die Kürbiskerne fein hacken. Den Zucker in einer kleinen Kasserolle goldgelb schmelzen. Dann die Kürbiskerne dazugeben und weiterrösten, bis der Zucker hellbraun karamellisiert ist. Die Kernmasse auf einem geölten Blech auskühlen lassen und anschließend mit einem Rollholz fein zerdrücken. Nun gibt man alle Zutaten der Fülle in eine Schüssel und rührt so viel vom kochend heißen Milchkaffee ein, bis die Fülle gerade noch eine streichfähige Konsistenz aufweist. Die Fülle wird warm verwendet.

Den Germteig rechteckig ausrollen und die Fülle gleichmäßig aufstreichen. Von beiden Längsseiten zur Mitte hin einrollen. Die so entstandene Rolle eine Nacht auskühlen lassen. In die mit Butter bestrichene und bemehlte Potitzen- oder Wannenform legen. Die Potitze zugedeckt aufgehen lassen und vor dem Backen mit einem dünnen Zahnstocher mehrmals einstechen. Bei 180 °C ca. 45 Minuten backen. Aus der Form stürzen, mit Staubzucker bestauben und dann aufschneiden.

Kürbiskern-Weinkeks

EIN GUT GEFÜLLTES KÖRBERL FÜR 4 PORTIONEN
ZUBEREITUNGSZEIT: 2 STUNDEN

ZUTATEN
125 g steir. Kürbiskerne, leicht geröstet und gehackt • 220 g Mehl 250 g Zucker • 1 Pkg. Vanillezucker • 1 Msp. Backpulver • 1 Msp. Zimt 2 Eier • zum Tränken empfiehlt sich ein lieblicher Wein (z.B. Muskateller-Spätlese)

ZUBEREITUNG
Backrohr auf 160 °C vorheizen. Kürbiskerne im Rohr kurz rösten und mit einem Wiegemesser grob hacken. In einer Rührschüssel Mehl, Zucker, Vanillezucker, Backpulver, Zimt und Kürbiskerne miteinander vermischen. Eier verquirlen und hinzufügen. Aus den Zutaten einen Teig kneten und daraus 2 Rollen mit ca. 3 cm Durchmesser formen.
Nun die Teigrollen auf ein mit Backtrennpapier ausgelegtes Backblech legen. Im vorgeheizten Rohr bei 160 °C backen (ca. 40–45 min). Die Masse sollte auf Druck noch leicht nachgeben. Die Rollen aus dem Rohr nehmen und auskühlen lassen. Danach in 5 mm starke Scheiben schneiden. Nochmals aufs Blech legen und bei 140 °C trocknen lassen. Bei leicht geöffneter Ofentür dauert dies mindestens 1 Stunde.

TIPP: Die ausgekühlten Keks am besten mit einem guten Glas Wein verkosten. Weinkeks beliebig lange in den Wein eintauchen und genießen.

Kürbiskernkipferl

2 BLECHE | ZUBEREITUNGSZEIT: 2 STUNDEN

ZUTATEN
170 g Butter • 50 g Staubzucker • 70 g Kürbiskerne • 270 g Mehl, glatt 200 g Staubzucker und 3 EL Vanillezucker vermischt (zum Wälzen)

ZUBEREITUNG
Versiebtes Mehl, Staubzucker, Butter und geriebene Kürbiskerne zu einem glatten Teig verkneten. Eine Rolle formen und 1 Stunde im Kühlschrank rasten lassen. Aus dem Teig Kugeln formen, daraus kleine Rollen mit sich verjüngenden Enden walken und diese zu Kipferl formen. Auf ein Backblech setzen und im vorgeheizten Backrohr bei 190 °C (Umluft) zu heller Farbe backen. Noch warm vom Blech heben und im Zuckergemisch wälzen.

Kürbiskernkeks

20–30 KEKSE | ZUBEREITUNGSZEIT: 40 MINUTEN (Teigreifezeit: 2 Stunden)

ZUTATEN

100 g Butter • 30 ml Kürbiskernöl • 70 g brauner Zucker • 90 g Kürbiskerne, gerieben • 1 Ei • 1 Prise Salz • Vanille • Zitronenaroma Saft von 1/4 Zitrone • 140 g Mehl • Marillenmarmelade (Aprikosenmarmelade) zum Füllen • Schokoladenglasur (oder einfach nur mit Staubzucker bestauben)

ZUBEREITUNG

Die Butter mit Kürbiskernöl, Zucker und den geriebenen Kürbiskernen vermischen. Das Ei und die Gewürze vermengen. Das Mehl vorsichtig einbröseln und einen Mürbteig drücken. Nicht zu lange zu warm kneten, da der Teig sonst seine Bindung verliert. Nun den Teig ca. 2 Stunden – in Klarsichtfolie gewickelt – an einem kühlen Ort rasten lassen. Anschließend ca. 5 mm dick ausrollen und Scheiben (Durchmesser ca. 4–5 cm) ausstechen.

Auf ein befettetes Backblech geben und bei 200 °C hell backen. Die heißen Scheiben mit Marillenmarmelade bestreichen und je 2 Scheiben zusammensetzen. Auskühlen lassen und mit Schokoladenglasur überziehen.

TIPP: Die Kekse sind in einer luftdichten Dose gut haltbar; sie lassen sich auch einfrieren.

Kürbiskernradl mit Nougatcreme

4 PORTIONEN | ZUBEREITUNGSZEIT: 40 MINUTEN (Kühlzeit: ca. 5 Stunden)

ZUTATEN

200 g Mehl • 100 g Staubzucker • 100 g Butter • 120 g Kürbiskerne, gemahlen • 1 Ei • 2 EL Kürbiskernöl

FÜR DIE NOUGATCREME

160 ml Milch • 1 Prise Salz • 2 EL Kristallzucker • 60 g Nougat oder Nutella • 1 Vanilleschote • 20 g Vanille-Puddingpulver • 1 Eigelb 2 Blätter Gelatine • 400 g Obers (Sahne) • marinierte Himbeeren (100 g Himbeeren mit 2 cl Orangenlikör mariniert)

ZUBEREITUNG

Alle temperierten Zutaten rasch zu einem Teig verarbeiten und 1 Stunde kühl stellen. Dünn ausrollen, rund (ca. 8 cm Durchmesser) ausstechen und bei 200 °C backen. 100 ml Milch, Salz, Kristallzucker und Vanilleschote aufkochen. Die restliche Milch mit Puddingpulver und Eigelb verrühren und ebenfalls aufkochen. Nougat einrühren und gut vermischen. Die eingeweichte Gelatine unter die Masse ziehen und abkühlen lassen. Obers cremig schlagen und vorsichtig unterheben. Masse in die Ausstecher füllen und 4 Stunden kühl stellen.
Nougatmousse auf Teller setzen und mit marinierten Himbeeren und knusprigem Kürbismürbteig anrichten.

TIPP: Sehr gut würde hier Haselnuss- oder Himbeereis dazupassen.

Karamellisierte Kürbiskerne

30 RUNDE TALER (5 CM DURCHMESSER) | ZUBEREITUNGSZEIT: 20 MINUTEN

ZUTATEN

300 g Kristallzucker • 50 ml Wasser • 300 g Kürbiskerne etwas Pflanzenöl • 1 Prise Salz

ZUBEREITUNG

Den Zucker mit Wasser und Salz hell karamellisieren, Kürbiskerne beigeben und gut durchmischen. Auf ein beöltes Backpapier dünn aufstreichen und erkalten lassen.

TIPP: Krokant sollte man trocken, am besten tiefgekühlt, lagern. Man kann auch Kürbistaler fertigen. Hierfür verwende ich Silikonmatten mit 5 cm Durchmesser und erhöhe die Zuckermenge auf 400 g. Zusätzlich gebe ich noch 100 g Obers zum Karamell, das ich dann gut verkoche. Erst danach füge ich die Kerne hinzu und portioniere die Masse löffelweise in Formen. Man könnte die Unterseite der Taler auch noch – wie bei Florentinern – mit Milchschokolade bestreichen.

Foto rechts

Kürbis-Mandel-Torte

1 TORTE (28 CM DURCHMESSER) | ZUBEREITUNGSZEIT: CA. 1 STUNDE

ZUTATEN

3 Eier • 2 Eidotter • 120 g Kristallzucker • 220 g Speisekürbis, fein geraspelt • 60 g Staubzucker • abgeriebene Schale von 1 unbehandelten Limette • 4 cl Rum • 170 g Mandeln, gerieben • 100 g Mehl, glatt 40 g Maisstärke • 1 Msp. Zimt, gemahlen • 1 Msp. Nelkenpulver 5 g Backpulver • 50 g geschmolzene Butter • 50 g Kürbiskernöl flüssige Butter und geriebene Biskotten (für die Form) • Staubzucker (zum Bestreuen)

ZUBEREITUNG

Eier mit Eidottern und Kristallzucker in einer Metallschüssel über einem heißen Wasserbad auf ca. 40–50 °C schaumig aufschlagen. Danach aus dem Wasserbad nehmen und mit einer Rührmaschine fest und schaumig schlagen. Kürbisraspeln mit Staubzucker, Rum, Limettenschale und Mandeln unterheben. Mehl, Maisstärke, Zimt- und Nelkenpulver sowie Backpulver vermischen und unter die Masse heben. Abschließend die geschmolzene Butter und das Kürbiskernöl untermengen. Die Form mit flüssiger Butter ausstreichen und mit Biskottenbröseln ausstreuen. Teig einfüllen und im vorgeheizten Backrohr etwa 30 Minuten bei 175 °C (Umluft) backen. Torte auskühlen lassen und mit Staubzucker bestreuen.

TIPP: Wenn Sie die noch heiße Torte mit temperierter Marillenmarmelade überziehen, so schmeckt sie noch saftiger! Des Weiteren glasiere ich die Torte gerne mit Zitronenglasur oder bestreue sie mit fein geriebenem Instant-Kakaopulver.

Kürbis-Muffins

10–12 MUFFINS | ZUBEREITUNGSZEIT: 2 STUNDEN

ZUTATEN

400 g Muskat- oder Speisekürbis • 1 EL Rohrzucker • etwas abgeriebene Schale 1 unbehandelten Orange und Zitrone • 1 Prise Zimt, gemahlen

FÜR DIE STREUSEL

50 g Mehl, glatt • 40 g Zucker • 40 g Butter • 20 g Kürbiskerne, gerieben

FÜR DEN MUFFINTEIG

200 g Mehl (Universal) • 200 g Rohrzucker • 2 EL Biskottenbrösel
1 KL Zimt • 1 KL Ingwer, frisch gemahlen • 1 Prise Piment, gemahlen
1 KL Backpulver • 1 Prise Salz • 1 Ei • 1 Eidotter • 40 g Kürbiskern- oder Maiskeimöl • 2 geriebene Äpfel (Boskoop oder Idared)
1 Muffinblech mit 12 Vertiefungen von 7 cm Durchmesser
12 Papierförmchen mit je 5 cm Durchmesser

ZUBEREITUNG

Für das Püree den Kürbis in Spalten auf ein Stück Alufolie legen. Rohrzucker, Orangen- und Zitronenschale sowie Zimt darüberstreuen. Den Kürbis in Folie einschlagen und bei 200 °C im vorgeheizten Backofen 35–40 Minuten garen. Den Kürbis aus der Folie wickeln, etwas abtropfen lassen und die Gewürze entfernen. Kürbisfleisch mit einem Löffel aus der Schale lösen (es sollten etwa 250 g sein) und ohne austretende Flüssigkeit mit einem Erdäpfelstampfer zerdrücken.

Für die Streusel alle Zutaten gut miteinander vermischen, zu einer Rolle formen, in Folie wickeln und kalt stellen.

Für den Muffinteig Mehl, Brösel, Rohrzucker, Gewürze, Backpulver und Salz in einer entsprechend großen Schüssel vermengen. In einem anderen Gefäß Ei und Dotter verquirlen. Kürbispüree und Kürbiskernöl unterrühren. Äpfel schälen, in kleine Würfel schneiden und unter die Kürbismischung rühren. Dann Mehl-Brösel-Gewürz-Mischung einarbeiten, bis ein glatter Teig entsteht.
In jede Vertiefung des Muffinblechs ein Papierförmchen setzen. Nun die Förmchen zu 2/3 mit Teig füllen. Die Streusel mit einer Krenreibe fein raspeln und über die Muffins streuen. Die Muffins im vorgeheizten Ofen bei 180 °C (Umluft) 30 Minuten backen. Leicht mit Staubzucker bestreut, noch warm servieren.

Kürbiskerntorte mit Rum-Obers

CA. 12 PORTIONEN | ZUBEREITUNGSZEIT: CA. 70 MINUTEN

ZUTATEN

**8 Eidotter • 200 g Kristallzucker • 80 g Semmelbrösel
200 g steir. Kürbiskerne, gemahlen • 1 Pkg. Vanillezucker
2 EL Rum • 8 Eiklar • Butter und Mehl (für die Form)**

FÜR DAS RUM-OBERS

200 ml Obers (Sahne) • 4 cl Eierlikör • 1 Schuss Rum • 1 KL Vanillezucker

ZUBEREITUNG

Dotter mit 1/3 des Kristallzuckers, 1 Prise Salz und dem Vanillezucker sehr schaumig schlagen. Fein gemahlene steirische Kürbiskerne, Mehl, Rum und Brösel vermischen und abwechselnd mit Eiweiß, das mit dem restlichen Zucker steif geschlagen wird, mehlieren. Den Boden einer Tortenform mittlerer Größe mit Backtrennpapier auslegen, den Rand mit Butter ausstreichen und mit Mehl bestauben. Die Tortenmasse einfüllen und bei 170 °C ca. 40 Minuten hellbraun backen.

Für das Rum-Obers die Sahne halbsteif schlagen, Eierlikör, Rum sowie 1 KL Vanillezucker leicht vermischen und löffelweise über die Tortenstücke ziehen.

TIPP: Besonders cremig wird das Obers, wenn man 2–3 EL Vanillesauce unterhebt. Man kann die Torte nach dem Auskühlen auch mit Staubzucker bestreuen und leicht gesüßtes Schlagobers dazureichen. Oder man füllt sie mit Marmelade und überzieht sie mit Schokoladeglasur.

Kürbiskern-Karottentorte

14 STÜCK | ZUBEREITUNGSZEIT: 60 MINUTEN

ZUTATEN

100 g Butter • 50 g Kürbiskernöl • 3 Eidotter • 3 Eiklar 120 g Staubzucker • 100 g Kürbiskerne, fein gerieben • 130 g Kristallzucker 250 g Mehl, glatt • 60 g Benco, Instant-Kakao • 250 g Karotten, geschält 1 gestr. EL Backpulver • 1 EL Rum • Zitronenschale, gerieben • 1 Prise Salz • Butter (zum Ausstreichen) • Mehl (zum Ausstauben) • Marillenmarmelade (zum Bestreichen) • geriebene Kürbiskerne (zum Bestreuen)

ZUBEREITUNG

Handwarme Butter mit Kürbiskernöl, Staubzucker, Rum und Zitronenschale schaumig rühren. Eidotter untermengen. Karotten fein reißen. Eiklar, Kristallzucker und Salz zu festem Schnee schlagen. Schnee unter den Butterabtrieb ziehen. Mehl mit Instant-Kakao und Backpulver versieben. Karotten, Kürbiskerne sowie Mehlgemisch unter die Masse heben. Masse in eine gebutterte, gestaubte Tortenform füllen, glatt streichen und im vorgeheizten Backrohr bei Umluft (ca. 170 °C) 40 Minuten backen. Nach dem Backen auskühlen lassen, aus der Form lösen, Torte wenden, mit Marillenmarmelade bestreichen und mit geriebenen Kürbiskernen – oben und auch seitlich – bestreuen.

Kürbiskernschnitten schnell gemacht

12 PORTIONEN | ZUBEREITUNGSZEIT: 40 MINUTEN

ZUTATEN

6 Eier • 300 g Zucker • 1 Prise Salz • 300 g Kürbiskerne, gerieben 150 g Haselnüsse, geröstet und gerieben • 3 EL Semmelbrösel 3 EL Rum • 2 Stk. Äpfel (Boskoop oder Idared), geschält und gerieben

ZUBEREITUNG

Eidotter, Salz und die Hälfte des Zuckers schaumig rühren, übrige Zutaten beimengen. Zum Schluss das Eiweiß mit dem restlichen Zucker zu steifem Schnee schlagen und unterheben. Auf ein mit Backpapier ausgelegtes Blech streichen und bei 200 °C (Ober- und Unterhitze) backen. Nach dem Auskühlen mit Staubzucker bestreuen und in Stücke schneiden.

Apfeltarte mit Kürbiskernen

1 TARTE (CA. 26 CM DURCHMESSER)
ZUBEREITUNGSZEIT: CA. 90 MINUTEN (Teigreifezeit: 3 Stunden)

ZUTATEN

300 g Mehl, glatt • 170 g kalte Butter, klein geschnitten • 100 g Staubzucker 1 Ei • 1 Prise Salz • 1/2 abgeriebene Schale einer unbehandelten Zitrone 1 Stk. Eidotter

FÜR DIE APFEL-KÜRBISKERNFÜLLE

6 Stk. Äpfel (Idared) • 200 g Zucker • 200 g Kürbiskerne, leicht geröstet Saft von 1 Stk. Zitrone • 80 ml Obers (Sahne) • 1 Prise Zimt 40 g Biskottenbrösel • 1 Stk. Eidotter, mit 30 ml Milch verquirlt

ZUBEREITUNG

Für den Mürbteig Mehl, Butter, Salz, Zitronenschale und Staubzucker abbröseln, Dotter untermischen und alles rasch zu einem Teig verkneten. Vor der Verarbeitung, mit Klarsichtfolie abgedeckt, 2–3 Stunden im Kühlschrank rasten lassen.

Für die Kürbis-Apfelfülle den Zucker mit einem kleinen Schuss Wasser hell in einem breiten Topf karamellisieren, mit Obers, Zitronensaft, Zimt und Kürbiskernen auffüllen und kurz durchschwenken.
Die geschälten, entkernten und in Spalten geschnittenen Äpfel zugeben und ca. 8 Minuten zu einer dicklichen Flüssigkeit einkochen lassen. Die Biskottenbrösel einarbeiten, wobei die Masse nicht zu trocken sein sollte. Nun die Masse etwas abkühlen lassen. Inzwischen eine Tarte-Backform mit dem ca. 3 mm dick ausgerollten Mürbteig auslegen, Ränder andrücken, Apfel-Kürbiskernmasse einfüllen und mit ausgerolltem Mürbteig abdecken. Die Teigränder gut verschließen. Teigdeckel mehrmals mit einem Holzspieß einstechen und mit Eidotter-Milch-Gemisch bestreichen. Im vorgeheizten Ofen bei 180 °C (Umluft) ca. 30–35 Minuten backen. 20 Minuten abkühlen lassen, auf eine Tortenplatte stürzen und ca. noch 1 Stunde rasten lassen. Danach mit Staubzucker bestreuen und mit Vanilleeis oder halbsteif geschlagenem Obers servieren.

TIPP: Wichtig bei der Herstellung von Mürbteig ist es, diesen nicht zu lange mit den Händen zu kneten, da der Teig durch die Handwärme brandig (brüchig) wird und dann äußerst schwer zu verarbeiten ist.

Meine steirische Kürbiskerntorte

1 TORTE (28 CM DURCHMESSER)
ZUBEREITUNGSZEIT: 2 STUNDEN (2 Stunden Kühlzeit)

ZUTATEN

**80 g Haselnüsse, gerieben • 40 g Kürbiskerne, gerieben
100 g Kürbisfleisch (vorzugsweise Hokkaido), geraspelt • 3 Eidotter
50 g Staubzucker • 2 cl Rum • 1 Prise Salz • Schale von 1 Zitrone
1 KL Ingwer, gerieben • 3 Eiklar • 60 g Kristallzucker (für den Schnee)
2 EL Maisstärke (Maizena) • 3 EL Biskotten, fein gerieben
Butter (für die Form) • 4 cl schwarzer Nusslikör (oder Quittenbrand)
5 cl Läuterzucker (zum Tränken)**

FÜR DIE „KÜRBISGRILLAGE"

**100 g Kürbiskerne, grob gehackt • 100 g Staubzucker
Öl (für das Backblech)**

FÜR DIE KÜRBISKERNCREME

**3 cl Eierlikör • 1 Ei • 2 Eidotter • 30 g Kristallzucker • 1 KL Vanillezucker
1 Prise Salz • 50 g helles Nougat, geschmolzen • 50 g „Kürbisgrillage", gerieben (s. o.) • 400 ml Obers (Sahne), geschlagen • 4 Blatt Gelatine**

FÜR DIE GLASUR

**1 Blatt Gelatine • 150 ml Obers (Sahne) • 2 EL Kakao (am besten belgischer stark entölter Kakao) • 100 g Zartbitterkuvertüre, geschmolzen
1 EL Butter • 100 g Kristallzucker • 5 cl Wasser**

ZUBEREITUNG

Für den Teig Eidotter mit geriebenen Haselnüssen, Kürbiskernen und geraspeltem Kürbisfleisch kurz vermischen. Mit Staubzucker, Rum, Zitronenschale, Ingwer und 1 Prise Salz schaumig rühren. Eiklar mit Kristallzucker und Maisstärke zu Schnee schlagen. Biskottenbrösel in die Dottermasse rühren und diese in den Schnee einmengen. Masse in eine gut befettete Springform (oder Tortenring) füllen und im vorgeheizten Backrohr bei 180 °C etwa 20 Minuten backen. Auskühlen lassen.

Für die „Kürbisgrillage" den Zucker mit 2 EL Wasser hell karamellisieren. Gehackte Kürbiskerne zugeben und gut durchrösten. Masse auf ein mit Öl bestrichenes Backblech geben und abkühlen lassen. Danach fein reiben.

Für die Creme Gelatine in kaltem Wasser einweichen, ausdrücken und in leicht erwärmtem Eierlikör auflösen. Ei, Eidotter, Kristall- und Vanillezucker sowie Salz schaumig rühren. Gelatine zugeben und mit dem geschmolzenen Nougat vermengen. Geriebene „Kürbisgrillage" (nur 50 g!) gemeinsam mit der Dottermasse unter das geschlagene Obers rühren.
Creme in einen Tortenring füllen, glatt streichen und den Tortenboden darauflegen. Nusslikör mit Läuterzucker mischen und den Tortenboden damit beträufeln. Etwa 2 Stunden lang tiefkühlen.
Währenddessen für die Glasur Gelatine in kaltem Wasser einweichen, ausdrücken, in Schlagobers erhitzen und gut verrühren. Kakao, geschmolzene Kuvertüre und Butter

einmengen. Etwa 5 cl Wasser mit dem Zucker aufkochen (bis 125 °C) und mit der Schokolademasse mischen. Mit dem Stabmixer zu einer homogenen Glasur mixen, ohne dabei Luft einzuschlagen (Mixstab stets in der Flüssigkeit belassen).
Gekühlte Torte umdrehen und den Ring abziehen. Auf ein Kuchengitter geben und mit der Schokoladeglasur dünn überziehen. Tortenrand gut mit restlicher „Kürbisgrillage" bestreuen.

TIPP: Diese Torte garniere ich gerne mit Kürbischips (siehe Rezept Seite 183).

Süße Kürbiskernnudeln

6 PORTIONEN | ZUBEREITUNGSZEIT: 1 STUNDE

ZUTATEN FÜR DIE KÜRBISKERNBRÖSEL
100 g Kürbiskerne, geröstet und gerieben • 100 g Butter
50 g Semmelbrösel • 1 KL Vanillezucker • 1 Prise Zimt

FÜR DEN ERDÄPFELTEIG
500 g mehlige Erdäpfel (Kartoffeln) • 200 g Mehl, griffig • 100 g Grieß (Goldgrieß oder Hartweizengrieß) • 2 Eidotter • 50 g weiche Butter
2 EL Maisstärke (Maizena) • 1 Prise Muskatnuss, gerieben • 1 Prise Salz
Mehl (für die Arbeitsfläche)

ZUBEREITUNG
Für den Erdäpfelteig die Kartoffeln schälen, waschen, vierteln und in Salzwasser weich kochen. Überkühlen lassen, durch eine Erdäpfelpresse drücken und mit den restlichen Zutaten zu einem festen Teig verkneten. Erdäpfelteig mit griffigem Mehl stauben, zu 2 cm dicken Stangen rollen und mit einer Teigkarte in kleine Stücke teilen. Teig mit flacher Hand zu runden, an den Enden schmäler werdenden Rundnudeln „wuzeln" (rollen). In reichlich kochendes Salzwasser einlegen, an der Siedegrenze ziehen lassen, abseihen oder aus dem Wasser heben. Butter in einer Pfanne schmelzen, restliche Zutaten untermengen und gut erhitzen. Bitte Vorsicht: brennt leicht an! Die gut abgetropften Nudeln beigeben und durchschwenken. Mit Staubzucker bestreuen. Eventuell mit Zwetschkenröster servieren.

Kürbiskernknöderl mit Hollerkoch

6 PORTIONEN (ca. 16–18 kleine Knöderl) | ZUBEREITUNGSZEIT: 1 STUNDE

ZUTATEN FÜR DIE GRIESSMASSE

30 g Butter • 150 g Weizengrieß (am besten Goldgrieß) • 350 ml Milch
1 EL Feinkristallzucker • Mark von 1/2 Vanilleschote • abgeriebene Schale von 1 Stk. Zitrone • 1 Ei • 1 Eidotter • 1 Prise Salz

FÜR DIE KÜRBISKERN-MARZIPANFÜLLE

100 g Marzipan • 30 ml Amaretto • 50 g Kürbiskerne, geröstet und gerieben

FÜR DIE KÜRBISKERNBRÖSEL

200 g Butter • 1 EL Vanillezucker • 50 g Semmelbrösel
100 g Kürbiskerne, geröstet und gerieben • etwas Zimt

ZUBEREITUNG
Butter schmelzen, Grieß zugeben und glasig ziehen lassen. Milch mit einer Prise Salz, Kristallzucker, Vanilleschotenmark und abgeriebener Zitronenschale aufkochen, abseihen und über den Grieß gießen. Rühren, bis sich die Masse vom Kochtopf löst. Kurz überkühlen lassen. Nun Ei und Eidotter einarbeiten.

Für die Kürbiskernfülle Marzipan, Amaretto und geröstete Kürbiskerne gut miteinander vermischen und zu ca. 1 cm großen Kugerln formen, leicht ankühlen.
Grießmasse zu kleinen Kugeln formen, diese flachdrücken und mit Kürbiskernkugerln füllen. Knöderl gut verschließen und in kochendem Salzwasser ca. 10 Minuten ziehen, aber nicht kochen lassen. Für die Kürbiskernbrösel die Butter in einer beschichteten Pfanne erhitzen. Vanillezucker, Zimt, Kürbiskerne und Brösel zugeben, alles gut vermischen und knusprig rösten. Fertig gekochte Knödel abtropfen lassen und in den vorbereiteten Kürbiskern-Butterbröseln wälzen.

TIPP: Am liebsten serviere ich Hollerkoch und Himbeermark zu diesem Gericht. Marillen- oder Zwetschkenröster passt genauso gut dazu.

Kürbiskern-Palatschinken

18 STÜCK | ZUBEREITUNGSZEIT: 30 MINUTEN

ZUTATEN
18 Stk. Palatschinken • 120 g Mandeln, geröstet und gerieben 100 g Kürbiskerne, geröstet und gerieben • 50 g Marzipan • 1 EL Honig 50 g Kristallzucker • 1/4 l Milch • 1 EL Vanillezucker • 40 g Rosinen Zitronenschale • 2 cl Rum • 1 Prise Salz • Zimt • Staubzucker (zum Bestreuen)

ZUBEREITUNG
Milch mit Kristallzucker und Honig aufkochen, Kürbiskerne, Mandeln, Marzipan, Vanillezucker, Zitronenschale, Rum, Zimt sowie Salz einrühren. Quellend kochen lassen und Rosinen beigeben. Palatschinken mit heißer Masse füllen und mit Staubzucker bestreuen.

TIPP: Den Palatschinkenteig stelle ich wie folgt her: 500 ml Milch mit ca. 150 g Mehl vermischen. 1 Prise Salz, 5 Eier und 1 Schuss Pflanzenöl untermischen und 10 Minuten quellen lassen. Danach in einer gusseisernen Pfanne hauchdünne goldbraune Palatschinken in Butterschmalz herausbacken.
Zu den Palatschinken passen eine Schokoladesauce, verschiedene Fruchtsaucen oder frische Beeren.

Grießschmarren mit Apfel-Kürbis-Kompott

4 PORTIONEN | ZUBEREITUNGSZEIT: 40 MINUTEN

ZUTATEN

1/2 l Milch • 180 g Weizengrieß, grob • 90 g Butter • 30 g Kristallzucker 50 g Rosinen • 1 EL Vanillezucker • Zitronenschale • 1 Prise Salz Butter (zum Ausstreichen) • Zucker (zum Bestreuen)

FÜR DAS APFEL-KÜRBISKOMPOTT

2 Stk. säuerliche Äpfel (am besten Jonagold) • 200 ml Weißwein 50 g Zucker • 100 g Kürbiswürferl (ca. 1 cm groß), vom Gelben Zentner oder Butternuss • 1 Stk. Gewürznelke • Saft und Schale 1/2 Zitrone 1/4 Vanilleschote, aufgeschnitten • ca. 200 ml Wasser

ZUBEREITUNG

Die Äpfel schälen und in Spalten schneiden. Schalen und Apfelkerngehäuse mit Weißwein, Zucker, Zitrone, Vanilleschote und Nelke 5 Minuten gut abkochen. Den so entstandenen Sud auffangen, Kürbiswürferl zugeben und ca. 5 Minuten köcheln. Apfelspalten beimengen und nochmals zugedeckt 2–5 Minuten köcheln. Gut abschmecken und kalt stellen.

Für den Grießschmarren Milch, Butter, Kristallzucker, Vanillezucker, Salz und Zitronenschale gemeinsam aufkochen. Grieß einrühren, aufkochen, Rosinen beigeben. Masse dick einkochen und überkühlen lassen. Eine Pfanne mit Butter ausstreichen, die Masse einfüllen, zerteilen und im Backrohr bei 280 °C (Umluft) unter wiederholtem Wenden und ständigem Zerkleinern goldbraun backen. Heiß anrichten, mit Zucker bestreuen und mit gut gekühltem Apfel-Kürbiskompott servieren.

Karamellisierter Kürbiskern-Schmarren mit Zwetschkenröster

2–3 PORTIONEN | ZUBEREITUNGSZEIT: 20 MINUTEN

ZUTATEN

250 ml Milch • 100 g Joghurt (fett) • 6 Eiklar • 6 Eidotter 150 g Mehl, glatt • 30 g Feinkristallzucker • 1 Schuss Rum 1 EL Vanillezucker • etwas Zitronensaft • 1 Prise Salz • 50 g Biskotten, grob zerdrückt • 100 g Kürbiskerne, leicht geröstet und gerieben Kristallzucker • Staubzucker (zum Bestreuen) • Butter (zum Backen)

FÜR DEN ZWETSCHKENRÖSTER

500 g kleine Zwetschken (nicht zu weich) • 100 g Feinkristallzucker 100 ml Rotwein (am besten Burgunder) • 1 Prise Zimt Schale von 1/2 Orange, in größere Streifen geschnitten Saft von 1 Zitrone

ZUBEREITUNG

In einer Schüssel Eiklar mit Kristallzucker zu Schnee schlagen. In einer anderen Schüssel Milch, Joghurt, Mehl, Eidotter, Zitronensaft, Rum, Vanillezucker und 1 Prise Salz glatt rühren. Schnee und Biskottenbrösel sowie Kürbiskerne unter den Teig heben. In einer großen feuerfesten Pfanne etwas Butter erhitzen und den Teig eingießen. Zuerst am Herd anbacken, wenden und dann beidseitig im vorgeheizten Backrohr bei 180 °C braun backen. Pfanne aus dem Rohr nehmen und den Teig mit zwei Gabeln in kleine Stücke reißen. Rosinen einmengen, mit Kristallzucker bestreuen und nochmals kurz im Rohr karamellisieren. Mit Staubzucker bestreuen und servieren.

Für den Zwetschkenröster die Zwetschken halbieren und entkernen. Den Kristallzucker hell karamellisieren, mit Rotwein ablöschen und auf die Hälfte einkochen lassen. Zwetschken, 1 Prise Zimt und Orangenschalenstücke zugeben und ca. 5 Minuten köcheln lassen. Mit Zitronensaft abschmecken; Orangenschale wieder entfernen. Kalt stellen.

TIPP: Wird der Zwetschkenröster nicht sofort verwendet, so füllt man ihn in heiß ausgespülte Gläser, flambiert die Oberfläche mit 1 EL Weinbrand und verschließt das Glas sorgfältig. So kann der Röster ca. 14 Tage kühl aufbewahrt werden. Foto oben

Kürbiskern-Dalken mit kalt gerührten Moosbeeren

4 PORTIONEN | ZUBEREITUNGSZEIT : 30 MINUTEN

ZUTATEN

250 g Sauerrahm • 100–120 g Mehl, glatt • 40 g Kürbiskerne, geröstet und gerieben • 3 Eidotter • 3 Eiklar • 40 g Kristallzucker • 1 EL Vanillezucker • 1/2 Stk. Zitronenschale, gerieben • 1 Prise Salz • Butterschmalz (zum Ausstreichen) • mit Zimt vermengter Zucker (zum Bestreuen)

FÜR DIE MOOSBEEREN

400 g Moos- oder Preiselbeeren • 300 g Kristallzucker • 6 cl Weinbrand

ZUBEREITUNG

Sauerrahm in einer Schüssel mit Mehl, Eidottern, Vanillezucker, Kürbiskernen, geriebener Zitronenschale und 1 Prise Salz glatt rühren.

In der Zwischenzeit für die Moosbeeren alle Zutaten in einem Rührkessel für 20 Minuten auf niedrigster Drehzahl rühren lassen. Danach in Gläser füllen. Gekühlt sind sie ca. 2 Wochen haltbar.

Das Eiweiß mit Zucker steif schlagen und unter die Sauerrahmmasse heben. Eine Dalkenpfanne gut mit Butterschmalz ausstreichen, auf dem Herd erhitzen und die Masse mit einem Löffel portionsweise einfüllen. (Steht keine Dalkenpfanne zur Verfügung, so behilft man sich mit Metallringen von etwa 6 cm Durchmesser, in die man die Masse einfüllt.) Bei guter Hitze ca. 2 Minuten anbacken, danach im vorgeheizten Backrohr bei 180 °C 5 Minuten backen, wenden und auf der anderen Seite ebenfalls goldbraun backen. Mit Staubzucker bestreuen und mit den Moosbeeren anrichten.

TIPP: Die Dalken können auch gut vorgebacken und ca. 10 Minuten warm gestellt werden. Vanilleeis oder glatt gerührtes Joghurt passen ideal dazu.

Vanilleeis mit Kürbiskernöl

4 PORTIONEN | ZUBEREITUNGSZEIT: 5 MINUTEN

ZUTATEN

12 Kugerl Vanilleeis (am besten mit echter Vanille hergestellt und selbst gemacht) • Kürbiskernöl (Menge je nach Geschmack)
80 g Kürbiskrokant (siehe Rezept Seite 194)

VANILLEEIS CA. 20 NOCKERL | ZUBEREITUNGSZEIT: 30 MINUTEN

ZUTATEN

1 l Milch • 500 ml Obers (Sahne) • 1 Prise Salz • 1 EL Glucose (Zuckersirup – in Apotheke erhältlich) • 10 Eidotter • 4 Eier
2 Tahiti-Vanilleschoten • 4 cl Rum

ZUBEREITUNG

Eisgläser gut vorkühlen. Für das Vanilleeis Milch mit Glucose, Vanilleschoten, Salz und Obers aufkochen. Verschlagene Eier und Dotter zügig einrühren. Masse erhitzen, bis sie leicht bindet. (Wenn man leicht auf den Kochlöffel bläst, sollte sie sich wie eine Rose kringeln.) Rum zugeben, passieren und in einer Eismaschine gefrieren. Ersatzweise in eine flache Nirostaschüssel füllen, in den Tiefkühler stellen und zwischendurch mehrmals mit dem Schneebesen umrühren, bis man eine cremige Eismasse erhält.
Je drei Eiskugerl oder Nockerl in die Eisgläser geben, mit Kürbiskernöl beträufeln und mit Krokant bestreuen.

TIPP: Dieses Dessert ist sehr simpel, aber wirklich großartig und originell im Geschmack.

Knusprige Kürbisblüten mit Fink's süßem Kürbis

4 PORTIONEN | ZUBEREITUNGSZEIT: 30 MINUTEN

ZUTATEN

20 Stk. Kürbis- oder Zucchiniblüten

FÜR DEN BACKTEIG

100 ml Milch • 100 ml Weißwein, trocken • 3 Eier • ca. 150 g Mehl Prise Salz • 30 g Kristallzucker • 1 KL Vanillezucker • Staubzucker (zum Bestreuen) • Pflanzenöl (zum Ausbacken)
Fink's süßer Kürbis (siehe Rezept Seite 234)

ZUBEREITUNG

Milch und Weißwein mit Mehl recht zähflüssig vermischen, Salz, Vanillezucker und Eidotter zugeben. Eiweiß mit Kristallzucker halbsteif schlagen und unter die Milch-

Dottermasse heben. Öl in einem breiten Topf auf ca. 160 °C erhitzen. Inzwischen die Blüten säubern, evtl. Blütenstempel entfernen. Die gesäuberten Blüten durch den Backteig ziehen und in heißem Fett knusprig goldbraun backen. Auf Küchenpapier gut abtropfen lassen, mit Staubzucker bestäuben und mit dem süßen Kürbis servieren.

TIPP: Gerne backe ich mit diesem Teig auch Pfirsiche oder Hollerblüten.

Kürbis-Passionsfruchteis in der Passionsfrucht

6 PORTIONEN | ZUBEREITUNGSZEIT: 1 STUNDE

ZUTATEN

200 g Wasser • 100 g Zucker • 100 ml Maracujafruchtmark (aus den ganzen Passionsfrüchten) • 100 ml Orangensaft • 200 g Muskatkürbiswürferl (ohne Schale) • Saft von 1/2 Zitrone • 6 Stk. frische Maracuja (Passionsfrüchte)
Dekor: Kürbischips (siehe Rezept Seite 183)

ZUBEREITUNG

Die Passionsfrüchte halbieren, aushöhlen und das Fruchtfleisch einmal aufkochen. Mixen, passieren und die Passionsfruchthälften auf Eierbechern (aus Keramik oder Metall) ca. 20 Minuten frieren. Wasser, Zucker, Fruchtmark und Kürbiswürferl ca. 3 Minuten aufkochen lassen, mit Zitronensaft vermengen und in der Eismaschine einfrieren. Ersatzweise in eine flache Nirosta-Schüssel geben, in den Tiefkühler stellen und zwischendurch mehrmals mit dem Schneebesen umrühren, bis man eine cremige Eismasse erhält. Das Sorbet mit einem Kugerl-Portionierer in die Passionsfruchthälften füllen. Evtl. mit Passionsfruchtkernen und mit Kürbischips verzieren und in Eierbechern (oder anderen passenden Behältnissen) servieren.

TIPP: Die Passionsfruchtkerne färben sich durch Erhitzen schwarz und verleihen dem Sorbet einen optisch markanten Eindruck.

Foto links

Melonen-Chilieis

CA. 20 KUGELN | ZUBEREITUNGSZEIT: 1–2 STUNDEN (je nach Gefriermöglichkeit)

ZUTATEN

400 g kernlose Wassermelone, geschält und gewürfelt
300 g Netzmelone, geschält, entkernt und gewürfelt • 300 ml Orangensaft
200 g Feinkristallzucker • 1 EL Glucose (Zuckersirup – in Apotheke erhältlich)
120 ml Prosecco oder Frizzante (mein Geheimtipp wäre Uhudler-Sekt)
6 cl Pêcher Mignon (Pfirsich-Likör) • Saft von 2 unbehandelten Zitronen
1 Stk. frische rote Chili, entkernt und sehr fein gehackt

ZUBEREITUNG

Orangensaft mit Kristallzucker und Glucose zu einem Sirup kochen. Melonenfleisch pürieren und mit den restlichen Zutaten zum Sirup geben. In eine Eismaschine füllen und einfrieren. Andernfalls in eine flache Nirostaschüssel füllen, in den Tiefkühler stellen und zwischendurch mehrmals mit dem Schneebesen umrühren, bis man eine cremige Eismasse erhält.

TIPP: Pur löffeln oder mit Prosecco, in einem tollen Weinglas serviert, genießen. Melonen-Chilieis eignet sich „einfach für zwischendurch" oder als krönender Abschluss eines perfekten Menüs an heißen Tagen.

Kürbis-Fruchtparfait

CA. 6 PORTIONEN | ZUBEREITUNGSZEIT: 1 STUNDE (Gefrierzeit: 4 Stunden)

ZUTATEN

2 Eier • 4 Eidotter • 1 KL Vanillezucker • 50 g Demerara-Zucker (oder brauner Zucker) • 2 EL Honig • Saft von 2 Orangen • 150 g Kürbispüree (von ca. 300 g Muskatkürbis) • 450 ml Obers (Sahne) • 50 g Kristallzucker 50 g Kürbiskerne, geröstet • 60 g Vollmilchschokolade, gerieben 6 cl Kahlua-Kaffeelikör • 1 Hand voll Puffreis • 1 Prise Salz • Öl (für die Arbeitsfläche) • 200 g frische Himbeeren (mit etwas Orangenlikör mariniert)

ZUBEREITUNG

Kleine Portionsförmchen oder eine mit Folie ausgekleidete Terrinenform im Tiefkühlfach gut vorkühlen. Für das Kürbispüree 300 g Kürbisfleisch mit etwas Wasser, halb zugedeckt, weich dünsten. Wasser komplett verdampfen lassen und fein pürieren. Eier, Dotter, Salz und Vanillezucker zu einer schaumigen Masse schlagen. Demerara-Zucker mit Honig und Orangensaft so lange kochen, bis die Flüssigkeit etwas zähflüssig über einen Löffelrücken hinunterrinnt. Sofort in die Eiermasse einrühren und so lange im Eiswasserbad kräftig schlagen, bis die Masse wieder Zimmertemperatur angenommen hat. Schlagobers halbsteif schlagen. Kristallzucker in einer Pfanne karamellisieren lassen und geröstete Kürbiskerne zugeben. Gut durchrühren und auf einer mit Öl bestrichenen Metallplatte abkühlen lassen.

In einem Mörser (oder Mixer) fein zerstoßen und mit der geriebenen Schokolade sowie dem Kürbispüree unter die Eiermasse rühren. Schlagobers unterheben und mit Kaffeelikör abschmecken. Masse in vorgekühlte Formen einfüllen und für mindestens 4 Stunden tiefkühlen. Förmchen vor dem Servieren kurz in heißes Wasser halten und anschließend stürzen. Parfait jeweils in 1 EL Puffreis wälzen und mit frischen Himbeeren servieren.

Kürbis-Krokantparfait mit Bratapfel

6–8 PORTIONEN | ZUBEREITUNGSZEIT: 1 STUNDE
(danach 4 Stunden Gefrierzeit)

ZUTATEN
2 Dotter • 2 Eier • 1 Prise Salz • 1/2 Vanilleschote
150 g weiße Schokolade (Kuvertüre) • 50 g Kürbiskernöl
4 cl Amaretto • 100 g Marzipan, gerieben (am besten leicht angefroren mittels Gemüsereibe) • 500 g Obers (Sahne)

FÜR DIE BRATAPFELCREME
4 Stk. säuerliche Äpfel • etwas Butter • 30 g Kristallzucker
1 Prise Zimt • etwas Zitronensaft • 1–2 cl Grenadinesirup

FÜR DEN KROKANT
60 g Kürbiskerne • 60 g Zucker

ZUBEREITUNG
Dotter, Eier und Vanille über Wasserbad cremig schlagen. Die Kuvertüre bei 40 °C schmelzen und mit Eiermasse vermischen. Kürbiskernöl, Amaretto und Marzipan mixen und zur Masse hinzufügen. Schlagobers halbsteif aufschlagen und unter die Kürbiskernöl-Eiermasse heben. In Portionsförmchen füllen und mindestens 4 Stunden frieren.

Für den Kürbiskernkrokant Zucker mit 2 cl Wasser hell karamellisieren, Kürbiskerne zugeben, gut durchmischen und dünn auf ein beöltes Backpapier aufstreichen. Erkalten lassen. Danach den Krokant in einem Plastiksäckchen zerklopfen oder in einem Cutter mixen. Krokant großzügig über das Parfait streuen.

Für die Bratapfelcreme 4 Stk. säuerliche Äpfel leicht einritzen, mit flüssiger Butter bepinseln und in Kristallzucker wälzen. Im Ofen auf Backpapier bei 180 °C ca. 30 Minuten weich braten. Danach die weichen Teile herunterschneiden und fein mixen. Mit etwas Zimt, Zitronensaft und 2 cl Grenadinesirup abschmecken.
Das Parfait auf einem Bratapfelspiegel (hierfür die Bratapfelcreme mit einem Suppenlöffel kreisrund am Teller mittig auftragen) anrichten.

Kürbiskerntrüffeln

CA. 40–50 STK. | ZUBEREITUNGSZEIT: 1 STUNDE (2 Stunden Reifezeit)

ZUTATEN

250 ml Obers (Sahne) • 2 Stk. Orangenschale, gerieben • 110 g heller Nougat • 100 g Marzipan • 50 ml Amaretto • 200 g weiße Kuvertüre 20 ml Kürbiskernöl • 150 g Kürbiskerne, gerieben und geröstet • 1 Prise Salz ca. 300 g weiße Kuvertüre und 20 ml Kürbiskernöl (zum Tunken)

ZUBEREITUNG

Obers mit Orangenschale aufkochen. Marzipan und Kuvertüre darin auflösen, restliche Zutaten sorgfältig untermischen. Für 2 Stunden kalt stellen. Mit einem Kugelausstecher (Parisienneausstecher) ca. 15 mm große Kugeln ausstechen (dazwischen den Ausstecher immer in heißes Wasser tauchen). Kugeln auf ein Backpapier setzen und kurz anfrieren. Die weiße Kuvertüre in Kürbiskernöl schmelzen. Nun die ersten 10 Kugerl mit Hilfe eines dünnen Metallspießes in die Kuvertüre tauchen, gut abtropfen lassen und auf einem feinmaschigen Gitter absetzen. Tipp: Am besten arbeitet man bei diesem (sowie beim kommenden) Vorgang mit Einweghandschuhen. Trüffel mit der Hand leicht kreisförmig bewegen – auf diese Weise erhält man die typische Trüffel-Textur. Danach auf Backpapier oder in Papiermanschetten absetzen und den Vorgang mit den nächsten Trüffeln wiederholen.

TIPP: Die Trüffeln sollte man kühl genießen, sie lassen sich auch gut einfrieren.

Kürbiskernbaguette

5 STK. BAGUETTES (ca. 250 g Teiggewicht)
ZUBEREITUNGSZEIT: CA. 2 STUNDEN

ZUTATEN

500 g Buttermilch (oder fettarmes mildes Joghurt) • 300 g Roggenmehl 300 g Weizenmehl (Universal) • 150 g Kürbiskerne, leicht geröstet und gehackt • 20 g Salz • 40 g Germ (Hefe) • 50 g Kürbiskernöl 2 EL Brotgewürz • warmes Wasser (nach Bedarf)

ZUBEREITUNG

Alle Zutaten in einer Knetmaschine zu einem Teig verarbeiten. 10 Minuten rasten lassen, danach nochmals gut durcharbeiten. Den Teig auf einer bemehlten Arbeitsfläche zu Baguettes oder Brotlaibchen verarbeiten oder in eine Kastenform einsetzen und 20–25 Minuten zugedeckt gehen lassen. Bei 240 °C ca. 10 Minuten (mit einem Blech, das 1 cm hoch mit Wasser gefüllt ist) backen. Die restlichen 40 Minuten bei 190 °C (ohne Wasserblech) fertig backen.

Fotos rechts und nächste Seite

Kürbisbrot mit Fruchtfleisch

1 KASTENFORM (CA. 30–35 CM LÄNGE UND 10 CM BREITE)
ZUBEREITUNGSZEIT: 3 STUNDEN

ZUTATEN

1 Stk. (ca. 500 g) Kürbis (Muskat- oder Speisekürbis), geschält
1 Stk. frischer Ingwer • 1 Stk. Zitroneschale, gerieben • 50 g Kürbiskerne
250 g Mehl (Universal) • 250 g Vollkornmehl • 1 Würfel (42 g) frische Germ (Hefe) • 2 TL Zucker • 1 Prise Salz • Öl oder Butter (für die Form)

ZUBEREITUNG

Den Kürbis von Kernen und Fasern befreien und in Würfel schneiden. Mit 100 ml Wasser in einem Topf zum Kochen bringen und zugedeckt bei mittlerer Hitze etwa 15 Minuten kochen, bis der Kürbis weich ist. Die Kürbiswürfel abgießen, dabei den Sud auffangen und den Kürbis mit dem Pürierstab fein mixen. Ingwer schälen und sehr fein reiben. Die Kürbiskerne fein hacken. Das Mehl in eine Schüssel geben. Die Germ zerkrümeln und mit 5 EL Kochsud anrühren. Kürbispüree, Ingwer, Zitronenschale, Kürbiskerne, Zucker und Salz zum Mehl hinzufügen und alles gut in einer Rührmaschine durchkneten. Den Teig zudecken und an einem warmen Ort etwa 45 Minuten gehen lassen. Die Kastenform fetten, den Teig einfüllen und nochmals etwa 15 Minuten gehen lassen. Den Backofen auf 180 °C vorheizen. Das Brot im heißen Ofen mit Umluft bei 180 °C ungefähr 40 Minuten backen, bis es schön gebräunt ist. Kurz in der Form stehen lassen, auf ein Kuchengitter stürzen und abkühlen lassen.

Kürbiskern-Nussweckerl

CA. 30 WECKERL À 50 G | ZUBEREITUNGSZEIT: 2 STUNDEN

ZUTATEN

750 g Weizenvollkornmehl • 750 g Roggenvollkornmehl
60 g Germ (oder 1 Packerl Trockenhefe) • 120 ml Milch • 30 ml Kürbiskernöl
300 ml lauwarme Milch • 250 g Joghurt (3,6 %) • 1 EL Salz • 2 EL Zucker
150 g Kürbiskerne, geröstet und grob gehackt • 100 g schwarze Nüsse (oder Walnüsse), fein gehackt • 2 EL Brotgewürz • Kümmel • Koriander Mohn • Fenchel • Sesam • 1 Ei (zum Bestreichen)

ZUBEREITUNG

Aus Germ und 120 ml Milch ein Dampfl anrühren. 10 Minuten gehen lassen, danach alle übrigen Zutaten zugeben, gut durchkneten, zu einer Rolle formen und daraus verschiedene Kleingebäckstücke formen. Auf ein befettetes Blech legen, mit Ei bestreichen, mit Mohn oder Kümmel, Fenchel, Sesam oder Koriander bestreuen. Noch weitere 20 Minuten gehen lassen. Bei 210 °C 20–25 Minuten mit etwas Wasserdampf (hierfür ein Blech mit ca. 1 l Wasser bedecken) backen.

TIPP: Diese Weckerl lassen sich gut nach dem Backen sofort einfrieren. Bei Bedarf einfach ca. 5 Minuten aufbacken.

KÜRBIS & ZUCCHINI

HALTBAR MACHEN & LAGERN

Kürbiskerne lagern, rösten, reiben und hacken

Generell ist es sehr wichtig, möglichst frische Kerne zu kaufen, da diese am meisten Geschmack aufweisen. Am besten werden sie – dunkel und trocken – in Plastiksäckchen oder vakuumverpackt gelagert. Um Mehlfliegen und sonstigem Ungeziefer vorzubeugen, friere ich Kürbiskerne, Nüsse und Getreidekörner vorzugsweise ein. So kann gar nichts passieren. Gut gelagert, sind sie problemlos wochenlang haltbar. Um Kürbiskerne optimal zu reiben, ist eine Moulinette oder ein Blitzhacker empfehlenswert. Mithilfe dieser Geräte ist eine exakte Körnung (von grobkörnig bis fein) möglich.

GENERELL GILT: Hackt man die Kerne zu lange, werden sie zu warm und in weiterer Folge womöglich bitter und schneller ranzig (verdorben).

Kürbisse lagern, frieren, einsalzen

Je nach Reifegrad und Kürbisart kann man die Früchte länger oder kürzer lagern.
Bei Muskatkürbis oder Langen von Neapel habe ich folgende Erfahrungen gemacht: Lagert man reife Kürbisse auf Styroporplatten, so bekommen diese keine Druckstellen. Die Lagertemperatur sollte bei 10–14 °C liegen. Möchte man Kürbisse länger lagern, so kühlt man sie bei ca. 4 °C, wobei die Luftfeuchtigkeit (im Kühlschrank oder im Haus) nicht zu hoch sein sollte. So kann man sie über Monate lagern.
Der optimale Reifegrad von Kürbissen lässt sich in ähnlicher Weise wie bei Melonen feststellen: Wenn man an der Unterseite des Kürbisses (in der Mitte) mit dem Finger leicht andrückt, sollte die Druckstelle etwas nachgeben, also eher weicher sein. Bei Melonen lässt sich dies zusätzlich auch am reifen guten Duft an dieser (Druck)Stelle in Erfahrung bringen.

Wenn man Kürbisse einfrieren möchte, ist Folgendes zu beachten

Kürbisse schälen, entkernen und entweder roh in Würfel schneiden oder mit etwas Wasser weich dämpfen. Danach pürieren. Zum Einfrieren sollten nicht zu große Säckchen oder Behälter verwendet werden, weil diese sonst nicht schnell genug durchfrieren können. Gerade ein schneller Gefriervorgang ist aber wichtig, da sich im Zuge dessen weniger Eiskristalle im Produkt bilden können.

Kürbis lässt sich auch, eingesalzen und in kleine Würferl geschnitten, haltbar machen. Hierfür den Kürbis schälen, in 2–5 mm große Würferl schneiden, salzen und gut mit den Kürbiswürfeln verkneten. Pro kg Kürbis verwende ich 30–40 g Meersalz. Nach ca. 30 Minuten wird der Kürbissaft ausgepresst und entweder entsorgt oder für eine Suppe oder für gekühlte Shakes verwendet. Nun den ausgedrückten Kürbis in große Einmachgläser füllen. Gekühlt sind die eingesalzenen Kürbiswürferl ca. 4–5 Monate haltbar. Ich verwende sie gerne für Suppen, Pesto oder als knackige Suppen- oder Gemüseeinlage.

Eingelegter Senfkürbis

3–4 SCHRAUBGLÄSER À 500 ML | ZUBEREITUNGSZEIT: CA. 1 STUNDE

ZUTATEN

1000 g Öl- oder Speisekürbis, geputzt und in kleine Spalten geschnitten

FÜR DIE AUFGUSS

600 ml Wasser • 300 ml Weißweinessig • 2 EL Senfkörner
2 Stk. Schalotten, in Ringerl geschnitten • 1 KL Vitamin C • 2 EL Meersalz
100 g Zucker • 2 Knoblauchzehen, blättrig geschnitten • 1 Zweigerl Dill
2 Stk. Wacholderbeeren, angedrückt • 2 Stk. Lorbeerblätter

ZUBEREITUNG

Alle Zutaten miteinander aufkochen, Essig und Kürbis zugeben, erneut aufkochen und in Gläser füllen. Sorgfältig verschließen und mindestens 2 Wochen reifen lassen.

Süß-sauer eingelegter Kürbis

CA. 6–8 SCHRAUBGLÄSER À 500 ML | ZUBEREITUNGSZEIT: 1 STUNDE

ZUTATEN

2 kg Muskatkürbis oder Langer von Neapel (geschält und in 1,5 cm Würfel geschnitten) • 1 l Wasser • 600 ml Weißwein (Veltliner) oder Weißweinessig • 300 g Rohrzucker • 100 g Blütenhonig • 1 KL Vitamin C (siehe Tipp Seite 248) • 40 g Salz • 1 kleine Knolle Ingwer, geschält und blättrig geschnitten • 1/2 Stange Zimt • 1 Stk. Langer Pfeffer (siehe Tipp Seite 248) • 1 EL bunte Pfefferkörner, grob geschrotet • 2 Stk. Chilischoten, halbiert und entkernt • 1 EL Senfkörner • 1 Zweigerl Zitronenthymian
2 Schalotten, in Ringerl geschnitten • 2 Knoblauchzehen, in Scheiben geschnitten

ZUBEREITUNG

Wasser mit Salz, Rohrzucker, Honig, Vitamin C, Schalotten, Knoblauch und den Gewürzen einmal aufkochen. Veltliner und Essig beigeben. Mit den Kürbiswürferln einmal aufkochen, Zimtstange und Langen Pfeffer entfernen (ansonsten werden die Aromen zu intensiv) und sehr rasch und heiß in Gläser füllen und mit einem Deckel gut verschließen.

TIPP: Wenn Sie mengenmäßig sehr viel einzukochen haben, dann empfehle ich Folgendes: Alle Zutaten (bis auf den Kürbis) einmal aufkochen, Essig zugeben. Die rohen Kürbiswürfel in die heiß gereinigten Gläser füllen. Nun mit dem Sud aufgießen und gut verschließen. Die befüllten Gläser auf ein tiefes Backblech stellen, dieses (bis zur Hälfte der Gläser) mit Wasser füllen und im Backrohr (Umluft) bei 110 °C ca. 40 Minuten konservieren. Danach die Gläser auf den Kopf stellen und über Nacht erkalten lassen. Noch besser ist es, die Gläser mit kaltem Wasser langsam abzuschrecken.

TIPP: Bitte nicht zu schnell kalt abschrecken, da die Gläser ansonsten auf Grund von Hitzestau zerspringen könnten.

Pikant eingelegter Kürbis

CA. 7–8 SCHRAUBGLÄSER À 500 ML | ZUBEREITUNGSZEIT: 1 STUNDE

ZUTATEN
2 kg Kürbis (Gelber oder Roter Zentner bzw. Langer von Neapel)
4 Stk. rote Spitzpaprika • 1 Stk. Gurke, geschält und ausgehöhlt
2 Stk. gelbe Zucchini • 6 Stk. Schalotten • 2 Knoblauchzehen, blättrig geschnitten • 1 Hand voll Dill, fein geschnitten
600 ml bester Apfelessig • 1 KL Vitamin C • 1,2 l Wasser
300 g Rohrzucker • 1 Zweigerl Rosmarin • 3 EL Meersalz
2 Lorbeerblätter • 2 Nelken • 1 EL weiße Pfefferkörner, geschrotet
2 Stk. Chilischote, halbiert und entkernt • 1 EL Senfkörner

ZUBEREITUNG
Kürbis schälen und entkernen, Spitzpaprika, Gurke und Zucchini in 1–1,5 cm große Würfel schneiden. Die Schalotten in Ringe, den Knoblauch und die Dillzweigerl klein schneiden. Vitamin C, Wasser, Zucker, Salz, Senfkörner und Gewürze aufkochen, etwas abkühlen lassen und den Essig zugeben. Die übrigen Zutaten beimengen und einmal stark aufkochen lassen. Heiß bis zum Rand in Schraubgläser füllen und verschließen.

TIPP: Kürbisse enthalten sehr große Mengen Carotin und Kieselsäure. Zudem wirken sie durch den hohen Kaliumgehalt entwässernd und harntreibend. Beim Einlegen in Essig ist zu beachten, den Essig immer zum Schluss hinzuzufügen, da Essigsäure flüchtig ist und es daher zu Einbußen in puncto Intensität und Geschmack kommen würde. Zusätzliche Ergänzungen mit Gemüse können beliebig verändert werden. Hier sind Ihrer Kreativität keine Grenzen gesetzt. Wichtig ist nur, dass das Mengenverhältnis von Essig, Wasser und Gemüse ausgewogen bleibt.

Salzgurkerl selbst gemacht

6–8 SCHRAUBGLÄSER À 500 ML | ZUBEREITUNGSZEIT: CA. 90 MINUTEN (2 Tage Reifezeit)

ZUTATEN
2 Hand voll Salz • 40 g Zucker • 1500–2000 g Gurken (am besten Einlegegurken) • 1 kl. Bund Dill • 1/2 Krenwurzel
ca. 16 Knoblauchzehen • Senfkörner • Kren (zum Einlegen)

ZUBEREITUNG
Ca. 2 Liter Wasser aufkochen und mit Salz und Zucker versetzen, völlig auskühlen lassen.
Gurken sorgfältig putzen und abtropfen lassen (Enden nicht abschneiden und nicht aufspießen). Ebenso Dill und 1/2 Krenwurzel waschen, schälen und in 2 mm dicke Scheiben schneiden. Die Gurken senkrecht in den Einmachgläsern aufstellen. In jedes Glas Dill, ein Stück Kren, 2 Knoblauchzehen und einige Senfkörner geben. Nun mit

dem zubereiteten Wasser so weit auffüllen, dass die Gurken vollkommen bedeckt sind. Die Ränder der Gläser trocken wischen und mit dem Deckel verschrauben. Gläser 24 Stunden in der Küche stehen lassen (18–20 °C), danach im Keller lagern (8–10 °C). Nach einiger Zeit schließen sich die Gläser von selbst, dann am besten im Kühlschrank lagern.

Eingelegter Chilikürbis

CA. 6 SCHRAUBGLÄSER À 500 ML | ZUBEREITUNGSZEIT: CA. 1 STUNDE

ZUTATEN

2 kg Kürbis (Gelber oder Roter Zentner bzw. Langer von Neapel)
6 Stk. Schalotten • 2 Knoblauchzehen, blättrig geschnitten
500 ml Weißwein (Veltliner) oder Weißweinessig • 1 KL Vitamin C
900 ml Wasser • 150 g Rohrzucker • je 1 Zweigerl Rosmarin und Thymian
3 EL Meersalz

GEWÜRZE

2 Lorbeerblätter • 2 Nelken • 1 EL weiße Pfefferkörner, geschrotet
2 Stk. Chilischoten, halbiert und entkernt • 1 EL Senfkörner

ZUBEREITUNG

Kürbis schälen und in 1 x 1,5 cm große Stücke schneiden. Die Schalotten in Ringe und den Knoblauch klein schneiden. Vitamin C, Wasser, Zucker, Salz, Senfkörner und Gewürze aufkochen, etwas abkühlen lassen und den Essig zugeben. Die übrigen Zutaten beimengen und einmal stark aufkochen lassen. Heiß in Schraubgläser (bis zum Rand) einfüllen und verschließen.

TIPP: Wie viel Chili Sie verwenden, bleibt allein Ihre Entscheidung. Scharf macht lustig!

Kürbiskernöl-Majonnaise:

FÜR 300 ML KÜRBISKERNÖLMAJONNAISE

ZUTATEN

1 Eidotter • 1 KL Dijonsenf • Zitronensaft • Prise Salz Spritzer Tabasco • 150 ml Kürbiskernöl • 50 ml Maiskeimöl 100 g Joghurt oder Sauerrahm • 1 EL fein geriebener Kren

ZUBEREITUNG

Den Eidotter mit Dijonsenf, Salz, Zitronensaft, Tabasco und Salz in einem schmalen hohen Gefäß mit Hilfe eines Stabmixers vermengen .Danach langsam beide Öle einlaufen lassen und mit dem Stabmixer zu einer dicklichen Majonnaise aufschlagen, Joghurt-Kren zugeben und pikant abschmecken.

TIPP: Diese Majonnaise hält sich gekühlt maximal 2 Tage, wär sie gerne schärfer mag, kann auch etwas Wasabi zugeben.

Kürbissenf

3 SCHRAUBGLÄSER À 500 ML | ZUBEREITUNGSZEIT: CA. 1 STUNDE

ZUTATEN

1000 g Kürbisfleisch vom Speisekürbis, geraspelt • 300 g Gelierzucker (3:1) • 50 g Senfkörner, gemahlen • 150 g Dijonsenf • 2 Stk. Äpfel, geschält und gerieben • Meersalz • 3 Zitronen (Saft und Zesten)

ZUBEREITUNG

Den Zitronensaft mit Zesten und geriebenen Äpfeln einkochen. Geraspelten Kürbis zugeben und ca. 10 Minuten weiterkochen. Die restlichen Zutaten hinzufügen und 5 Minuten kochen lassen. Würzig abschmecken, in Gläser füllen und 2 Wochen reifen lassen.

TIPP: Dieser Senf ist vielseitig einsetzbar. Passt beispielsweise hervorragend zu reifem Käse, zu Bratwürsteln oder Leberkäse. Ideal für Grillfeste!

FINK'S
ECHTE DELIKATESSEN
IN STEIRISCHER HANDARBEIT
VOGELBEEREN
"in starkem Sirup"
FINK-HABERL KG

FINK'S
ECHTE DELIKATESSEN
IN STEIRISCHER HANDARBEIT
SCHWARZE NÜSSE
"in Scheiben"
FINK-HABERL KG

FINK'S
ECHTE DELIKATESSEN
IN STEIRISCHER HANDARBEIT
ESSIGZWETSCHKEN
von steirischen Hauszwetschken
BETTINA & HANS-PETER FINK, RIEGERSBURG

FINK'S
ECHTE DELIKATESSEN
IN STEIRISCHER HANDARBEIT
EIERSCHWAMMERL
"in Apfelessig"
BETTINA & HANS-PETER FINK, RIEGERSBURG

FINK'S
ECHTE DELIKATESSEN
IN STEIRISCHER HANDARBEIT
ESSIGKIRSCHEN
FINK-HABERL KG

FINK'S
ECHTE DELIKATESSEN
IN STEIRISCHER HANDARBEIT
SCHALOTTEN
"in Schilcherweinessig"
BETTINA & HANS-PETER FINK, RIEGERSBURG

FINK'S
ECHTE DELIKATESSEN
IN STEIRISCHER HANDARBEIT
WILDAPFERLN
"in starkem Sirup"
BETTINA & HANS-PETER FINK, RIEGERSBURG

FINK'S
ECHTE DELIKATESSEN
IN STEIRISCHER HANDARBEIT
KÜRBISPESTO
"mit edlem Kernöl"
BETTINA & HANS-PETER FINK, RIEGERSBURG

FINK'S
ECHTE DELIKATESSEN
IN STEIRISCHER HANDARBEIT
SÜSSER KÜRBIS
"mit Äpfeln und Balsamweinessig"

FINK'S
ECHTE DELIKATESSEN
IN STEIRISCHER HANDARBEIT
ROTES STACHELBEER-CHUTNEY
MARILLEN-CHUTNEY
"von vollreifen Marillen"
ZWETSCHKEN-CHUTNEY
"von steirischen Hauszwetschken"
TOMATEN-CHUTNEY
"von steirischen Tomaten"

Kräuterpesto

CA. 3 SCHRAUBGLÄSER À 200 ML | ZUBEREITUNGSZEIT: 20 MINUTEN

ZUTATEN

200 g gehackte Kräuter (Basilikum, Kerbel, Petersilie, Estragon, Brunnenkresse) • 200 ml Maiskeimöl • 60 g Parmesan, gerieben 80 g Pinienkerne, hell geröstet • Meersalz

ZUBEREITUNG

Alle Zutaten im Mörser (oder im Turmmixer) emulgieren. In Schraubgläser füllen und kühl stellen.

TIPP: Wichtig ist, dass die Kräuter gut getrocknet sind. Das Pesto sollte kalt und dunkel gelagert werden. Zu diesem Zweck wickle ich die Gläser gerne in Alufolie. Somit sind sie vor Licht geschützt und das Pesto verändert weniger die schöne giftgrüne Farbe.

Marillen-Kürbis-Chutney

CA. 4 SCHRAUBGLÄSER À 300 ML | ZUBEREITUNGSZEIT: 1 STUNDE

ZUTATEN

500 g Muskatkürbis oder Langer von Neapel • 500 g Marillen (Aprikosen) 200 g brauner Zucker • 300 ml Tokaier • 1/2 abgeriebene Zitronenschale Saft von 1 Zitrone • 100 ml Marillen- oder weißer Balsamessig 50 g Marzipan, tiefgekühlt und gerieben • Meersalz • 1 Prise schwarzer Kümmel • 1 Stk. frische Chilischote, ohne Kerne und sehr fein geschnitten

ZUBEREITUNG

Für das Chutney den Kürbis und die Marillen in 6 mm dicke Würfel schneiden, alle restlichen Zutaten zugeben und in einem niedrigen geräumigen Topf ca. 10 Minuten einkochen. Es sollte eine „breiartige" Konsistenz erreicht werden. Würzig abschmecken und noch sehr heiß in vorbereitete Gläser einfüllen.

Generelles Einkoch-Einmaleins

- Je frischer die Früchte ins Glas kommen, desto besser. Wenn man sie vorher kühlt, verlieren sie an Aroma.
- Verwenden Sie niemals überreife Früchte. Sie enthalten zu viele Keime und gefährden das Endergebnis.
- Halten Sie sich bei der Herstellung an die Maxime: Was die Natur hergibt, soll man nicht durch unnötige Spielereien verändern. Reinsortige Marmeladen sind „Cuvées" grundsätzlich vorzuziehen.
- Achten Sie darauf, dass der Zuckeranteil bei 1 kg Früchten niemals unter 350 g liegt, da Zucker konservierend wirkt und die Marmelade ansonsten schnell verdirbt. Sollten Sie mit tiefgekühlten Früchten arbeiten, diese nach dem Auftauen sofort verwenden. So arbeitet man immer mit einem total frischen Produkt.
- Der übliche Gelierzucker kann auch ersetzt werden: Verwenden Sie für 1 kg Früchte 400 g Rübenzucker und vermischen Sie den Zucker mit 30 g Apfel-Pektinpulver. Dann sofort weiterverarbeiten.
- Aufsteigender Schaum muss immer gut abgeschöpft werden.
- 1 Schuss Zitronensaft (oder sehr guter Essig) vor dem Abfüllen erhöht die Gelierkraft, stabilisiert die Farbe und rundet den Geschmack ab.
- Verwenden Sie beim Abschmecken der Marmelade statt Zitronensaft leicht in Wasser aufgelöste Zitronensäure. Dies macht die Farbe dauerhaft intensiv.
- Füllen Sie Chutneys und Marmelade immer so schnell wie möglich bei einer Temperatur von mindestens 80 °C ab. Verschließen Sie die Gläser unmittelbar danach, andernfalls bilden sich schnell Keime.
- Legen Sie die Schraubdeckel vorher 5 Minuten in heißes Wasser, damit der Gummiverschluss elastisch wird und besser schließt.
- Verwenden Sie zum Abfüllen ausschließlich heiß gereinigte Gläser.
- Ein guter Verschluss ist der halbe Marmeladegenuss. Am besten eignen sich Twist-Off-Gläser mit Schraubverschluss.
- Sobald ein Marmeladeglas einmal geöffnet wurde, sollte es im Kühlschrank gelagert werden.
- Entnehmen Sie die Marmelade (und auch alle anderen Produkte aus Glas-Konserven) nicht mit einem Metall-, sondern immer mit einem Kunststofflöffel. Das Metall gibt seinen metallischen Geschmack nicht nur weiter, sondern kann das Produkt auch zum Oxidieren bringen.
- Lagern Sie eingelegte Produkte immer kühl und dunkel.
- Etikettieren Sie jedes abgefüllte Marmeladeglas, indem Sie Inhalt und Abfülldatum vermerken. Nur so bekommen Sie Ordnung in Ihren Vorratsschrank.
- Falls Sie die Marmeladen nur für den Eigenbedarf herstellen, dürfen Sie diese getrost auch als „Marmeladen" bezeichnen. Im gewerblichen Bereich muss sie nach den EU-Verordnungen entsprechend ihren Fruchtzuckeranteilen als „Fruchtaufstrich" oder „Leicht-Konfitüre" klassifiziert werden.

FINK'S
ECHTE DELIKATESSEN
IN STEIRISCHER HANDARBEIT

16
FINK'S
ECHTE DELIKATESSEN
IN STEIRISCHER HANDARBEIT
QUITTEN-GELEE
"mit Fruchtstücken"

11
FINK'S
ECHTE DELIKATESSEN
IN STEIRISCHER HANDARBEIT
HOLLERMANDL
"von schwarzen Holunderbeeren"

14
FINK'S
ECHTE DELIKATESSEN
IN STEIRISCHER HANDARBEIT
MARILLE
"von vollreifen Marillen"
BETTINA & HANS-PETER FINK, RIEGERSBURG

FINK'S
ECHTE DELIKATESSEN
IN STEIRISCHER HANDARBEIT
ERDBEERE
FINK-HASERL KG

FINK'S
ECHTE DELIKATESSEN
IN STEIRISCHER HANDARBEIT

FINK'S
ECHTE DELIKATESSEN
IN STEIRISCHER HANDARBEIT
TRAUBEN-GELEE

Quitten-Kürbiskompott

3 SCHRAUBGLÄSER À 500 ML | ZUBEREITUNGSZEIT: 40 MINUTEN
(1–2 Wochen Reifezeit nach Abfüllung)

ZUTATEN

700 g Speisekürbis (vorzugsweise Gelber Zentner), geschält • 1–2 Stk. Quitte • 200 g Rohrzucker • Saft von 3 Stk. Zitrone • 250 ml Weißwein, trocken • 200 ml Apfelsaft • 100 ml Marsala oder Süßwein • 200 ml Wasser • 2 Stk. Gewürznelken • 1/2 Stange Zimt • 1 Msp. Vitamin C • 1/2 Vanilleschote, aufgeschlitzt • 1 Stk. Ingwer, blättrig geschnitten

ZUBEREITUNG

Kürbis in ca. 15 mm große Würferl schneiden. Quitten schälen, halbieren und in Spalten schneiden. Kerngehäuse entfernen. Alle restlichen Zutaten gemeinsam aufkochen. Kürbiswürferl und Quitten zugeben und einmal gut durchkochen lassen. Nelken und Zimtstange entfernen und noch sehr heiß in Schraubgläser füllen. Sorgfältig verschließen und für 5 Minuten auf den Kopf stellen. Danach die Gläser umdrehen und ca. 1–2 Wochen reifen lassen.

TIPP: Kompott eiskalt mit Vanilleeis oder zu Kaiserschmarren bzw. zu Wildgerichten oder Gansleber servieren.

Fink's süßer Kürbis

5 SCHRAUBGLÄSER À 500 ML | ZUBEREITUNGSZEIT: 40 MINUTEN
(2 Stunden zum Marinieren)

ZUTATEN

1500 g Speise- oder Muskatkürbis, geschält • 500 g Äpfel (Golden Delicious), geschält und geraspelt • 200 ml frisch gepresster Orangensaft • 300 ml Weißwein • 100 ml weißer Balsamessig • 1 KL Vitamin C • 1 Vanilleschote, aufgeschlitzt • 1 Stange Zimt • 2 Stk. Gewürznelken • 1 kleine Knolle Ingwer, geschält und sehr fein gerieben • 2 Packerl Gelierzucker (3:1)

ZUBEREITUNG

Kürbis in 5 mm Würferl schneiden und mit den restlichen Zutaten (außer Vitamin C) 2 Stunden gut marinieren lassen. Danach 6 Minuten sprudelnd kochen lassen, evtl. aufsteigenden Schaum abschöpfen und Vitamin C einrühren. Weitere 4 Minuten kochen lassen. Danach die Gewürze entfernen und sofort in Schraubgläser füllen, diese gut verschließen und für ca. 10 Minuten auf den Kopf stellen. Dann umdrehen und mindestens 2 Wochen reifen lassen.

TIPP: Der süße Kürbis war eines unserer ersten Produkte, die wir kreierten. Er passt ideal zu Geflügelgerichten, ist aber auch sehr gut zum Füllen von Torten und Keksen geeignet. Am liebsten genieße ich ihn mit Rotschmier- oder Schimmelkäse.

Zitrus-Vogelbeer-Kürbismarmelade

CA. 4–5 SCHRAUBGLÄSER À 500 ML | ZUBEREITUNGSZEIT: 1 STUNDE

ZUTATEN

10 Stk. unbehandelte Zitronen • 1000 g Kürbis-Fruchtfleisch (vom Speisekürbis) • 300 g Vogelbeeren • 50 g Kakao-Nips (Cru de Cacao) 6 Stk. Äpfel (Golden Delicious), geschält und geraspelt (ca. 300–400 g) 1 Packerl Gelierzucker (3:1) • 4 cl Limoncello (Zitronenlikör)

ZUBEREITUNG

Zitronen in kochendem Salzwasser 2 Minuten lang blanchieren (überbrühen) und kalt abschrecken. Die Schale vorsichtig abschneiden und in feine Streifen schneiden. Zitronen halbieren, auspressen und mit den restlichen Zutaten ca. 3 Stunden gut marinieren lassen. Danach ca. 5 Minuten sprudelnd kochen, den aufsteigenden Schaum abschöpfen. Limoncello zugeben und noch sehr heiß in Gläser füllen. Gläser für 5 Minuten auf den Kopf stellen und dann wieder umdrehen. Auf diese Weise verhindert man die Bakterienbildung. Die Marmelade sollte noch 1–2 Wochen reifen, um den vollen Geschmack entfalten zu können.

TIPP: Um sicherzugehen, dass die Marmelade auch wirklich geliert, gebe ich vor dem Abfüllen 1 EL Marmelade auf einen zuvor gut gekühlten Teller. So kann ich erkennen, ob sie gut geliert. Vogelbeer-Kürbismarmelade serviere ich gerne zu reifem Käse oder einfach auf mit Butter bestrichenem Zwieback oder Toastbrot.

Kürbis-Orangenmarmelade

CA. 4–5 SCHRAUBGLÄSER À 500 ML | ZUBEREITUNGSZEIT: CA. 2 STUNDEN (4 Stunden zum Marinieren)

ZUTATEN

2 kg Orangen, unbehandelt • 1 kg Speisekürbis, geschält und in 5 mm Würferl geschnitten • 1 kg Gelierzucker (3:1) • 1 EL Rosmarin, fein geschnitten Saft von 2 unbeh. Zitronen • Salz (zum Blanchieren) 50 ml Orangenlikör

ZUBEREITUNG

Die Orangen heiß waschen, schälen und auspressen. Ausgepresste Orangen mit den Schalen 2 Minuten in Salzwasser überkochen und dann kalt abschrecken. Überkochte, ausgepresste Schalen „faschieren" (ca. 3–5 mm) und mit ausgepresstem Orangensaft und Gelierzucker sowie den Kürbiswürfeln 4 Stunden marinieren. Aufkochen, Rosmarin zugeben und mindestens 5–8 Minuten sprudelnd kochen. Geeignete Gläser vorbereiten. Zitronensaft und Likör zugeben, aufsteigenden Schaum abschöpfen. Falls die Marmelade zu dick ist, noch etwas Orangensaft dazugießen. In Gläser abfüllen und sofort zuschrauben.

TIPP: Um den Geschmack noch interessanter zu machen, können Sie einen guten Schuss Campari dazugeben. Die Gläser nach dem Füllen für 5 Minuten auf den Kopf stellen und dann umdrehen. Dies verhindert, dass sich unter dem Deckelrand Bakterien ausbreiten.

FINK'S
ECHTE DELIKATESSEN

KÜRBIS & ZUCCHINI

GRUNDREZEPTE

Strudelteig

CA. 2 STRUDEL | ZUBEREITUNGSZEIT: 20 MINUTEN (4 Stunden Teigreifezeit)

ZUTATEN

250 g Mehl (Universal) • 20 ml Pflanzenöl • 1 Prise Salz ca. 125 ml lauwarmes Wasser • Pflanzenöl (zum Bestreichen)

ZUBEREITUNG

Mehl mit Wasser, Salz und Öl am besten mit der Rührmaschine zu einem geschmeidigen Teig verarbeiten. Mit dem Handballen zu einer Kugel schleifen. Mit Öl bestreichen und den Teig in einer Klarsichtfolie (oder in einen Suppenteller eingepackt) ca. 4 Stunden kühl rasten lassen. Nach dem Rasten den Teig auf ein bemehltes Tuch legen und ein wenig rechteckig ausrollen. Hände bemehlen und den Teig mit den Handrücken so dünn wie möglich ausziehen. Dabei zuerst den Rand ein wenig nach außen ziehen. Dann mit den bemehlten Händen unter den Teig fahren und gleichmäßig hin- und herbewegen, bis er so dünn geworden ist, dass man eine Zeitung darunter lesen könnte.

TIPP: Wichtig ist generell, Strudel nicht zu dick zu füllen, also maximal mit 8 cm Durchmesser. Am besten mit scharfer Hitze bei ca. 190 °C (Ober- und Unterhitze) anbacken und nach halber Garzeit die Hitze reduzieren. Je nach Füllung ca. 30–40 Minuten backen.

Sauce hollandaise (Klassische Buttersauce)

5–6 PORTIONEN | ZUBEREITUNGSZEIT: CA. 10 MINUTEN

ZUTATEN

3 Eidotter • 300 g Butter • Salz • 1 Spritzer Zitronensaft • 3 EL Rindsuppe

ZUBEREITUNG

Butter auf milder Hitze zum Schmelzen bringen. Währenddessen in einem Kessel über Dampf Dotter mit Salz, Zitronensaft und Rindsuppe so lange schlagen, bis die Masse schön schaumig ist. Geschmolzene Butter mit einem Schneebesen nach und nach einrühren.

Gemüsefond

CA. 2 LITER FOND | GARUNGSDAUER: CA. 30 MINUTEN

ZUTATEN

1/2 Staudensellerie • 200 g Knollensellerie • 1 Petersilienwurzel 1 Zwiebel • 200 g Lauchabschnitte • Kräuterstiele (etwa von Petersilie und Kerbel) • 1 Lorbeerblatt • 10 weiße Pfefferkörner

ZUBEREITUNG

Einen großen Topf mit ca. 3 Liter kaltem Wasser aufstellen. Grob geschnittenes Gemüse sowie Gewürze zugeben, aufkochen und ca. 30 Minuten köcheln lassen. Abseihen.

TIPP: Fügen Sie dem Gemüsefond keine Karotten hinzu, da diese dem Fond einen zu süßlichen Geschmack verleihen würden. Da Gemüsefond bei der Weiterverwendung meist noch einreduziert wird und sich dadurch der Geschmack intensiviert, sollte er nicht gesalzen werden.

Krebs- oder Hummerfond

ETWA 1 LITER FOND | GARUNGSDAUER: CA. 1 STUNDE

ZUTATEN

500 g Krebs- oder Hummerkarkassen • 250 ml Pils oder Weizenbier 60 ml Cognac oder Weinbrand • 200 g gelbe Rüben • 100 g Staudensellerie • 100 g Lauch (nur der weiße Teil) • 2 Tomaten • 4 Schalotten etwas Kümmel, ganz • 1/2 Knoblauchknolle • 2 Lorbeerblätter 3 Wacholderbeeren, zerdrückt • je 1 Zweig Estragon und Thymian 50 g Tomatenmark • 150 g Butter • 60 ml Olivenöl • Meersalz weißer Pfeffer (aus der Mühle)

ZUBEREITUNG

Die Karkassen unter fließendem kaltem Wasser gründlich waschen. Gelbe Rüben, Sellerie, Lauch und Tomaten in grobe Stücke teilen. Schalotten und Knoblauch ebenfalls klein hacken. In einem großen Kochtopf 2 EL Öl erhitzen und die Karkassen darin anbraten. Mit Cognac sowie Bier ablöschen und einkochen lassen. Von der Herdplatte nehmen.

Das restliche Öl in einem zweiten Topf erhitzen und das vorbereitete Gemüse mit Kräutern, Gewürzen sowie Tomatenmark andünsten. Zu den Karkassen geben, die Butter einrühren und bräunen. Mit Salz und Pfeffer würzen und mit 2 Liter Wasser aufgießen. Etwa 50 Minuten sanft köcheln lassen. Den sich dabei bildenden Schaum mehrmals abschöpfen. Den Fond durch ein mit einem Passiertuch ausgelegtes Spitzsieb seihen. Nach dem Erkalten das Fett abschöpfen.

TIPP: Soll dieser Hummerfond für eine Bisque (Hummercremesuppe) weiterverarbeitet werden, so gießt man mit etwas Noilly Prat oder Weißwein auf, lässt den Fond nochmals stark einkochen und montiert die Suppe mit kalter Butter.

Kürbiskern-Erdäpfelhippen

CA. 12 PORTIONEN (als Garnitur) | ZUBEREITUNGSZEIT: 1–1,5 STUNDEN

ZUTATEN

**200 g Erdäpfel (Kartoffeln), vorwiegend festkochend • 20 g Butter
2 Eiklar • Salz • Muskatnuss, gemahlen • 2 EL Kürbiskerne, fein gehackt**

ZUBEREITUNG

Erdäpfel in der Schale weich kochen. Noch heiß schälen und passieren. Kurz überkühlen lassen. Eiklar zu Schnee schlagen und mit Butter unter die Erdäpfelmasse mengen. Mit Salz und Muskatnuss abschmecken. Auf Backpapier 12 kleine oder 24 sehr kleine dekorative Blätter aufzeichnen und die Masse darauf dünn auftragen. Mit einer Spachtel glatt streichen. Mit Kürbiskernen bestreuen. Im vorgeheizten Backrohr bei 180 °C ca. 6 Minuten goldgelb backen.

TIPP: Schmeckt hervorragend als Knabber-Gebäck, ist aber auch für dekorative Zwecke sehr gut geeignet.

Kalbsjus (Brauner Fond)

CA. 1 LITER KALBSJUS | GARUNGSDAUER: 4,5–5 STUNDEN

ZUTATEN

**1,5 kg Kalbsknochen • 200 ml guter Rotwein mit wenig Säure
100 ml Madeira • 2 Zwiebeln • 2 gelbe Rüben • 1 Stange Staudensellerie
2 Tomaten • 1 ganze Knoblauchknolle, in der Schale quer halbiert
etwas Muskatnuss, gemahlen • 5 Erdnüsse • 1 Lorbeerblatt
je 1 Zweig Thymian, Rosmarin und Estragon • 1 Scheibe Kalbskopf
oder geputzte Haxe • 2 EL Olivenöl**

ZUBEREITUNG

Die Knochen am besten gleich vom Fleischhauer sehr klein hacken lassen, damit die aromatischen Inhaltsstoffe möglichst stark ausgelaugt werden können. Knochen gründlich wässern und gut abtropfen lassen. Das geputzte Gemüse in grobe Stücke schneiden. Olivenöl in einem großen Topf erhitzen, Knochen scharf anbraten und nach ca. 10 Minuten, wenn die Knochen schön braun sind, Gemüse und Kalbskopf zugeben. Kräuter, Gewürze und Erdnüsse hinzufügen und kurz anschmoren lassen.
Mit Rotwein und Madeira aufgießen und unter gelegentlichem Umrühren fast vollständig einkochen lassen. Jetzt 3 Liter Wasser zugießen und im 200 °C heißen Backrohr offen etwa 4 Stunden köcheln lassen. Dabei immer wieder umrühren und bei Bedarf mit Wasser aufgießen. Durch ein Sieb in einen Kochtopf passieren und auf dem Herd noch einmal etwa 20 Minuten bei schwacher Hitze köcheln lassen. Zum Schluss sollte nur noch etwa 1 Liter Flüssigkeit übrig bleiben.

Fischfond

CA. 1 LITER FOND | GARUNGSDAUER: 25–30 MINUTEN

ZUTATEN

1 kg Fischkarkassen (div. Abschnitte von Seezunge, Steinbutt oder Petersfisch) • 2 EL Olivenöl • 200 ml Weißwein, trocken 200 ml Noilly Prat (oder anderer Wermut) • 4–5 (ca. 100 g) Schalotten 5 Knoblauchzehen • 200 g Lauch (nur der weiße Teil) • 100 g Petersilienwurzel • 1 Stange Staudensellerie (ca. 50 g) • 4 Champignons 1 Lorbeerblatt • 1 Zweiglein Thymian • 5 weiße Pfefferkörner, zerdrückt

ZUBEREITUNG

Die Karkassen mit Ausnahme der Köpfe zerkleinern und alles etwa 1 Stunde wässern. Abgießen, mit frischem Wasser auffüllen und wieder stehen lassen. Diesen Vorgang so lange wiederholen, bis das Wasser klar bleibt. Auf ein Sieb gießen und abtropfen lassen.

Schalotten, Lauch, Petersilienwurzel und Sellerie putzen und klein schneiden. In einem großen Kochtopf Olivenöl erhitzen, die Karkassen bei Bedarf noch kleiner hacken und kurz andünsten. Geschnittenes Gemüse zugeben und ebenfalls andünsten. Mit Wein ablöschen, kräftig aufkochen lassen und Noilly Prat zugießen. Mit ca. 1 Liter kaltem Wasser aufgießen und erneut langsam erhitzen. Nun Lorbeerblatt, Thymian, Knoblauch, Champignons sowie Pfefferkörner zugeben und ca. 20 Minuten leise köcheln lassen. Den sich bildenden Schaum mehrmals abschöpfen. Den Fond durch ein mit einem Passiertuch ausgelegtes Spitzsieb gießen und erkalten lassen. Danach das Fett von der Oberfläche abheben.

Geflügelfond

CA. 2 LITER FOND | GARUNGSDAUER: CA. 1 STUNDE

ZUTATEN

1 kg Geflügelkarkassen • 3 Zwiebeln • 1/2 Staudensellerie 1/2 Stange Lauch (nur der weiße Teil) • 1 TL weiße Pfefferkörner 4 Wacholderbeeren, angedrückt • 1 frisches Lorbeerblatt 1 Knoblauchzehe, angedrückt • etwas Meersalz • 100 ml Weißwein, trocken • 150 ml Noilly Prat • Eiswasser (zum Auffüllen) • 3 EL Butter

ZUBEREITUNG

Lauch in Scheiben, Sellerie sowie Zwiebeln fein würfelig schneiden. Butter erhitzen und Zwiebeln, Sellerie, Lauch, Gewürze und Knoblauch darin anschwitzen. Salzen und mit Weißwein und Noilly Prat ablöschen. Die Karkassen waschen, abtropfen lassen, grob hacken und in den Topf geben. Mit so viel Eiswasser auffüllen, dass alles bedeckt ist. Schwach mit Salz und Pfeffer würzen, aufkochen und bei sanfter Hitze maximal 1 Stunde ziehen lassen. Währenddessen mehrfach abschäumen. Abschließend durch ein Haarsieb passieren und nochmals mit Salz und Pfeffer abschmecken.

Lammjus

CA. 500 ML LAMMJUS | GARUNGSDAUER: 45–60 MINUTEN

ZUTATEN

500 g Lammknochen, in kleine Stücke gehackt • 100 g Zwiebeln, gewürfelt 50 g Staudensellerie, gewürfelt • 2 Knoblauchzehen, angedrückt 1 TL weiße Pfefferkörner • 3 vollreife Tomaten, grob geschnitten 150 ml trockener Weißwein • 1 l Kalbsfond oder Wasser • Muskatnuss, gemahlen • 1 Prise Kümmel (ganz) • 1 kleine Kartoffel (vorwiegend festkochend) • 1 Lorbeerblatt • 2 Zweige Thymian • Salz • weißer Pfeffer (aus der Mühle) • 1–2 EL Butter (zum Anrösten) • 2 EL eiskalte Butter (zum Binden) • 3 EL aromatisches Olivenöl • Öl (zum Anrösten)

ZUBEREITUNG

Die gehackten Lammknochen in heißem Öl rundum hellbraun anrösten. Öl abgießen und frische Butter zu den Knochen geben. Zwiebeln, Sellerie sowie Knoblauch zufügen und mitrösten. Mit Pfefferkörnern und Salz würzen. Geschnittene Tomaten mitsamt dem Saft einrühren und mit Weißwein ablöschen. Fond (oder Wasser) zugießen und Kartoffel hineinreiben (gibt dem Jus eine leichte Bindung). Mit Lorbeerblatt, Thymian, Muskatnuss, Kümmel, Salz und Pfeffer würzen. Aufkochen und 45–60 Minuten sanft köcheln lassen. Dabei eventuell noch etwas Eiswasser zugeben. Lammjus durch ein feines Sieb passieren, nach Wunsch entfetten und erneut abschmecken. Etwas einkochen lassen und den Jus mit kalter Butter und Olivenöl montieren (binden).

TIPP: Lammknochen nicht zu dunkel anrösten, da sich sonst störende Bitterstoffe entwickeln.

Wildjus

CA. 500 ML WILDJUS | GARUNGSDAUER: CA. 5,5 STUNDEN

ZUTATEN

1,5 kg Wildkarkassen (von Reh, Hirsch, Hase etc.), klein gehackt 200 ml kalt gepresstes Olivenöl • 1 Sellerieknolle • 2 Karotten 1 Fenchelknolle • 1 Zwiebel • 4 cl Weinbrand • 500 ml kräftiger Rotwein (z. B. Blaufränkisch) • 1 Lorbeerblatt • 8 weiße Pfefferkörner, zerstoßen 1 EL Meersalz (am besten Fleur de Sel)

ZUBEREITUNG

Klein gehackte Karkassen im vorgeheizten Backrohr in einer großen Bratpfanne bei 200 °C in Olivenöl kräftig durchrösten. Gemüse grob würfelig schneiden, zu den Karkassen hinzufügen und weitere 10–15 Minuten rösten. Mit Weinbrand ablöschen und mit Rotwein auffüllen. So lange köcheln lassen, bis der Rotwein um 2/3 eingekocht ist. Währenddessen gut umrühren, damit sich der Bratensatz lösen kann. Alles in einen hohen Topf umfüllen und mit 3 Liter Wasser auffüllen. Gewürze und Meersalz hinzufügen. Etwa 5 Stunden sanft köcheln lassen. Dabei immer wieder den Schaum abschöpfen. Fond durch ein Küchentuch seihen und erkalten lassen. Gestocktes Fett entfernen und den Fond bis auf 1/2 Liter einkochen lassen.

Filetstücke am Punkt braten

Das Wichtigste zuerst: Die Qualität des Fleisches entscheidet über alles!
Die Gartechnik möchte ich anhand eines Rinderfiletsteaks näher erläutern.

Das Filetsteak sollte etwa 200 g schwer sein und immer Zimmertemperatur haben. Mit Salz und frisch gemahlenem schwarzem Pfeffer würzen, ideal gelingt ein schönes hohes Steak, wenn es mit Küchengarn in Form gebunden wird. In einer gusseisernen Pfanne – die speichert die scharfe Hitze am besten – auf beiden Seiten in Olivenöl scharf anbraten, ebenso rundherum, damit sich die Fleischporen gut schließen und der Fleischsaft im Steak bleibt. Danach das Steak auf einen Gitterrost mit Unterblech setzen und in den auf 200 °C vorgeheizten Backofen mit Umluft schieben. Für *rare* ca. 4 Minuten, für *medium* ca. 6–8 Minuten und für durch *(well done)* mindestens 8–10 Minuten garen.
Danach das Steak aus dem Ofen nehmen und leicht mit Alufolie abgedeckt mindestens 10 Minuten rasten lassen.
Die gusseiserne Pfanne nochmals erhitzen, das Steak einlegen und scharf rundum anbraten, vom Kochfeld nehmen und 1 EL Butter sowie Pfeffer aus der Mühle und ein Zweigerl Salbei oder Rosmarin zugeben. Mit einem Esslöffel das Steak mit dem Bratensatz öfter nappieren und das Küchengarn entfernen. Das Steak auf Teller anrichten und evtl. mit Fleur de Sel bestreuen und mit bestem Olivenöl beträufeln. Bei kleineren Filets die Garzeit im Ofen entsprechend reduzieren.

KÜRBIS & ZUCCHINI

TIPPS & TRICKS
STEIRISCHE „FREMDWÖRTER“

Vitamin C – Verwende ich als Farbstabilisator und Farbintensivierer für eingelegte Früchte, Kürbis und Kompotte. Vitamin C gibt es in Pulverform (in Apotheken erhältlich). Ersatzweise kann aber auch Zitronensäure verwendet werden.

Langer Pfeffer – Länglicher, doldenartiger schwarzer Pfeffer, auch bengalischer Pfeffer genannt. Sehr scharf, mit exotischer Note.

Bunsenbrenner (Lötlampe) – zum Flämmen für diverse Eischaummassen oder Crème brulée.

Gratinieren – mit scharfer Oberhitze überbacken. Wird in Profiküchen mit einem so genannten Salamander gemacht. Kann zu Hause im Backrohr mit Oberhitze (auf höchster Stufe) ebenso durchgeführt werden.

Mie de Pain – entrindete Weißbrotbrösel.

Cru de Cacao oder **Kakao-Nips** – Schale der Kakaobohne.

Fleisch rosa auf Punkt braten (siehe Rezept Seite 245)

Braune Butter – Butter in einem dreimal so großen Topf bis zum Schäumen erhitzen. Immer wieder umrühren, bis diese rehbraun wird und nussig riecht (ca. 160 °C). Dann sofort durch ein Kaffeefilter-Papier seihen und beliebig weiterverwenden.

Fleur de Sel – „Salzblume": bestes Meersalz, kristallin mit extrem viel Meeresaroma. Verwende ich zur Vollendung von Gerichten.

Fink's schwarze Nüsse in leichtem Sirup – Die im Mai im Kern noch weichen grünen Nüsse werden aufgeschnitten und in Wasser ca. 3 Wochen unter Sonneneinstrahlung oxidiert. Die nunmehr schwarz verfärbten Nüsse werden in Zuckersirup gekocht und in Schraubgläser gefüllt. Nach 4 Monaten Reifezeit kann man sie, in Scheiben geschnitten oder gehobelt, zu Käse, Fisch, Fleisch oder anderen Kreationen servieren.

Lecithin – Ist ein reiner Emulgator, der pulverisiert in Apotheken oder als „molekulares Lebensmittel" verkauft wird. Empfehlenswert für Schaumsuppen oder -saucen. Für 500 ml Flüssigkeit ist ca. 1 KL zu berechnen, wobei die Suppe nicht über 80 °C erhitzt werden sollte. Mithilfe eines Stabmixers lässt Lecithin wolkenähnliche Schäume entstehen. Der Schaum fällt auch nicht gleich zusammen.

Kürbiseinkauf – Auf Märkten werden große Kürbisse oft in Spalten angeboten. Wichtig ist immer die absolute Frische, die sich äußerlich an der Schnittfläche feststellen lässt.

Kürbis- oder Zucchiniblüten – Sollten zeitig in der Früh mit dem ersten Sonnenschein geerntet werden. Zu diesem Zeitpunkt sind die Blüten besonders schön geöffnet und können somit ideal gefüllt werden.

Ölfrüchte – Zu den Ölfrüchten gehören Kürbis, Mohn, diverse Nüsse, Sonnenblumen, Distel, Raps etc.

Knabberkerne – Gibt es in verschiedenen Varianten: geröstet oder mit Schokolade überzogen, mit Wasabi- oder Vanillearoma oder einfach gesalzen. Kürbiskerne sind sehr schmackhaft und gesund!

Fremdwörter – steirische Mundart versus Hochdeutsch

Schwarzes Gold – So wird unser „Nationalstolz", das steirische Kürbiskernöl genannt.

Plutzer – Bezeichnung einer Kürbisfrucht.

Kürbislotter – Ausgehöhlter, mit einer Fratze verzierter oder freundlich blickender Kürbis. Meist mit einer Kerze im Inneren erhellt.

Paradeiser – Bezeichnung für Tomaten.

Erdäpfel – Bezeichnung für Kartoffeln.

Fisolen – So nennt man bei uns die grünen Bohnen.

Germ – So wird bei uns Hefe genannt.

Lackl – Gut gebauter, kerniger Steirer Bua.

Kiawas – So spricht man in unserer Region das Wort Kürbis aus.

Käferbohnen – Das sind unsere Windtreiber: große dunkle Bohnen, die wie Käfer aussehen, aber tausendfach besser schmecken.

Kren – So nennen wir unsere scharfe Wurzen, auf Hochdeutsch: Meerrettich.

Knofl – Auch Knoblauch genannt.

Griasti – Heißt Servus.

Klachl – So nennen wir die Schweinshaxln. Aus ihnen kochen wir die berühmte pikant säuerliche Klachlsuppe. Man serviert sie mit Heidensterz.

Auspatzln – Herauslösen der Kerne.

Ausschlagen – Gewinnung von Kürbiskernöl.

Ölkuchen – Runder Laib, der beim Pressen der Kürbiskerne als Rückstand verbleibt; wird häufig vermahlen, als Viehfutter sowie als Fischköder verwendet.

Viagra der Steirer – Der steirische Kürbis wird gerne auch als „Arzneikürbis" bezeichnet. Die weichschaligen Kerne dieser Kürbisart galten schon seit jeher als Hausmittel zur Vorbeugung von Prostataleiden und als Potenz-Stärkungsmittel.

Über den Autor

Rückkehr zu den Wurzeln

Hans Peter Fink, haubengekrönter Spitzenkoch, hat seinen Wirkungsbereich in die heimatliche Steiermark verlegt. Im traditionsreichen Gasthaus Haberl in Walkersdorf bei Ilz bietet er – gemeinsam mit seiner Frau Bettina und Diplom-Sommelier Mario Haberl – beste steirische Gastlichkeit und „Echte Delikatessen" der Marke Fink's.

Hans Peter Fink zählt zu den Meistern der regionalen und klassischen österreichischen Küche. Er versteht es aber auch, seine Gäste mit neuen Kreationen – basierend auf regionalen Spezialitäten – zu überraschen. Nach lehrreichen Jahren an vorzüglichen Adressen wie dem Arlberg Hospiz Hotel oder im Restaurant Obauer (Werfen), kochte er das Gasthaus Fink in Riegersburg in die Haubenliga. Zudem wirkte er von 2002–2008 als Küchenchef im Hotel Sacher in Wien. Seit März 2008 verwöhnt Hans Peter Fink seine Gäste im eigenen Betrieb Haberl & Fink's in Walkersdorf.

BUCHPUBLIKATIONEN: „Das Neue Sacher Kochbuch", „Süßes aus dem Sacher", „herzhaft, g'sund und steirisch".

Zahlreiche Preise bei internationalen Kochwettbewerben u.a. der Sieg beim Cup of Nations in Kanada, Bocuse d'Or (Lyon) und Grand Prix Taittinger (Paris) oder die Auszeichnung „Koch des Jahres 2006" durch den österreichischen Kochverband unterstreichen das kulinarische Ausnahmetalent des Hans Peter Fink.

Parallel dazu entwickelte er gemeinsam mit Bettina Fink die Delikatessen-Kollektion der Marke Fink's Echte Delikatessen, bei der in erster Linie hochwertige Produkte aus der Steiermark – ohne Verwendung von Farb- und Konservierungsstoffen – verarbeitet und nach kreativen Rezepten gefertigt werden (Kürbispesto, Marmeladen, Essigzwetschken, Chutneys etc.). Fink's Echte Delikatessen sind bereits seit sieben Jahren sehr erfolgreich in Österreich, Deutschland, der Schweiz, aber auch in Übersee am Markt.

Register

🟩 vegetarisch
🟧 glutenfrei

450 traditionelle und kreative Rezepte sind in diesem Grundkochbuch zur Vorratshaltung versammelt. Dazu erfahren Sie viel Wissenswertes über den richtigen Gebrauch von Einkochgeschirr und -utensilien, die Lagerung und Haltbarkeit von Lebensmitteln und die optimale Erntezeit der verwendeten Produkte.

Marmeladen, Gelees und Aufstriche ■ Pikante Marmeladen, Chutneys und Relishes ■ Säfte, Sirupe und Hochprozentiges Kompotte, Muse und Röster ■ Aromatische Öle und Essige Pikantes und Süß-Saures ■ Würz-, Salatsoßen und Pasten Brote und süße Festtagsgebäcke ■ Trocknen und Dörren

Ingrid Pernkopf · Willi Haider
DIE ÖSTERREICHISCHE VORRATSKAMMER
Die 450 besten Rezepte vom Einlegen bis zum Räuchern
320 Seiten · durchg. farbig · Hardcover mit SU · ISBN 978-3-85431-474-5
PICHLER VERLAG